El Carrusel que nos tocó

Milena Arocha Hernández

Círculo Rojo
EDITORIAL

Primera edición: septiembre 2018

Segunda edición: septiembre 2020

Depósito legal:

ISBN: 979-87-0815-955-7

Impresión y encuadernación: Editorial Círculo Rojo

© Del texto: Milena Arocha Hernández

© Maquetación y diseño: Equipo de Editorial Círculo Rojo

© Corrección de texto: Araní Trincado Piñango

© Imagen de cubierta: Marianella Arocha

Editorial Círculo Rojo

www.editorialcirculorojo.com

info@editorialcirculorojo.com

Dos grandes naciones, dos ejemplares religiones, infinidad de compatriotas contando la misma historia, unidos en los mismos anhelos, trasmitiendo los mismos valores y soñando el mismo sueño ....

Un homenaje a los que se fueron, dejando ejemplo, nostalgia y huella en mi existencia...

Un agradecimiento a los que me han acompañado en mi Carrusel y la vida nos ha enlazado por causalidades y coincidencias.

A mis nietos Camila y Fortunato, y en ellos, a todos los niños, que sobrevinieran, y quedaran limitados de palpar, sentir y amar a mi maravilloso país, Venezuela.

Agradecida por lo construido y orgullosa del legado que entregamos a nuestros sucesores, segura de que ellos sabrán justipreciarlos.

Prólogo Doctor Ildemaro Torres

Es para mí un verdadero honor presentar este libro de Milena Arocha Hernández, de título "El Carrusel que nos tocó" admirable en su impecable escritura y esmerada calidad editorial. Una obra coherente no sólo por la armonización de su forma y su contenido, sino también porque dentro de este último son igualmente coherentes los datos aportados por la autora. Me adelanto a afirmar que tal valor en su concepción, tendrá su complemento ideal en la receptividad y disfrute del lector, que junto con apreciar la historia que ahora tiene ante sí, también habrá de celebrar cómo le es contada.

Al incursionar en el texto, se va meditando acerca de qué se está recorriendo (¿novela, crónica, cuento, o drama?); no en empeño clasificatorio, sino como parte de un íntimo goce. Hay, en buena hora, y ¡qué circunstancia afortunada que ello suceda!, algunas obras como ésta, que vista en cualquier contexto o forma de percibirla es una magnífica pieza narrativa, con conmovedores relatos dramáticos y finos detalles; tantos y tales sus aciertos, su sentido y atmósfera de familia, de coterráneos y su calidez, que puede ser puesta en manos de gente inclinada a hacer sus propios ejercicios escriturales, y serles entregada cual óptima fuente reveladora de cómo escribir una crónica caracterológica de un personaje, o una situación, pero trascendiendo de lo individual a un sentido colectivo, o una historia de implicaciones sociales pero en capacidad de mostrarnos lo que podría tenerse como rasgo de singularidad de vida, o incluso cómo hacer un retrato de familia y de un país que nos permita una cercanía a los signos del parentesco y a lo que caracteriza tal convivencia.

Las nefastas situaciones que estamos viviendo son determinantes de nuestro deterioro social y cultural, que incluye el envilecimiento de nuestras relaciones interpersonales y un aterrador empobrecimiento de la lengua, que es vehículo fundamental en el sano cultivo de esas relaciones. Nuestra doble condición de lectores y oyentes se nutre de la palabra escrita y la palabra hablada; es grande el placer de leer las palabras por su signficación implícita, como también cuando con una finalidad didáctica ellas pasan a ser explícitas y nos brindan la esencia de un texto en su visión culta y profundidad de reflexiones.

Celebramos en esta oportunidad la convergencia de buen gusto y talento; y recorridas estas páginas de hecho se quedará en nosotros, sumada al placer de la lectura misma, la sensación de habernos acercado a la escritora Milena Arocha y gracias a ella montarnos en el Carrusel que le tocó y que sentiremos ahora definitivamente muy similar al nuestro.

Este es un libro de sensible y marcado acento humano, que se permite conducirnos con total fluidez en un rico y enriquecedor tránsito por incontables experiencias y sensaciones, todas válidas y llamadas a ser recordadas. Es también una vuelta afectiva la que damos, llevados de la mano por la autora, a una Venezuela que se está desdibujando ante nuestros propios ojos.

En su conducta personal y en su quehacer científico-asistencial, la doctora Milena Arocha —ilustre como es- cada día da muestras de entender su condición de médico como un hecho existencial; confirmando así que ella cree en el hacer y en ser fiel a la convicción de la existencia de un compromiso a cumplir, entre lo que se es y lo que se hace.

5

Capítulo I

Decía Gandhi:
"La felicidad consiste en poner de acuerdo tus pensamientos, tus palabras y tus hechos en armonía".

Soy definitivamente compulsiva, organizada y excesivamente confiada, a pesar de tener tantos temores últimamente. Valoro la felicidad como parte de la evolución y no como meta, me gusta mi día a día, sin muchas pretensiones y, supongo que, por ser médico, para mí lo más importante es la salud.

Tal vez por haber estudiado tanto, por las experiencias de años pasados y por las historias aterradoras de la que he formado parte, voy entendiendo, con el paso de los días, que todo tiene un límite; hay un límite para manejar las situaciones, los hay para aceptar las realidades y existen sensaciones que se vuelven incontrolables y aun así, hay que aceptarlas (desconsuelo, desapegos, miedos y el dolor por las muertes de seres queridos), estas sensaciones pasan desapercibidas del entorno por ser individuales y en diferentes tiempos; de repente y sin avisar son tomadas en cuenta por terceros, porque las trasmitimos, las comunicamos, les tocan de cerca, y aun así, no reconocemos los línderos, ni visualizamos la inminencia de que estamos todos en el mismo Carrusel.

En el año 2008, mi Esposo y Yo conmemoramos un centenario, el cumplía cincuenta y yo también, así que hicimos una fiesta inusual; a grupos de diez personas repartí las veinte mesas del salón de fiestas y asigné un país para caracterizar a cada decena de invitados, los agrupé por afinidades: los amigos de mi Mamá, los de mis Hermanos –una mesa para cada uno de ellos–, los de las niñas de Maracay, los de la familia de mi Esposo, los de mi familia, los del trabajo, los colegas médicos, los vecinos y así diecinueve mesas que debían preparar escenografía, vestuario y una dramatización para la gran gala que contó adicionalmente, con premios para las categorías destacadas.

Era otra Venezuela y aunque realizar un festejo de esa magnitud no era tan costoso como ahora, tampoco era económico, así que se estilaba que cada quien podía llevar su bebida, y los anfitriones poníamos el descorche (hielo, refrescos, agua); cada congregación llevaba sus pasapalos o los platos alusivos que hubieren preparado para consumir con los comensales de su grupo o para intercambiar y ofrecer a los integrantes de las otras mesas.

Mi esposo y yo representábamos a Viena y su gran elegancia, con bandas monárquicas en el pecho, de trajes largos las damas y smoking los caballeros; nuestra mesa, larga, iluminada por dos candelabros de cristal con múltiples velas encendidas y adornada con deslumbrantes arreglos florales. En compañía de nuestros hijos y ahijados en ese sitial de honor, iniciamos la fiesta con el desfile de los integrantes de las naciones asignadas por una larga alfombra roja, rodeada de las banderas de todos los países ondeando en las paredes, un cortés saludo a los agasajados, nosotros, y la puesta en escena de las actuaciones ya ensayadas.

Estupenda fiesta de ensueño, desde el momento en que se elaboraron las tarjetas y se agruparon los invitados, se convirtió en el tema obligado de conversación. Vinieron amigos míos que vivían fuera de Venezuela, eran pocos y se podía viajar y para los amigos del interior del país, las carreteras y el medio automotor aún no estaban tan deteriorados, se podía pasar una o dos noches en un buen hotel y era tan estable y homogénea la situación económica, que como en las bodas, se hacía una lista de regalos en una tienda especializada y cada quien de acuerdo a su bolsillo, seleccionaba un presente.

Nosotros pedimos una vajilla blanca, treinta años atrás cuando nos habíamos casado y las cosas eran más económicas se escogían vajillas de marca o de colección, se seleccionaban cosas que uno nunca podría comprar: cubiertos Cristofle, porcelanas Rosenthal, cristalería de Bohemia y copas de Baccarat, menos mal que uno no las compraba sino que se las regalaban, porque que requerimientos más disfuncionales, lo único peor que hacer una lista de regalos para una boda era recibir portarretratos repetidos, adornos inútiles u objetos reciclados; ya para nuestro cincuentenario pasamos a minimalistas y ahora con los millennials no es que la lista de regalos pasara de moda, es que las modalidades se han diversificado tanto que pueden pendular desde depósitos directos a una cuenta bancaria hasta la copia de donación del supuesto regalo a la fundación para ayuda "de lo que sea"; una cosa curiosa que nada tiene que ver con la fiesta, es que adicionalmente cuando uno se casaba armaba su primer nicho con objetos significativos de su pasado y de familiares y amigos cercanos: el reloj de la abuela, el mantel de las portuguesas, la cobijita que tejimos en el colegio y luego se iba nutriendo con los detalles típicos de los viajes: el imancito, la cerámica, el florerito y con el tiempo, de herencia de los fallecidos: el mecedor de mi abuelo, la vitrina de mi suegra; y recientemente con lo que nos dejaron los que migraron, incluyendo a nuestros hijos: trofeos, en mi caso figuras de caballos horrendos(eran premios), fotos mal tomadas y la mesa de Zutanito, la silla de Perenseja, el tinajero de Mengano y el mueble que no cabe en ningún otro lugar, de Cualquiera y si de ese arsenal insinuamos, pudiéramos darlos como partición o como obsequio, cortésmente te dan por excusa la falta de espacio: de los maleteros, porque nada que tenga referencia para uno, como los manteles bordados a mano perfectamente conservados, o la platería fina, o los recuerditos de las piñatas y las primeras comuniones, tienen cabida en el proyecto de vida que conceptúan ser merecedores los que no creen en acarreos.

Parece mentira, ahora probablemente las mesas estarían vacías si estableciera cada una de ellas a una diáspora: los de España, los de

Chile, los de Miami, los de Panamá, los de México… no hay presupuesto para la fiesta ni los invitados lo tienen para el traslado.

Los premios fueron: en primer lugar, para la mesa griega con el Partenón de centro de mesa, en la que una docena de amigos vestidos con túnicas blancas usando coronas de laureles, bailaron danzas griegas y quebraron platos en representación de una tradición sustentada en el desapego a lo material en momentos de alegría. ¡Se lucieron! Luego para la mesa francesa de mi Hermano, su familia y sus amigos, con la Torre Eiffel de centro de mesa, las mujeres al mejor estilo del Moulin Rouge, con trajes de cabaret y plumas, y los hombres de bohemios con boinas llevando lienzos para simular ser grandes pintores o interesantes caricaturistas.

Recuerdo además menciones especiales para las mesas de Israel y de España como ironías que hoy me explico; los hebreos eran exclusivamente los familiares de mi Esposo y resulta que ahora descubrimos que buena parte de mi familia es descendiente de judíos y la mesa española, con mantones de colores y flores en las cabezas de las señoras, era, en la que mis Hermanas, sus amigas y sus familias, aparentaban ser parte de lo que hoy por derecho les presentó la vida: ser españoles, por haber sido judíos.

Y así, mis colegas: gánster americanos o los ingleses de bastón y sombreros Homburg, o la mesa de mi Mami, con coloridos Sari las damas y elegantes kurta los caballeros.

¿Éramos felices los venezolanos y no lo sabíamos? ¿O lo sabíamos y no lo valorábamos?

No soy escritora, me dicen que soy buena narradora, pero se ha convertido en una necesidad trasmitir cómo inexplicablemente, de un día para otro, de un mes para el siguiente, de un acontecimiento al sucesivo, sentimos que la familia feliz, los mejores amigos, el maravilloso trabajo, el precioso país, se está destruyendo ante nuestras miradas absortas.

9

Un día conté la historia de una casa, la casa de mi abuela, porque intuía que así cerraba un ciclo, no solo mío sino de los habitantes de ella y en especial de una época de la cual ya no quedaban sino jirones.

Lo que en su momento me pareció una historia novelada un poco drástica, hoy podría relatarlo casi como un cuento de hadas. No sabía cuándo escribía que mi vida, extraordinaria e influenciada por invaluables enseñanzas y tradiciones familiares, construida por afectos y mantenidas por la rutina, la constancia, la presencia, la responsabilidad y el amor, perdería de un solo jalón el piso que la sustentaba. Mucho menos sospechaba que, al igual que yo, todos mis apegos quedarían en el aire sin identidad conocida, con una resignación inexplorada y unos valores cuestionados (algunos incapaces de adaptarse a los cambios, otros incompetentes para liberarse de las amarras que nos moldearon) desdibujando todo lo que orgullosamente luchamos para construir, mantener y trasmitir a las generaciones de relevo.

Así que hoy, en un paréntesis que se abrió con dos acontecimientos que en el carrusel de la vida no escogen su participación –el nacimiento y la muerte– y se profundizó con la cruda realidad de un país que sentimos se desintegra, releo lo ya escrito y reescribo lo que recuerdo.

Me niego a borrar la memoria de mi país, hoy destruido por la ineficiencia, la corrupción, la avaricia, el resentimiento y el rencor; un país que mezcló a narcotraficantes, con resentidos sociales, que unió a los aprovechadores de oficio y víctimas de la miseria cerebral, moral y económica, en una misma trinchera que se llevó por delante y en poco tiempo, años de esfuerzo, progreso, evolución, sueños e ilusiones de muchos.

Me niego a desconocer la situación de debacle y, ahora que soy abuela, no escribiré sobre mi abuela, escribiré a mis nietos, a las generaciones que nos deben sobrevivir. Tengo dos nietos que no son venezolanos por nacimiento sino norteamericanos y como no los tengo cerca para verlos crecer, los sigo por las redes; unos nietos que no se desarrollan en el entorno en que sus padres crecieron y cuyas vidas, originales y únicas, deben complementarse con el conocimiento de su pasado, del país que ya no es igual, de la familia que no está todos los días y de la ausencia de los que nos dejaron, pero que legaron un tesoro incalculable en su paso por el mundo y son parte de ellos mismos.

Ya no es la casa de mi abuela, ya no es el país de mis hijos, ya es la impronta que debe marcarse con tinta para ayudarme a comprender este tsunami de vivencias y perpetuarlo en cada lector que conoce la historia que, con este malgobierno, nos ha tocado vivir a los venezolanos.

Esta historia se desarrolla entre dictadura y dictadura con un inicial paralelismo entre el ciclo vital de la mayoría y las acciones políticas que se sucedían; un paralelismo que concluyó al quedar envueltos en esta hecatombe que generalizó la desgracia, unificó las historias y redujo las posibilidades de ignorar el drama que nos está devastando sin miramientos a ricos y pobres, profesionales y empleados, jóvenes y ancianos, a capitalinos y rurales, a los que trabajaban en petróleo o en agricultura, a los empleados públicos y a los empleados domésticos, como consecuencia de las medidas económicas implementadas durante casi veinte años por los desacertados dirigentes que nos han tocado como gobernantes. Paridad con España con idas y vueltas de migrantes que ya no saben a donde deben pertenecer.

La generación que se ve obligada a emigrar con su maletica de 23 kg y a tener una noción clara de quién es, de dónde viene y por qué ya no está en su país de nacimiento y debe esforzarse en pasar el testigo a los descendientes, debe trasmitir esta herencia que pareciera surgir con las coincidencias y difuminarse con las evidencias.

A pesar de lo personal y puntual de estas reminiscencias, universales en su desarrollo, pertenecen a una época y un momento histórico con tantos puntos de convergencia como hoy tienen las jácaras que escribirán nuestros hijos. Es la historia que se está escribiendo y no está en los libros; es la geografía conocida de un país de maravillas por los cuatro costados, que la inseguridad y la intervención de la economía cercaron; es un recordatorio de la vieja Formación Moral y Cívica que nos enseñaban como parte del pensum del gobierno democrático y que luego cambió a algo así como "Memoria, Territorio y Ciudadanía" con la dictadura. Por último, es un compendio de coincidencias de aspecto religioso, patrimonial y de reciclaje de nacionalidades, que al final les enseñará que no hay verdades absolutas sino relativas, que de nuestros valores morales, familiares y cívicos depende SER como debemos SER, estemos donde estemos y que lo que hoy nos parece difícil mañana lo contaremos rapidito.

Quiero escribirles de circunstancias y tradiciones, persecuciones y exilios, democracias y libertades que ocurrieron para inspirar costumbres, cuentos y leyendas que deberán trasmitir orgullosos.

Quiero imaginar la vida como un parque de atracciones –maravilloso visto de lejos– donde hay tiovivos con figuras multicolores, caballitos móviles y estáticos, norias de diferentes alturas y velocidades en sus vueltas, carruseles de infinitas combinaciones, con música y luces de colores, en el que escogemos al azar la atracción que queremos disfrutar y una vez sentaditos en el asiento encontramos que las emociones no dependen solo del maquinista, sino de los que te acompañan en tu tiovivo, de que sigas el ritmo de las vueltas y eventualmente te bajes, pongas los pies en la tierra y decidas tú y solo tú, cómo aprovechar el carrusel que te tocó…

Capítulo II

Decía Don Quijote:
*"Es la historia émula del tiempo, depósito de acciones, testigo de lo pasado, ejemplo
y aviso de lo presente, advertencia de lo por venir".*

SORPRESA E HISTORIA

Mi abuela llegó a su casa con el inicio de una dictadura. Cuenta mi *Mamá* que cuando se mudaron para San Bernardino, el 13 de noviembre de 1950, acababan de matar a Delgado Chalbaud y la capital estaba congestionada. Carlos Delgado Chalbaud era el presidente de la Junta Militar de Gobierno integrada además por Marcos Pérez Jiménez y Luís Felipe Llovera Páez. Después de la alianza para derrocar a Rómulo Gallegos y de las medidas iniciales en las que disolvieron el Congreso Nacional, el Consejo Supremo Electoral, los Consejos Municipales y las Juntas Departamentales y Comunales de toda la República, así como a los partidos políticos más importantes para el momento –AD (Acción Democrática) y el Partido Comunista–, Delgado Chalbaud prometía en nombre de la Junta Militar, la realización de elecciones libres.

Era difícil creer que una Junta que ilegalizara los partidos, censurara la prensa, emprendiera una persecución política contra sus adversarios, suspendiera las garantías constitucionales y cerrara las Universidades,

13

iba realmente a llamar a elecciones. Si esa era la verdadera intención de Delgado Chalbaud, ciertamente no era la de los otros dos integrantes.

El magnicidio cometido, provocó una crisis política nacional y obligó a reorganizar la Junta Militar y convertirla en una Junta de Gobierno que se encargaría de inmediato. El presidente fue el Dr. Germán Suárez Flamerich, secundado por Marcos Pérez Jiménez.

Éste fue el comienzo de una carrera ascendente de Pérez Jiménez hacia la usurpación de la Presidencia de la República, la que no abandonó hasta que fue derrocado el 23 de enero de 1958.

En 1952, valiéndose de toda clase de artimañas y de su poder militar, se declaró vencedor de unas supuestas elecciones convocadas por la Junta de Gobierno y de esta forma se mantuvo en el poder por los siguientes seis años. Su gobierno fue una pesadilla para sus enemigos políticos y sus opositores, cortejado por su obra maestra del terror, la Seguridad Nacional. Por el contrario, para los apolíticos fue un gobierno con un ambicioso programa de infraestructura que modernizó rápidamente al país y que suministró seguridad a los pobladores; eso era lo que se sentía en las casas de quienes no se le oponían, una calma tensa, conveniente para algunos.

La construcción de la autopista Caracas-La Guaira ocupó titulares internacionales al ser el proyecto más ambicioso y costoso del momento: la conformaban treinta y dos curvas y dos túneles hechos por una empresa dano-americana, además de tres majestuosos viaductos construidos por una compañía francesa, todos en conjunto dirigidos y ensamblados por ingenieros y trabajadores venezolanos. Era la bandera del progreso, que abría la integración de Caracas con el resto del territorio venezolano y con el exterior; pero no fue solo la autopista, durante los años que duró este régimen totalitario se comenzó la construcción de la Nueva Venezuela, la que iba a germinar, la que daría ejemplo.

Se unió para ello, al dormido potencial venezolano con el ilusionado aporte de los inmigrantes y las rentas del oro negro. Fue época de grandes eventos sociales, de ostentaciones, de alegres carnavales y pintorescos desfiles donde participaban orgullosas las bandas de los colegios compitiendo en destreza y disciplina con las escuelas militares en una irónica filiación, muestra de la hipocresía del régimen que ignoraba la sociedad.

...Ya no tenemos carnavales ni siquiera por hipocresía, hay hambre y muerte por las calles donde pasaban las carrozas...

La figura del "policía de punto" en las calles trasmitía confianza y seguridad a los transeúntes. Se veía progreso, había trabajo, comenzaban las ofertas y cada día los medios de comunicación, los servicios públicos y el transporte mejoraban en número y en calidad; era más fácil desplazarse por la ciudad y por el país. La prensa iba en expansión a pesar de la censura, acostumbrando a los lectores al hábito de comprarla, complacía tanto a los lectores como al gobierno con noticias positivas y con la burbujeante actividad social de la ciudad, haciendo que lo más buscado fuera aparecer en las páginas sociales de los diarios.

Para una parte de la sociedad, encandilada por estas muestras de desarrollo, poco importaba la existencia de presos políticos; pasaban los días ajenos a lo que realmente sucedía en su entorno. Entretanto, la clandestinidad iba cobrando fuerzas al punto que, presionado por el movimiento anti-Pérezjimenista, el presidente se vio en la necesidad de convocar a elecciones. Estaba esto previsto en la propia Constitución, la de 1953, pero con el miedo por los antecedentes de cuando los electores votaron contra el gobierno, decidió convocar en su lugar a un plebiscito confeccionado de tal manera, que sólo se podía elegir al mismo Pérez Jiménez. El plebiscito resultó un fraude que rebosó la paciencia de la gente y aunque en apariencia, se continuó celebrando las festividades navideñas del año cincuenta y siete, en realidad aumentaba el número de conspiraciones.

El primer detonante se presentó cuando no habían terminado de guardarse las galas del fin de año, el 1° de Enero, confundiendo en un primer momento con fuegos artificiales los sonidos de armas de fuego y de aviones. Al amanecer del primer día de 1958, la Fuerza Aérea sobrevoló la ciudad de Caracas con el objeto de ametrallar el Palacio de Miraflores y el edificio de la Seguridad Nacional. Se levantó la guarnición de Maracay y salieron tanques a las calles de Caracas; pero algo falló, muchos militares desconocían de la revuelta y quizás la fecha seleccionada no fue la adecuada. Con un país dormido y trasnochado, fracasó el alzamiento.

Eso no quedó ahí, Pérez Jiménez lo sabía, Venezuela ya estaba decidida. Aparecieron múltiples manifestaciones de denuncia contra el régimen, se sucedieron manifiestos y se convocó a una huelga general para el día veintiuno que se cumplió en todo el país, ya el veintidós de enero las Fuerzas Armadas despojaron de apoyo al presidente y ante tanta evidencia, éste decidió huir en su avión, "La Vaca Sagrada", al exilio vitalicio. Se decía que el avión ya estaba preparado para la huida, esperándolo lleno de obras de arte, dólares y tesoros pertenecientes al patrimonio nacional.

Llegó la democracia, nací con ella y hoy, casi 60 años después, estoy en España en el restaurant "The Kitchen" a metros de la Puerta del Sol, en Madrid, recibiendo el 2018 con la esperanza de que en mi país logremos salir de otra dictadura, una que nada tiene que ver con la de Pérez Jiménez pues no hay siquiera fuegos artificiales en Venezuela porque no hay nada que celebrar, no hay grandes eventos porque destruyeron la sociedad en los casi veinte años de socialismo del siglo XXI. No hay comida y no hay medicinas.

El mundo entero lo sabe, el país está pasando hambre y ocupamos los titulares con fotos de personas hurgando en la basura, niños muriendo de desnutrición, enfermedades tropicales que ya hace tiempo estaban erradicadas, o encabezando la lista de los países más inseguros. "Hoy, dos de enero, treinta turistas robados en un autobús que los trasladaba cuando llegaron a la isla de Margarita de la isla de Coche"; claro, los turistas tienen dólares y cada dólar equivale al sueldo mínimo semanal de un trabajador. Otro titular aseguraría que la hiperinflación y la devaluación podrían, según un columnista del Nuevo Herald, "alcanzar tasas interanuales de 30000%". El mundo entero lo sabe y a Venezuela entera le cuesta creerlo.

Cada inmigrante que llegó a un país democrático y libre para establecerse y formar familia, progresar y enriquecerse cuando éste comenzaba a expandirse, cada inmigrante que trabajó mano a mano con un venezolano, cada inmigrante independiente de su origen, credo o nivel socioeconómico cuyos descendientes nacieron venezolanos, se pregunta hoy qué pasó con su realidad, cuando se ve forzado a migrar de regreso con el pasaporte de la nacionalidad que lo habría visto nacer; o con la nacionalidad del padre, o la madre, o del esposo, al país que se recuperó de la guerra, de la hambruna, del desempleo o de la inflación y de la dictadura.

Hasta debajo de las piedras los Venezolanos buscan un estatus legal en otras naciones que les permita reinventarse y una de las alternativas ha sido la Ley de Concesión de Nacionalidad a Sefardíes Originarios de España, #12/2015, emitida con un plazo definido; una ley que sorpresivamente incluye a mi familia, así que nosotros compramos boletos para montarnos en este carrusel o plataforma rotatoria en que se ha convertido la vida de algunos venezolanos y que nos obliga a conocernos profundamente, desde nuestros ancestros, para persistir siendo parte de diásporas dispersas por el mundo con la meta anhelada de un destino común y estable, a un plazo mediato, para poder ser parte y no referencia.

En esa ley se define la inclusión de judíos que vivieron en la península ibérica —en España y Portugal— y que desde 1492 comenzaron un peregrinaje en el exilio lleno de incertidumbre y de persecución religiosa, que condujo en algunos casos, como el de nuestra familia, a un desconocimiento total del hilo conductor de la genealogía y de las raíces que hoy estamos redescubriendo.

Para ser reconocidos como españoles sefardíes no basta con que el apellido aparezca en las listas distribuidas por internet, ni ser descendientes de las tres mayores diásporas peri peninsulares desde el siglo XV, ya que algunos de estos judíos no son de origen sefardí. Para

17

la ley lo importante es que demostremos y documentemos, judíos o no, nuestra ascendencia sefardita inequívoca; lo que como poseedores del apellido *Senior* pudimos lograr gracias a los recuerdos de un abuelo que, según refería mi padre, se mantenía apegado a sus ritos y tradiciones hebreas a pesar de pertenecer a una minoría que simulaba no existir en Venezuela. También contribuyeron las investigaciones de una notable historiadora que estudió a los judíos de Coro, estado Falcón, de esta manera pudimos recabar los requisitos junto a la presentación y aprobación de un examen sobre los conocimientos de la Constitución y las características socioculturales de España, así como del manejo del español como lengua.

No me adelantaré…

Al principio, en busca de un cambio y un utópico equilibrio, muchos apoyaron la propuesta imprecisa de una igualdad socio económica sin esfuerzos, impuesta y cómoda, donde todos tendríamos lo mismo. Se nos dijo que la "riqueza era mala", en un ofrecimiento engañoso que claramente dejó a los seguidores adoctrinados y a la generación que creció en esta dictadura, aislada del progreso mundial, amaestrados y embobados por un discurso embudo que en realidad quería decir: "ustedes aguanten y sacrifíquense y nosotros, los gobernantes, cada día seremos más ricos y poderosos. El que no esté de acuerdo al exilio, a la cárcel o al cementerio".

¡Como ocurrió en Cuba!

A nosotros no nos pasaría lo mismo, pero pasó y casi es peor que en Cuba, porque no funciona ni la seguridad. Ellos, después de sesenta años, se acostumbraron, o al menos así parece y nosotros como que también.

Durante más de cuarenta años la democracia respetó un pacto firmado en la quinta "Punto Fijo", propiedad del Dr. Rafael Caldera, que fue producto de las conversaciones en New York surgidas a raíz del exilio de un grupo de jóvenes, en su mayoría pertenecientes a la conocida generación del veintiocho; valientes muchachos universitarios que en un carnaval de 1928 desafiaron y provocaron al régimen de Juan Vicente Gómez, otro histórico dictador. Rómulo Betancourt fue el padre de ese pacto y firmaron con él Rafael Caldera y Jóvito Villalba con el fin de garantizar un compromiso entre Acción Democrática, COPEI (Comité de Organización Política Electoral Independiente) y URD (Unión Republicana Democrática) –los tres partidos con mayor apoyo poblacional–.

Los signatarios del Pacto de Punto Fijo se comprometían a actuar conjunta y solidariamente en torno a tres aspectos:

Defensa de la constitucionalidad y del derecho a gobernar conforme al resultado electoral. Se explica allí que cualquiera que fuese el partido que ganase las elecciones, los otros dos se opondrían al uso de la fuerza para cambiar el resultado;

Gobierno de unidad nacional: se formaría un gobierno de coalición y ninguno de los tres partidos tendría la hegemonía en el gabinete ejecutivo;

Presentar ante el electorado un programa mínimo común.

El respeto al Pacto de Punto Fijo, por parte de los firmantes, permitió que se realizaran las elecciones del 7 de diciembre de 1958 en las cuales resultó electo como presidente de la República Rómulo Betancourt. Sin embargo, al final de 1960 el partido URD y su presidente, Jóvito Villalba, abandonaron la coalición de gobierno dando paso al bipartidismo AD-COPEI que caracterizaría al sistema de partidos venezolano hasta 1993.

Ese monopolio de las presidencias, generó incomodidades en la población con los modelos de gobierno y así comenzaron a aparecer, de 1993 a 1998, nuevas propuestas de partidos que reciclaron a los mismos dirigentes y derivó en el surgimiento de una llamada Quinta República como consecuencia de descontento, pobreza, roscas políticas y la aparición de una figura mesiánica, inicialmente apoyada por muchos demócratas que no vieron los hilos trasparentes del gobierno cubano moviendo marionetas irritadas y políticos resentidos.

19

Cuarenta años de democracia que tributaron la Represa del Gurí, el Teatro Teresa Carreño y el Teatro de la Opera en Maracay, el Museo de los Niños, más de treinta hospitales a nivel nacional, la primera línea del Metro de Caracas, nuevas vías y autopistas, nuevas universidades y conjuntos habitacionales. Se respiraba progreso y se crecía oyendo de política, pero sin mayor interés que en los jingles de la campaña presidencial del partido por el que te inclinaras, vivíamos inconexos, ajenos a los gobernantes, pero pasaban cosas: el petróleo subía y bajaba y determinaba la economía del país, mal administrada y con mucha corrupción de fondo.

Ocurrió entonces la primera catástrofe económica tangible, en febrero de 1983, el llamado "Viernes Negro" que devaluó la moneda de forma drástica y fijó un control cambiario bajo las siglas RECADI que se convirtió en el primero de la larga lista de sistemas cambiarios que nos ha tocado sufrir.

Nos salpicó lo que creíamos distante y cuando ya parecía superado hacia 1988, tuvimos a una gran amiga convertida en chivo expiatorio del control cambiario. Vivimos junto a ella meses de angustia y exilio, con sus hijos pequeños lejos de mamá fuimos testigos de constantes despedidas, subterfugios, anonimato y miedo a pesar de su perfil honorable, comprometido por el único pecado de ser la representante y persona de confianza de una gran trasnacional de automóviles durante la vigencia de Recadi, a la que quisieron cargar con una culpa que la ineficiencia del procedimiento desprotegía. Ha podido ser ella la prisionera, pero finalmente el ícono de los presos del guiso fue un chino —conocido por la historia como "el chino de Recadi"– situado en mal momento en el extremo más delgado de una cuerda que varios quisieron halar.

✳✳✳

Me casé en 1985, un treinta y uno de agosto, no vivíamos en dólares ni de Recadi, se casaban por esa época nuestros contemporáneos, teníamos hijos y procurábamos construir el futuro con las dictaduras como referencia. Vivíamos en democracia y aunque mi matrimonio con un judío sefardí pasó por un camino con muchas espinitas, el país era abierto al extranjero y sus descendientes eran acogidos sin limitantes socioculturales extremas, eran más las taxativas religiosas impuestas por las diásporas con las que cohabitaban los venezolanos, que las de los autóctonos.

Ahora voy entendiendo por qué para mis suegros era posible pensar que con nuestra boda interreligiosa se perderían parte de sus raíces, al menos mucho más que para mi familia que tenía nebuloso, pero presente, lo que debió ser la historia de mis bisabuelos judíos y no veían problema en nuestra unión. Por eso, apoyada por todos, decidí convertirme al judaísmo y criar a mis hijos como judíos, manteniendo tras mi conversión la creencia en el Mesías, nuestro Señor Jesucristo, que los judíos siguen esperando.

Había cierta apatía de nuestra parte hacia los macro problemas del país, estábamos preocupados por un hijo que nacía con el control de cambio en 1986 y que nos ponía a correr para conseguirle pañales desechables, leche de fórmula y ropita importada, un hijo que aún no dormía la noche completa, mientras su padre y yo debíamos madrugar para continuar los postgrados, completando de medio en medio, para llegar a fin de mes, con la ayuda solidaria de la familia.

Pasaron los años, terminamos los postgrados y el impacto que causó el Viernes Negro en la presidencia del Doctor Luis Herrera Campins se fue digiriendo; nos fuimos moldeando a las circunstancias y al mantenerse el petróleo como fuente principal de ingreso del país, la situación pasó de ser una catástrofe a un fenómeno temporal. Volvió al poder Carlos Andrés Pérez, el "Hombre que camina", populista y padre de la nacionalización petrolera buscando revitalizar la economía. Hoy en día más que añorado por algunos, no sólo como expresidente sino por su hidalguía de renunciar cuando le solicitaron apartarse del cargo por casos de corrupción.

En un evento multitudinario el día dos de febrero de 1989 tomó la presidencia Carlos Andrés Pérez, por segunda vez en su vida, en un acto público, aparatoso, metafórico de una coronación. Con ochenta

21

por ciento de pobreza en el país, llegó al poder con la propuesta de tratar de cambiar el modelo tradicional e introducir conceptos y proposiciones como el libre mercado, la privatización y la eliminación de los subsidios.

Casi de inmediato, el día 27 de febrero, debió enfrentar una revuelta popular que bañó de sangre a Venezuela y a su recién comenzado gobierno tras el aumento ilegal de pasajes por parte de los transportistas. Un suceso que culminó con decenas de muertos y desaparecidos, saqueos, destrozos y anarquía; el despliegue de unas fuerzas armadas represivas y la suspensión de garantías constitucionales que en apariencia controlaron la situación. ¡Callaron los abusos!

Nosotros –la mayoría de mi generación–, asustados pero ocupadísimos en tener viviendas propias, estudiar y seguir estudiando, en comprar un carro o dos, tener un buen seguro y tratar de viajar, al menos por Venezuela, a la reciente apuesta de posadas y casas vacacionales. Se podía, todo se podía en Venezuela: estudiar dentro y fuera del país, trabajar y superarse, salir de la pobreza y hacerse ricos. Era un país de oportunidades.

El toque de queda, si bien controló en apariencia la situación, fue en su cumplimiento una forma de encuentro con vecinos y con la misma familia, era como bajarse un ratico de un tren en marcha para compartir con el que estaba en la estación.

En el edificio Camarata, de la urbanización la Alameda en Caracas, la obligación de no salir de casa por el toque de queda nos puso inventivos: la tarde era para los niños, veintiocho carricitos de variadas edades y personalidades, en un parque básico y sencillo con dos columpios, un tobogán y un puente colgante en menos de veinte metros cuadrados de superficie, y en las noches torneos de dominó, juegos de cartas, convites con lo que cada familia conseguía sin tanta cola en los mercados cercanos y tertulias buscando la solución para un país que parecía no necesitarnos.

Los conserjes del edificio, la Sra. Trini y el Sr. Rogelio, dos españoles sin hijos propios, que habían emigrado a la estabilidad de un país próspero, se ocupaban en las mañanas de limpiar el edificio y de arreglar lo desarreglado, roto o descompuesto de cada uno de todos los apartamentos, respectivamente. En las tardes, ella preparaba torrejas para los muchachos y él, de noche, era el cuarto seguro en la mesa de dominó.

Mi *Hermano* vivía con nosotros y trabajaba en una empresa de helados de la que todos nos beneficiamos pues gracias a sus influencias y "conquistas", como diría mi madre, que se esmeraban en consentirlo, nunca faltaron helados en la casa a pesar de la dificultad del momento histórico para realizar las compras.

A propósito de los helados y de las inventivas del particular toque de queda, recuerdo que en una oportunidad alquilamos una marchantica, con campanitas y todo, por el cumpleaños de alguno de mis hijos. Por alguna razón nunca la devolvimos, así que la usamos durante años como un patrimonio comunitario, comprábamos hielo seco y helados al detal, la poníamos en funcionamiento y teníamos un original método de conservación no solo para los helados sino para las bebidas, alcohólicas y no alcohólicas, además de ser un aditamento gracioso y particular de la decoración. Pues bien, ese carrito o marchantica con tres rueditas, se coló en esas tardes y noches de desocupación y se convirtió en carruaje principalmente de los niños y eventualmente de algún adulto, haciendo que una pobre vecina, conocida como la bruja del once, estallara en amenazas e improperios a sus conductores, quienes tocaban las campanas bajo su balcón, y a sus conducidos, que ignorándola entre carcajadas solicitaba seguir la guachafita.

También recuerdo la época de oro de mis vecinos extranjeros, hoy mis compadres y sus hijos, hermanos de mis hijos. Él trabajaba en el mejor y más prestigioso hotel de la ciudad como gerente de banquetes, tenía acceso a una economía desconocida para la mayoría de los vecinos del edificio y una experiencia y cultura gastronómica que para nosotros era quimérica. Todos los días nos daba a probar los mejores vinos, exquisitos quesos, variadas frutas e inmejorables patés, gracias a él supimos de diferentes tipos de jamones, oímos de bellota, trufa y caviar. Nos sorprendimos con palabras como "denominación de origen", "cavas", "oporto" y "orujo" que solo con el paso de los años aprendimos a diferenciar y valorar. No sólo eso nos enseñaron nuestro compadre vasco y nuestra comadre inglesa, nos abrieron también a la visión de otras costumbres y formas de vida, en lo que era su exilio voluntario, cuya manera de sobrellevar nos parecía envidiable por su naturalidad.

Cuando se iban de vacaciones a Europa, solían hacerlo por tres meses alternando el punto de partida en la ruta Manchester-Bilbao; en ese tiempo las vecinas cuidábamos del apartamento, regábamos las matas y teníamos la genial tarea de vaciar la nevera y la alacena de alimentos perecederos. Nos dábamos un banquete anual, especialmente con las frutas, por su variedad, tamaño y frescura, había fresas, duraznos, kiwis, melones, mangos y ciruelas, ¡y los quesos!, ellos no comían queso blanco, la variedad de quesos amarillos y embutidos que durante esas vacaciones se cambiaban a nuestras neveras era inimaginable.

Esa gerencia de mis compadres en el hotel también nos permitió presenciar gran variedad y cantidad de shows de artistas nacionales e internacionales que, al igual que cuando mi *Mamá* fue directora del fabuloso Teatro de la Opera de Maracay, veíamos en sitial de honor y muy bien atendidos.

Recuerdo que cuando hice la pasantía de pregrado de medicina, conocida en Venezuela como el servicio rural, en la población de San Sebastián de los Reyes del estado Aragua, en más de una oportunidad al terminar la rutina laboral hicimos viajes de ida y vuelta a Maracay para asistir a alguna de las funciones programadas por el teatro, a veces íbamos hasta en dos carros con ocho hambrientos aprendices de doctores, llegábamos al palco presidencial del majestuoso sitial y se nos servía comida y bebida para presenciar el evento de turno.

Mi *Mamá* asumió con infinita responsabilidad y con un gran abanico de ofertas su posición de directora enalteció al bello Teatro de la Opera con obras y presentaciones nacionales e internacionales de alto nivel, logrando que fuera incluido en las gira de artistas de gran reconocimiento como Raphael, Julio Iglesias, Paloma San Basilio, Teatro Negro de Praga, Frank Quintero, Yolanda Moreno, entre otras innumerables presentaciones de similar calibre. Hubo temporadas de Ópera, Ballet, Zarzuela y Teatro a la altura de las grandes capitales del mundo.

No sé si será la edad o lo envolvente de la situación actual que, aun con la gravedad de los hechos que ocurrían en ese entonces, mis recuerdos de esos momentos son risueños y no fatalistas como lo son los del hoy. Pocos dejaron el país, pocos perdían las esperanzas y aunque también había pobreza, el futuro estaba cerquita y ciertamente no había miedo.

Es cierto, no todo era bueno; pero las bases, el valor de la amistad, el automatismo de vida que surgió en esa época, aún hoy nos nutre.

Vivimos en esos años, además del toque de queda, el primer asomo de descomposición de la sociedad que se empobrecía ante la indolencia de los gobernantes, que eran obviamente los responsables.

Un 31 de diciembre recibimos la fatal noticia de que el papá de un vecinito, tan chiquito como nuestros hijos, había recibido un tiro en la cabeza cuando valerosamente pretendió defender a dos señores mayores que, en el carro que iba delante de él, habían sido asaltados por dos delincuentes; le propinaron un tiro mortal al amenazante héroe porque su carro no respondió a la hidalguía.

Sobrevivió por pocos días en la Clínica Metropolitana, inconsciente, conectado a una vida que no iba a poder recuperar. Una muy buena persona a quien la incipiente descomposición social se llevó por delante, dejando un huérfano, una viuda y una madre sorprendidos y con pocas herramientas para sobrevivirlo. No sería muy pretencioso pensar que la vecindad fuera una de esas herramientas.

Del edificio donde vivía recuerdo también la fiesta anual de disfraces en la octavita de carnaval. Un DJ, una contribución para la comida, la bebida cortesía de la agencia Canaima (cada quien lleva su vaina), una decoración casera y la fantasía mostrada en disfraces y comparsas: Elena se disfrazó de carta, Juan Carlos de recién salido del baño, los primos de Tortugas Ninja, yo de Maléfica, Ronald con sus dos metros de estatura de monja, mi *Esposo* de payaso y mi *Papá* con su liqui liqui. Otro año mi *Hermano* y su esposa de momias, mi cuñado y mi *Hermana* de presos, Mariela de negrita, mi recién casada *Hermanita* de abuelita de Caperucita y su esposo con cestita en mano, la nieta, y un trío de gimnastas fortachones tipo Popeye que eran nuestros más recientes amigos, dueños de la compañía que nos vendió el tomógrafo con el que íbamos a ser ricos. Un tercer año vaqueros, piratas y españoles, Oscar de Drácula, Alan y Carolina de hipies, mi suegra de muñeca, mi suegro de cazador y mi *Papá*, de liqui liqui.

De esta forma, frecuente y esperada, nos ocupaba la vida social junto a las piñatas, las comidas temáticas, los actos del colegio de los muchachos, los campamentos de vacaciones, la organización de viajes por Venezuela y la normalidad de nuestro envidiable y añorado tipo de vida. Al igual que nosotros el país olvidó el Caracazo y comenzó a crecer nuevamente la economía, se dan las primeras elecciones directas de gobernadores y alcaldes, antes designados por el presidente, aumentaron las reservas internacionales, se empezó a pagar la deuda externa y mejoraron los índices de inflación pero, al mismo tiempo, continuó el descontento en los sectores populares e inició el desprestigio de la democracia y el gobierno.

En febrero de 1992, Hugo Chávez, junto a otros oficiales, dio un golpe de estado fallido, que dejó muerte y una imagen amenazante al despedirse con un "por ahora" en la pantalla de televisión a través del canal del Estado antes de que el grupo de insurgentes fuera detenido. Esa misma noche firmamos la compra de un tomógrafo axial, un equipo de imágenes, para La Guaira, estado Vargas.

La brillante idea del tomógrafo en La Guaira surgió cuando habiendo terminado mi especialización como médico radiólogo, una de esas insoportables noches de guardia cuando uno de los técnicos de la policlínica Santiago de León le sugirió a mi *Esposo*, médico también, que montara una unidad de imagen en esa ciudad satélite de la capital:

- Doctor, ¿usted no quiere hacerse millonario?

- ¿Quién no va a querer Wilmer?

- Mire doctor, yo le sugiero que monte un tomógrafo en la Guaira, ahí no hay ninguno, ya hay tres clínicas, pero deben trasladar a los pacientes a Caracas, averigüe para que vea y cuando se haga millonario se acuerda de mí.

Parecía que más que una idea, hubiera sido una orden, en menos de cuarenta y ocho horas teníamos a uno de los representantes de General Electric visitándonos con un estudio de mercado, un plan de financiamiento y un proyecto de un centro de imágenes integral: el aporte de sólo veinticinco mil dólares y un local en alquiler que debíamos buscar nosotros y que se pagaba fácilmente con los numeritos que ellos nos enseñaban; parecía tan... fácil. Según esos estudios la inversión de cinco mil dólares por cápita, al ser cinco socios, sería retribuida por un monto similar al valor de un carro marca Lexus para cada uno de los socios en menos de cinco años. Nuestros estudios de factibilidad no eran tan optimistas, pero en conjunto parecía ser un buen negocio. Se consideraron todas las variables, especialmente los escenarios negativos y al final se mantenía el atractivo, nunca pensamos que todas las variables discutidas se materializarían como nos ocurrió y que inclusive quedarían pálidos los escenarios considerados.

La única variable imaginada que no se dio de forma literal, fue el maremoto, porque el tomógrafo sí quedó catapultado por una ola de tierra y agua, pero la ola en vez de venir del mar vino de las montañas. ¡Adivinos no éramos!

Cada negocio tiene su historia, pero éste realmente fue una enciclopedia.

El día que firmamos el compromiso de compra, tres militares con sus camisas rojas, en el canal ocho (el canal del estado) anunciaron aquel "por ahora". No se cristalizaría el golpe, pero igual, el efecto y la inestabilidad fueron consecuencia pronta de ese acto y nosotros no escapábamos a la incertidumbre país y al futuro que en ese momento amenazaba. Pensamos "seguro no nos afecta" y pasamos la ola, pero no fue así, un proyecto que prometía seguridad económica a corto plazo, rápidamente se vio envuelto en refinanciamientos, pérdidas y supervivencias que irónicamente no concluyeron en un fracaso mayor porque una tragedia natural –el deslave de 1999– acabó con la unidad de imágenes y con un sueño que duró poco –el de ser ricos–, pero terminó lo mejor que puede terminar algo tan abruptamente perdido; con una reposición por el seguro que cubrió no solo la inversión, sino la liquidación y ayuda a todo el personal que laboraba con nosotros y que, aparte de sus puestos de trabajo, al vivir en La Guaira, donde ocurrió el deslave, habían perdido sus casas, su estabilidad y hasta algunos seres queridos.

En marzo de 1993 el Fiscal General de la República, Dr. Escobar Salom, interpuso una acusación contra el presidente Carlos Andrés Pérez por peculado y malversación de fondos de la partida secreta que, en mayo, solo dos meses después, fue declarada con lugar por la Corte Suprema de Justicia y dictaminó la separación inmediata de CAP de su cargo.

La anti-política y la crítica a los partidos en pleno apogeo sepultaron al bipartidismo y las siguientes elecciones las ganó un partido de coalición que se conoció como Convergencia y se apodó el Chiripero, presidido por el ya viejo y aparentemente ingenuo Dr. Rafael Caldera. Por segunda vez llegó Caldera a la presidencia, con el mérito indiscutible de promover la descentralización y el irreparable error de dar indulto a los golpistas de febrero de 1992, posando sobre su conciencia las consecuencias y sobre el país, una avalancha.

Ya no era la doctorcita que había vivido en la casa de la abuela en San Bernardino, Avenida Ávila, número 70. La bitácora de mi pasado se proyectaba nuevamente a la velocidad de la luz en mi cabeza al recordar simplemente aquella dirección. Ya tenía dos hijos; la quinta Milelba, la casa de mi abuela, donde estudié mi carrera de medicina, había moldeado la personalidad que ahora desplegaba cuando salía del edificio que había afianzado principios fundamentales de evolución basados en trabajo, lazos de amistad y constancia. Lo habíamos logrado, nos mudábamos a un lujoso apartamento, propio, inmenso, con vista al majestuoso Ávila, también en el este de la ciudad.

Dejando atrás el que había sido mi hogar, perdía la mayor de las ataduras sentimentales de las que me sujetaba para seguir el camino que me tocaba: mi *Papá*, se había ido ya dos años antes de mi mudanza, pero seguía vivo en mi memoria. Camarata era el nombre del edificio donde crecieron mis hijos y donde él era parte constante de esa comunidad; pasaba las tardes en mi casa grabando casetes y compartiendo con los niñitos. Era él mi compañía, mi consejero, y yo, su confidente. El Centro Tomográfico Litoral, la unidad de imágenes con el tomógrafo en La Guaira, ciudad satélite de la capital, era él; por cuatro años, al menos dos a tres veces por semana recorrimos juntos en su Mustang, los cuarenta y dos kilómetros que separaban la casa de la unidad de imágenes, el llevó impecablemente la administración del centro de radiología hasta su muerte, a mano, en cuadernos, con letra intachable y concordancia numérica magistral.

En 1996 mi *Papá* cumplía tres años de su diagnóstico, una insuficiencia cardíaca que lo tenía con una pobre fracción de eyección del corazón, secuela de un infarto caminado, consecuencia de años de resignarse y no quejarse, enmascarados con un mal hábito: el del cigarrillo. Digo caminado, porque no hubo chance de hacer nada cuando ya el electro mostraba una gran extensión de tejido muerto y los síntomas que debió atender, los ignoró, por no molestar o por miedo. Quien fuera su doctor nos comunicaba las sentencias: a él le hablaba de calidad de vida y de cambiar sus hábitos, y a nosotros nos dijo "de uno a siete años de sobrevida".

Él lo logró, comenzó a caminar y recorría hasta dos kilómetros por día, dejó de fumar, se tomó todas las medicinas que le mandaron y vivió con calidad de vida, hasta podía jugar ocho hoyos de golf. Logró visitar a mi *Hermano* que estudiaba un postgrado en Harvard y sobrevivir en el viajecito a uno de los tres edemas de pulmón que padeció como quien pasa por una gripecita, en la terapia intensiva de un hospital de Massachusetts; logró cargar en brazos a su primera nieta hembra, incluso viajar con sus nietos morochos, una vez a Saint Martin y llegó a ser tan buen abuelo como para ser extrañado no solo por sus nietos que lo tuvieron en vida, sino tambien por los hijos de sus hijos que se han ocupado de mantenerlo lo más presente que puede estar, quien ya no está. Me acompañó todos los días que bajé al Centro Tomográfico, donde él era además del administrador, mi chofer particular; me esperaba siempre contento en un murito en la jardinera del Camarata para ir juntos a trabajar en una rutina que su afección no logró alterar.

La sentencia que nos comunicaron a nosotros encontró la media perfecta para llevárselo. A finales del año 1996 comenzó a sentir, de a poquito, un cansancio inhabitual y un tono de voz diferente anunciaba el agotamiento irreversible de su corazón, lo cual confirmamos días antes de su cumpleaños, que igual celebramos quince días antes de su partida con el permiso de un brindis por muchos años más, por parte de su médico y amigo el Dr. Emiliano Sevilla.

El 6 de diciembre tuvimos que hospitalizarlo por tres días. Él vivía solo, a pasos del Camarata, tenía muchos años durmiendo solo y en esa oportunidad durmió cada noche con un hijo; el día que salió de alta lo esperaba la más chiquita de la casa, en su casa, con cerezas que nunca había probado y probó, con la esperanza de salir de 'eso', como él le decía a su padecimiento, para estar a su lado en sus últimos minutos de existencia. Había hablado por teléfono conmigo, me había dicho que me fuera a verlo y yo, en tono pretencioso, le dije que estaba llegando de la Guaira, que iría después, qué si era que no podía vivir sin mí, y me contestó:

– ¡No!, ¡no puedo!

A los segundos llamó mi *Hermanita* para decirme que mi *Papá* se había desmayado, estaba en el piso y respiraba con un grueso sonido.

– ¡Corre hermana, corre!

Por más que corrí no llegué a verlo con vida. Me llevó mi vecina, quizás la que menos lo conocía, la menos cercana de mis amigas, hasta ese día. Y no hubo nada que hacer, lo acostamos en la cama donde no había estado por los últimos días y lo vestimos elegante, como a él le gustaba, lo velaron con honores, rodeado de una multitud que lo quiso mucho, que nos quería a nosotros, sus hijos, y sabía lo que él representaba en nuestras vidas. Junto a conocidos y desconocidos que eran relaciones de mi *Hermano,* quien en ese momento tenía un cargo público, le hicimos una misa de cuerpo presente después de pelear con un cura que se negaba a darla porque iba a ser cremado y aun la Iglesia no estaba clara de si era permitido.

Lo cremamos como él había pedido pocos meses antes al ver en un artículo de periódico que por fin en el cementerio del Este se estaría realizando este ritual, sin saber que iba a ser tan rápido —ese mismo día me había dicho que él no quería morirse, que el Cielo debía ser pavosísimo—. Esparcimos las cenizas sobre la tumba de su mamá y le pusimos una matica de navidad que él había comprado para llevársela a ella en lo que sería su día siguiente...

Comencé a llorar creyendo que nadie me oía, cada noche y cada rato y mi vecina, del otro lado de la pared, la que no era tan cercana, se preocupó, buscó la forma de consolarme y me apoyó incondicionalmente desde ese día hasta el día de hoy; ahora somos cercanas, ahora somos comadres. En este vuelta y vuelta, desde el día en que salí de Venezuela a buscar mis documentos como española, ella y su esposo se han ocupado de mi casa como yo lo hacía en su momento con mis vecinos europeos. Creo que ellos lo hacen mejor que yo que solo dejo trabajo y responsabilidad, nada perecedero ni sabroso para disfrutar.

Ellos recordarán mis llantos como un sollozo a través de la pared y yo los llantos de su hija con una cabellera rebelde que debía recogerse cada mañana al levantarse de la cama para ir al colegio Emil Friedman sin que existieran todos los productos que hoy existen para alisar los indomables rizos. Lazos de mil formas y cintillos de mil colores crecían y cambiaban desde que mi vecinita tenía tres años hasta que me mudé que tendría catorce. Con esos lazos y con esas lágrimas se selló un pacto de amistad imperecedero.

Todos los niños en el edificio estudiaban en el colegio Emil Friedman, en nuestro caso lo seleccionamos por ser un colegio laico y por la formación musical, así que además de los festejos en el edificio, teníamos la oferta cultural del colegio que era rica y variada; mis tres ahijadas estaban en la coral, mi *Hijo Mayor* en trompeta y mi *Hijo Menor,* lo más lejos que se pudiera de un acto cultural.

Cuando me mudaba del edificio que fue mi hogar por once años, recordé en segundos muchas cosas, entre ellas las veces que de pequeña recorría las calles de San Bernardino en la carreta de Manolo; aquella carreta de techo rojo metálico, con asientos para unos diez muchachos, tirada por un caballo flaco y viejo como su dueño, que a cambio de un bolívar daba un paseo por toda la urbanización.

Por cierto, ese bolívar con el que pagaba un paseo en carreta por las calles de mi urbanización, con la inocencia de la niñez como guía, nada tiene que ver con el de hoy, ni con los bolívares que entonces comprometía responsablemente en una deuda por la casa a la que nos mudábamos y que podíamos producir para el futuro de mis hijos y la tranquilidad de mi vejez. ¡Mi pobre bolívar! Ahora, en 2018, con devaluaciones de devaluaciones, ceros van y ceros vienen caracterizando los diferentes apellidos que le han inventado a nuestra moneda: "fuerte", "soberano", etc. Ya ni circula por las ciudades, existe solo en las pantallas de las plataformas bancarias, no hay chequeras y al compararlo con el Euro o el Dólar vale menos de un centavo. Su cambio suele tener tantos ceros que no sabemos ni escribir las cantidades…

Al irme del Camarata lo último que vi fue el árbol de Palmera Yuca que plantamos en la entrada del edificio luego de la muerte de mi *Papá,* fue un regalo suyo cuando nació mi segundo hijo en 1991, había crecido en mi pequeña jardinera y en ese momento en el que me iba, alcanzaba la altura del segundo piso.

Partí en agosto de 1998 al futuro prometedor y estable. Fue así por muchos años, pero eso como que no existe.

***

Yo pensaba en 1998 que había vivido bien, pero parece que los demás no y el país era un maremágnum de incongruencias que no fue capaz de ver el disparate de un supuesto salvador; un omnipotente y vengativo "señor" que entraría democráticamente al poder con su bagaje de un golpe de estado y que convocaría a un primer referéndum tan inhumano y probablemente fraudulento, que transparentó sus ansias de poder sobre la confianza que el pueblo le entregaba, un referéndum que convocó además ignorando, como acostumbra el régimen, la mayor tragedia natural de la historia reciente del país: el deslave en Vargas.

El 15 de diciembre de 1999 mucha gente conoció de cerca la realidad de una desventura en Venezuela; familias totalmente desarticuladas, hogares perdidos, infraestructuras destruidas, una vida partida en dos, un antes y un después. Muchos de los que sobrevivieron, igualmente fallecieron de cáncer a los pocos años, de problemas en el corazón o de cualquier enfermedad que sirviera de excusa para no sobreponerse a la pérdida irremediable.

Lo más triste de todo es que se hubiera podido minimizar un poco el alcance de los daños si en este país se respetara y se previniera.

Habían pasado diez días continuos lloviendo, algunos caminos y carreteras ya estaban interrumpidos y no había información, o no la quisieron dar porque eran más importante las elecciones de reelecciones, de referéndum o de algo por el estilo. Unas elecciones que, fueran de lo que fueran, anunciaban que venía una dictadura disfrazada de democracia y el caso era que las lluvias no paraban y no había paso para Caracas.

El tomógrafo estaba instalado en el centro diagnóstico desde hacía ya siete años, funcionando ininterrumpidamente desde que abriéramos las puertas a la población. La unidad quedaba situada en un punto estratégico para la urbe de la costa guaireña y pretendía yo, a distancia, organizar la guardia para el día 15 de diciembre con el personal que vivía en la zona.

Aproximadamente a las nueve de la noche hablé con el médico y el técnico que cubrirían la disponibilidad, ambos me informaron que seguía lloviendo. A las diez de la noche hablé con los dueños de la clínica, vivían a las orilla del río que pasaba por la urbanización Los Corales y me comentaron que todo se veía muy feo, que seguía lloviendo, así que ellos, por precaución, se iban a la casa de su hija que aunque estaba igualmente situada en la Guaira, estaba más lejana al cauces de los ríos, en donde, según me comentaron, se oía un sonido fuerte de crecida en la cabecera. A las doce, recibí la llamada de una de los técnicos:

–Doctora, dudo que podamos trabajar en el tomógrafo, sigue lloviendo y todas las calles están quedando aisladas por inundaciones – y luego... silencio…

No tuve más contacto hasta el día 16, cuando reaparecieron paupérrimas comunicaciones:

–Amiga, pide ayuda, esto es horrible –quien llamaba vivía en un edificio a la orilla de la playa– ¡Estoy rodeada de agua por todas partes!, el agua baja de la montaña, una ola gigante tapó completa la casa de mis padres y el edificio de mi hermana se tambalea como si fuera un porfiado ante la fuerza de la corriente y la cantidad de piedras que arrastra el agua. ¡Ayúdanos!, ¡pide ayuda!, ¡avisa lo que está pasando! – me decía mi amiga desesperada, aterrada entre sollozos. Tímidamente pregunté por el centro de imágenes y ella intuyó que debía estar bajo el agua como todo lo que veía a su alrededor, se cayó la llamada y comenzó mi angustia.

Traté de buscar ayuda y explicar lo que estaba pasando y nadie lo creía, no había información. Al final de la tarde solo unas pocas noticias relataban múltiples inundaciones en el litoral y en algunas zonas de Caracas, no había parado de llover y llegó la noche. En la Guaira fue imposible dormir. Sentía impotencia, miedo, incertidumbre, no sabía ni que hacer, pensando en cada uno de mis compañeros, amigos y conocidos, sin poder calcular los daños; desde Caracas se veía el Ávila oculto por un telón de nubes.

Otra llamada me dio un cierto aliento al saber que estaban vivos, me contó cómo en la noche dos olas gigantes habían desgarrado la montaña a su paso, dejando huellas similares a zarpazos de un ser extraordinariamente gigante e inimaginable en toda su extensión. Las olas arrastraban rocas gigantes y todo lo que se presentó en su camino quedó sepultado. Los recién recuperados cauces de los ríos reclamaban el terreno que les pertenecía, un ancho aproximado de cien metros en cada una de las veinte quebradas que a duras penas persistieron con los años, algunas de ellas incluso circulaban en grandes embaulamientos que fueron insuficientes, hilos de agua de pronto superaron el caudal del Orinoco, el primer río de Venezuela, elevando en su recorrido el nivel de las calles y a su paso taparon lo que una vez estuvo; estructuras de hasta tres pisos quedaron totalmente desaparecidas.

Los que sobrevivieron describen un ruido desgarrador, en creciente, seguido por una ola gigante que salió de la montaña, gritos de desesperación seguidos de una quietud sepulcral de muerte y desolación. Fueron incontables las pérdidas humanas y los daños materiales.

Me involucré en los duelos de los que me rodeaban: mis empleados, mis amigos, los dueños de la clínica, mis pacientes y mis colegas. Cada una de sus pérdidas, de sus vivencias y de sus historias, más lamentable una que la otra, me conmovieron significativamente. Fueron minutos que cambiaron sus existencias, segundos que acabaron con vidas y años de presencia, instantes o decisiones que determinaron la suerte y el destino de sus protagonistas.

En ese entonces se podía atender una emergencia de tal magnitud, a pesar de la tardanza del gobierno por anunciarla y la dimensión de los daños ya irreversibles; había medicinas y médicos, había viviendas para alojar a los que perdieron sus casas y había para alimentar tropeles de damnificados, por tierra, aire y mar se realizaron los traslados y ya para el día de Navidad, muchos niños sobrevivientes recibieron regalos.

Ese deslave arrasó a su paso piedras inmóviles, frondosos y milenarios árboles, casas, hogares y edificios, infraestructura y seres vivos, recuerdos y futuro; pero los venezolanos superamos la tragedia con los valores que nos caracterizaban, de apoyo, de solidaridad y con nuevas oportunidades. Por su parte, la tragicomedia política que ahí comenzaba lograría arrasar también con esa idiosincrasia tan particular de los venezolanos de ver lo positivo, el aprendizaje y los tiempos de Dios en situaciones menos graves, la facilidad de inventar un chiste, dibujar una sonrisa, compartir en cada situación, apoyar en las penas y rezar en comunión. Ya no hay fuerzas ni para persistir, ni para reír.

En Venezuela, hoy día cada vez más hundida en la narco-dictadura y el castro comunismo cubano, han sido arrancados de cuajo los derechos humanos, abortados los asomos de alzamientos militares y encarcelados sus participantes. Ha sido silenciada y dividida la oposición y ha sido masacrado ante las cámaras un insurrecto llamado Oscar Pérez, quien, junto a un puñado de aliados, incluida una muchacha embarazada, fue asesinado en una inescrupulosa operación transmitida en vivo y directo, de la que el mundo fue testigo sin que hubiera consecuencia alguna para sus ejecutores.

Son incontables los exilados –chavistas y no chavistas– e incalculables las pérdidas humanas por falta de medicina y de comida. Los niños son diezmados por la desnutrición y nuestra población padece por enfermedades ya erradicadas o por la imposibilidad de tratamientos oportunos para sus males. Otro tanto es asesinado por la inseguridad o enferma de depresión con tantas despedidas y tanto infortunio; así está hoy el 99,99% de la población.

Quiero a mi Venezuela de vuelta, la que se unía en las tragedias. Estoy comprometida con afectos dispersos por el mundo, que están afuera trabajando por sus sueños, luchando con los contextos que les tocaron; no podemos responsabilizarlos de destruir el rompecabezas de nuestras vidas, ellos tienen que construir el de ellos, con las herramientas, los recuerdos y el ejemplo aprendido.

Así se arma un puzzle. Se empieza con los bordes y las esquinas, se separan las piezas por colores y no se descansa hasta lograr unir cada figura, dirigidos por pequeños detalles, reencontrando piezas aparentemente extraviadas y definiendo las formas, los paisajes, la belleza. ¡Cuántas sorpresas en las cosas pequeñas! Se une cada fracción, algunas similares en color, otras parecidas en su perfil, y luego... ¡luego la satisfacción de haberlo logrado! Lo más importante es saber qué es lo que estamos haciendo y que nosotros escogemos la imagen a la que queremos dar forma.

Mi generación, tiene años armando su rompecabezas, llenando las maleticas, con viajes y experiencias de vida, y volviéndolas a llenar. Ahora la generación que se tiene que ir debe armar el suyo, debe llenar su maletica...

Capítulo III

Decía Gilbert Keith:

"Uno de los extremos más necesarios y olvidados en relación con esa novela llamada Historia, es el hecho de que no está acabada"

HISTORIA E INCERTIDUMBRE

<u>16 Julio 2017; Barcelona España…</u>

Acá son las seis de la mañana, en Venezuela son las doce de la noche. Mi país se acuesta a dormir y yo me levanto en un país prestado que ignora la realidad histórica de lo que ocurre al otro lado del océano. Quizás no lo ignore, pero no lo afecta directamente. Los más informados o los más curiosos, que tienen algo de tiempo o algún conocido familiar del otro lado del mar, dan juicios preocupados del momento que estamos pasando, extrapolan los hechos a sus vidas y dan sentencias definitivas y consejos de cómo proceder, con frases como: "Aquí eso nunca pasaría", "Eso es lo mismo que el referéndum de Catalunya para separarse de España", "La oposición dialoga", "Hay mucha corrupción". Uno ya no quiere explicar lo inexplicable, cómo llegamos hasta acá desde 1998, pensando que no íbamos a terminar como Cuba cuando la realidad es que los cubanos tampoco pensaron que llegarían hasta donde están hoy desde hace casi sesenta años. Murió Fidel Castro, murió Hugo Chávez Frías y sus sucesores, igual de inescrupulosos, los perpetúan, particularmente en Venezuela. La saña y la maldad contra quien se les opone, que es la gran mayoría de la población, es inenarrable.

Para cuando escribo esto, van más de ciento veinte jóvenes asesinados. Cada día en cada marcha en algún sitio del país, zonas despobladas o áreas multitudinarias, la represión suma detenciones arbitrarias, heridos y muertos a la par. ¡Qué rabia, impotencia y desesperanza!

Salimos a votar en Barcelona por un plebiscito convocado por la oposición que exponía tres preguntas:

1. *¿Rechaza y desconoce la realización de una Asamblea Constituyente propuesta por el presidente Nicolás Maduro sin la aprobación previa del pueblo de Venezuela?*
2. *¿Demanda a la Fuerza Armada y a todo funcionario público obedecer y defender la Constitución del año 1999 y respaldar las decisiones de la Asamblea Nacional?*
3. *¿Aprueba que se proceda a la renovación de los poderes públicos de acuerdo a lo establecido en la Constitución y a la realización de elecciones libres y transparentes, así como a la conformación de un Gobierno de Unión Nacional para restituir el orden constitucional?*

Era verano y bajo un sol inclemente hicimos cuatro largas horas de cola, éramos dieciocho mil almas solo en Cataluña, fue un día maravilloso, con la bandera tricolor ondeando libremente y la alegría en las colas. Tal como nos caracteriza, todos éramos amigos de todos, sin inhibiciones se contaban historias de sobrevivencia y éxodos. Al final de la cola música venezolana, fotos con la bandera, el dedo marcado de tinta y un teléfono en mano para evidenciar el hecho, ser los primeros, motivar y apoyar a los que aún no habían despertado y a diferencia de nosotros iban a exponer sus vidas dentro del país del que no quieren o no han podido salir.

Al igual que nosotros en Barcelona, había gente participando en Australia, pasando por Asia, África, toda Europa, hasta América; toda

39

fracción de diáspora, conectada con el anhelo de un retorno a tiempo y a corto plazo, salió a votar, a tomar sus fotos y a enviar su prueba. Un triunfo aparente, una gran alegría, una vana esperanza en un momento en que parecía que ya no teníamos nada. En Venezuela más de siete millones de ciudadanos se manifestaron ese día —en centros de votaciones improvisados, en las iglesias, centros deportivos, plazas y calles que también amanecieron repletos de personas para participar— en contra del proceso constituyente promovido por Nicolás Maduro que amenazaba con concretarse.

NOSOTROS

ELLOS

Aires de Libertad se respiraban después de contar con tres ¡SI!, ¡SI!, ¡SI! El mundo lo había visto, el apoyo internacional era evidente, soñé y escribí:

Ha renacido el país más grande del mundo
y se llama Venezuela...
Era el titular que quería ver en los periódicos del día siguiente: ¡Terminó la
pesadilla y el gobierno se rindió!!
"Comienzan a retornar..."

AUN NO ES ASI....

Emigración Nacional e internacional
se entremezcla hurgando en el destino
convertida hoy, sin derecho a réplica
en una diáspora, valiosa pero dispersa
llena de heridas y temerosa...

Cada venezolano carga en su maleta

41

un pasado y muchos hechos por contar
que pocas personas quieren oír…
y aporta futuro, fortaleza y baluarte
a quien les ha tendido una mano.

Aun así, quieren volver a reconstruir su país…
Saben que lo que cuentan pocos lo creen…

El país más bello del mundo volverá, con los años,
con huellas indelebles referencia de días oscuros,
momentos irrelatables, familias destruidas y jóvenes ausentes…
volverá…tiene que volver!

Y podremos Dios mediante, reunir a las familias sobre su tierra,
compartir con los amigos que compartieron nuestros cuentos
disfrutar la maravilla de volverlo a recorrer
desde Caracas hasta el Delta del Orinoco
desde las playas del mar Caribe hasta los médanos de Coro
desde la Sierra Nevada al Salto Ángel
con la riqueza infinita de su gente
y el prodigio de su paisaje inigualable…

¡No es así!, ¡por ahora!…

Después de treinta años de matrimonio y treinta y cinco de trabajar incansablemente, lejos de la casa en la que tantos años viví que me proporcionó seguridad y cobijo, lejos de mis hijos que como muchos jóvenes escogieron estar fuera del país para labrar sus propios futuros; habiendo recibido a una nieta y despedido a un cuñado, pensé que había una salida, pero nuevamente fuimos ignorados.

¿Cómo llegamos hasta aquí?

<u>30 de Julio 2017: Sitges, España…</u>

No ha sido fácil mudarme a otro país para respirar un poquito de paz, tratar de recomponer lo que queda del estallido personal, mental y corporal de los acontecimientos recientes y seguir adelante.

En mi país, vuelto trizas, siguen caminando por rieles paralelos los que gobiernan y los que lo oponen, mis contemporáneos quedaron huérfanos de hijos, pues con el fin de salvaguardarlos, los sacaron del país con los mayores esfuerzos, a veces obligados y otras con la promesa de un tiempo provisional. Mi trabajo en el mismo sitio con una remuneración que cada vez compra menos dólares al precio signado por Dólar Today (página no oficial del precio del cambio para el dólar), mi familia cada día con más dificultad para compartir una festividad, cada vez menos en Caracas y más fuera de Venezuela, no todos bien, como dice mi *Hermano*: "cada uno con su drama". Mi cuñado, que hoy ya no nos acompaña, nos dejó un gran vacío luego de una lucha contra su mortal enfermedad, lo recuerdo caminando despacito y sin luz en su horizonte, de la mano de su esposa y a la sombra de las fuerzas que proyectaban sus hijos y nosotros a su lado, atados de manos. Vienen también a mi cabeza, tres intentos de asalto, uno en mi casa con pelea cuerpo a cuerpo con los delincuentes, que habiéndose hecho pasar por compradores usurparon mi morada; los otros dos asaltos a mano armada a plena luz del día para quitarme el celular, no lo lograron y puedo contarlo, no como otros, que fueron asesinados o secuestrados y tuvieron la peor experiencia de sus vidas, o les fueron sustraídos los bienes que con esfuerzo habían atesorado.

Me encuentro en Sitges, Cataluña, cumpliendo un azaroso contrato de trabajo por tres meses, en una población que se llama Villa Franca del Penedés; me había comprometido a realizarla en un viaje anterior a España para firmar el acta notarial como descendiente de judío sefardí, cuando una amiga me puso en contacto con un doctor que necesitaba un suplente para cubrir las vacaciones de verano de médicos ecografistas, en un pueblo cuyo nombre no podía ni pronunciar en aquel momento, a treinta minutos de Barcelona y que supuestamente iban a ser bien remuneradas. No daré detalles de lo que supuestamente era la oportunidad de oro, pero fácil no era. El rosario de papeles por recopilar para trabajar con un contrato, en un país que te desconoce es más largo que las letanías del rosario y doblemente largo si es verano; toda España está de vacaciones, los horarios son matutinos y no atienden salvo previa cita, que se obtiene vía internet los lunes de ocho a diez de la mañana, pero nadie te lo dice, lo descubres después de un millón de intentos fallidos en lugares equivocados, igual que nadie te dice todos los requisitos a llevar a cada cita y hace que te anulen la visita sin consideración, hasta tu próxima cita… y creo que ni debo perder el tiempo en explicar lo que significa que alguno de los requerimientos estén ¡en Venezuela!, como por ejemplo el título original, apostillado, legalizado y no vencido ¡¡Ups!!

Llegué a Sitges a vivir por una afortunada casualidad después de dos intentos de estafa en Barcelona, para dos apartamentos que había conseguido por internet: en uno la estafa muy bien montada, una página falsa hasta con chat y la otra, propaganda engañosa: vendía vista a la Sagrada Familia y era un oscuro y sucio sótano.

Una afortunada casualidad y una lloradita a las personas adecuadas me revelaron el apartamento donde estoy actualmente, viendo el mar en la distancia y respirando la tranquilidad que necesitaba, mientras pasamos la ola, como dice mi amiga de la infancia…

Sitges es tan precioso como particular, conviviendo como normal lo que antes no era normal para mí (un concierto en una playa nudista de homosexuales, por decir algo). Antes, al menos, me hubiera inducido un pensamiento condenatorio y hoy me enseña la importancia del respeto por las diferencias, enfrentadas con valores trasmitidos en mi país y por mi familia que la realidad actual sepultan sin consideraciones.

El Penedés resultó ser un paisaje rural cubierto de viñedos que proporcionan la uva a las mejores cavas del mundo y a infinidad de vinos blancos ligeros y aromáticos, un salpicado de pueblos de piedra y tradición, patrimonio cultural de la humanidad; un compendio de vinerías, bodegas y chocolaterías que brinda además una magnífica gastronomía y por si fuera poco, la adorable coincidencia de estar en esta zona en la conmemoración de sus fiestas populares principales, en cada pueblo su fiesta Mayor, un espectáculo de música, bailes tradicionales, fuegos artificiales y castellers (castillos humanos) como ícono de la celebraciones.

Un clima mediterráneo que me resultó acogedor y perfectamente tolerable sin aire acondicionado, un territorio protegido por la sierra de Monserrat hasta las entretenidas y calientes (ahora en verano) playas de Sitges.

Ya en horas del mediodía de hoy comenzaron a llegar las noticias del ausentismo a las mesas de votación preparadas para elegir una Asamblea Nacional Constituyente, inconstitucional en su convocatoria y rechazada en su contenido, por adeptos y no adeptos dentro y fuera del país; pero aun así los del régimen realizaban la pantomima. Mientras nosotros, y el mundo, confirmábamos por las redes y la televisión extranjera lo vacío de los centros de votación, como por arte de magia los voceros del oficialismo declaraban a siete millones de votantes, transparentes según ellos, dando apoyo y aprobación al fraude. Atónitos y desesperanzados nos dimos cuenta nuevamente de la gigantesca indiferencia hacia la oposición y de lo difícil que iba ser seguir con ellos en el poder.

Apenas comenzaba el desaliento en Venezuela y el derrumbe de la presunción que construimos en ciento veinte días se acababa, los gobernantes de mi país irrespetaron nuestro referéndum y consolidaron su omnipotente asamblea.

17 de agosto 2017: Villa Nova I la Geltrú, España…

Trabajando —igual que trabajaba la fatídica mañana del once de septiembre—, haciendo ultrasonidos a desconocidos que al oír mi acento reconocían un extranjero y amablemente se solidarizaban con lo desconcertante de la realidad en Venezuela; realmente impactada del giro de la situación, donde una desarmada oposición —no sólo en el sentido literal de la palabra "desarmada" sino desarmados de herramientas y procedimientos para combatir el ya declarado comunismo— dejaba en apariencia al garete a la gente que se cansó de marchar y arrojaba culpas inmisericordes a los que ayer habían sido los

45

líderes. Oí con tristeza a quien se había convertido en imagen de perseverancia, paz e insignia del proceso de protesta, nuestro querido violinista tricolor, despotricar de la MUD (Mesa de la Unidad Democrática) y casi hacerla responsable de todas las vejaciones que contra él se cometieron, miles de presos políticos sintieron que sus esfuerzos eran vanos y sus sacrificios personales eran rápidamente olvidados.

Ellos, el gobierno opresor, instalaron con desvergüenza su ANC conformada y dirigida por cubanos castristas y llenaron el Salón Elíptico, en el otrora señorial Congreso de la República, con fotos de un Simón Bolívar de fisionomía incógnita para los cinco países que liberó y de un Chávez que no dejan descansar en paz en el infierno merecido en que debe andar.

Poco se esperó para desconocer la inmunidad de parlamentarios y dirigentes electos democráticamente en la verdadera Asamblea Nacional, para destituir alcaldes y a la Fiscal General, para perseguir opositores, para poner presos a los valientes que legalmente pensaban formar un verdadero Tribunal Supremo y para dividir a los asombrados opositores, animosos guerreros y corrientes ciudadanos que querían recuperar el país que estos imbéciles nos arrebataron, parecían agotados todos los recursos, al punto de solicitar a gritos una intervención armada extranjera como única salida de esta pesadilla o activar el plan B: salir del país.

Tribunales de inquisición dejaban presos a los disidentes, desaparecían al General Raúl Isaías Baduel y al Capitán Juan Carlos Caguaripano, callaban la Operación David (por lo de Goliat) intimidaban a opositores como Leopoldo López y a Antonio Ledezma en sus ya condenables reclusiones de casa por cárcel y condenaban al exilio a los cabecillas de la lucha, negando ante el mundo lo recio de su castro comunismo y lo nefasto de sus consecuencias: hambre, devaluación, falta de medicinas y perdida de la Libertad.

Cinco de la tarde y entra la enfermera de donde estoy trabajando, teléfono en mano: ha ocurrido un atentado en Barcelona, España. Un loco desquiciado al volante de una camioneta blanca se montó en la caminería peatonal de Las Ramblas y se llevó por delante el mañana de varios, la tranquilidad de muchos y destruyó en quinientos metros el equilibrio de una nación y muchos hogares.

En el también nefasto 11 de septiembre en la televisión de la sala de espera de la clínica donde trabajaba en Caracas, veíamos en vivo las imágenes de destrucción y desplome de las torres gemelas en New York.

21 de agosto 2017; Sitges…

Hoy será el eclipse total de sol, por la red inundan de noticias fatalistas, esperanzadoras, premonitorias y científicas. Anuncian tres días de oscuridad absoluta hasta la imposibilidad de su visualización. La realidad es que el eclipse será visto bien solo en algunas zonas populosas de Estados Unidos y no en España; en Canarias al poniente del Sol se verá parcialmente el fenómeno que resulta de la alineación Tierra, Luna y Sol. Los españoles seguidores de los fenómenos naturales tendrán que esperar hasta el 2026 para ser palco de algo similar.

Hoy no trabajo, y si bien he logrado dormir sin pastillas, sin sobresaltos y corrido, sigue siendo una inquietud despertar, levantarse y tener miedo por la incertidumbre de la infinidad de decisiones que no dependen de uno mismo tomar en plazos de semanas, días o minutos. Ya he vivido muchos días así en los últimos meses, que han ido desde poner la fecha acertada para realizar viajes hasta seleccionar lo indispensable para realizarlos.

Viajes de migración, de reunión para despedidas, de ilusión por bienvenidas, de huidas por miedo a la inseguridad en la propia casa y vuelta atrás por la seguridad que solo da la casa propia.

Hoy por ejemplo me levanto con un sonido, previo a abrir los ojos, un ruido que estoy segura de que es de un helicóptero. Los primeros minutos me concentro en diferenciar sueño de realidad, solo oyendo, siento que estoy en mi casa, enclaustrada dentro de mi hogar, la poca información que circula por los medios nos convirtió a nosotros en protagonistas, y como desde mi casa en Caracas, se ve La Carlota (aeropuerto militar de la capital) y yo informaba de movimientos sospechosos de aviones y helicópteros –tomando en cuenta que este lugar se cerró como terminal habitual y actualmente solo se utiliza para emergencia y enchufados–, imaginé que la información podía ser valiosa.

Me levanto, voy al balcón –desde mi casa en Caracas vería el Majestuoso Ávila, pero en mi refugio actual se ve el mar– y ahí frente a mí, sobre las costas de Sitges, un helicóptero con posición estática en medio del firmamento y el eco de las aspas rompiendo el aire que lo rodea, audible en toda la ciudad. Por un lado, me pregunto: ¿será parte de los preparativos de la Fiesta Mayor de Sitges en honor a su patrón San Bartolomé que comenzaron anoche? o ¿será parte de la búsqueda de los terroristas que conforman la célula yihadista? Observo por minutos, ni cambia de posición ni cambia de frecuencia su sonar, prendo la televisión buscando información y no encuentro nada, igual que en Caracas. Una hora y sigue en el mismo lugar, aquí en Sitges no sé a quién preguntarle y no tengo ninguna red social que me lo informe, ya en Caracas estaría circulando el hallazgo con la coletilla de corresponder a fuentes fidedignas de información.

La televisión española lo que informa es que en las últimas cuarenta y ocho horas han muerto por accidentes viales catorce personas, (igual número de fallecidos que en el atentado terrorista) y cinco ahogados. ¿Será que los del helicóptero buscan un cuerpo?, ¿o una nave en fuga como la que se llevó a Luisa Ortega, la Fiscal General, fuera del país con la información de un camión de actos de corrupción de equipaje? Nadie informa pero consigo un resumen de lo que hasta el momento se sabe del atentado terrorista: eran al menos doce personas los que formaban parte de la célula que reivindicó el atentado, y nueve habían sido detenidos; un conductor de una furgoneta había arrollado deliberadamente al lado de la Plaza Cataluña, entrando a vertiginosa velocidad en la Rambla peatonal (uno de los sitios turísticos más populares de Barcelona), a un centenar de personas y dejado a su paso incontables daños materiales e insalvables catorce fallecidos.

Ayer estuve por allá y ver de cerca cómo se va llenando el inicio de esta Rambla de velas, flores, escritos, peluches para los niños ya difuntos y curiosos afligidos que se acercan igual que yo, al inédito espectáculo, resulta realmente inquietante.

Las víctimas, procedentes de una amplia gama de países; casi tantos como el número de heridos. Los sospechosos, todos de un mismo sitio: Ripoll, un pueblito Gironés de menos de diez mil habitantes. Casi todos conocidos en el poblado donde aparentemente solaparon reuniones preparatorias de lo que iba a ser mucho más de lo que fue, todos supuestamente influenciados por un Imán que los captó para ponerlos a actuar en su nombre y el de Alá. Hilvanando los hechos resulta que parte de los integrantes del grupo, se cree que tres (y uno de ellos podría ser el Imán), fueron las víctimas del engañoso accidente doméstico ocurrido el día previo al atentado, en Alcanar, cerca de Tarragona (a dos horas de Ripoll), que hoy se sabe, y lo ignoraron preliminarmente, que era donde estaban preparando más de cien bombonas con acetileno y butano para hacer estallar más de una estructura arquitectónica icónica y producir un perjuicio inimaginable en la población y sus pobladores.

Sigue el helicóptero, se movió un poco en la misma costa, sigo sin saber los motivos. Otra noticia rompe mi concentración: "Una furgoneta en Marsella, blanca, impacta, aparentemente adrede contra dos paradas de autobús y se lleva por delante a los usuarios", ¿otra furgoneta blanca?, ¿conectado o aislado el hecho? La misma noche del atentado en Barcelona, en Cambrils, al lado de Tarragona y más cerca de Alcanar que de Ripoll, una furgoneta blanca, en el precioso y turístico paseo marítimo, pretende replicar el atentado de Las Ramblas, una señal de alto por sospecha de un par de Mossos atentos es evadida por el conductor, que no se detiene, acelera y se vuelca en la rotonda cercana, salen sus ocupantes (cuatro), son inmediatamente interceptados y muertos a tiros por el Mosso inhabitualmente preparado por haber sido militar, y el quinto tripulante, antes de ser abatido, masacra a cuchillazos a dos transeúntes que estaban en las adyacencias. El Imán dirigía la mezquita de Ripoll y habría tenido relación con los hechos del 11S.

Totalmente al margen quiero comentar que las rotondas en España son todo un tema, especialmente para conductores extranjeros.

¡Se fue el helicóptero! No más noticias por el momento. Arguiñano comienza a cocinar por la tele y pregunta si sabéis lo que es Otitis testicular, él mismo contesta: Es el motivo de consulta más común de los esposos a petición de las esposas y el diagnóstico en términos no médicos es: su esposo oye, pero no le para bola….

Resulta que mis trabajos son en cuatro localidades en El Valle de Penedés; el ideal protector de uveros de denominación de origen de cavas y vinos de renombres: Villafranca, Villanova, San Sadurní y el Vendrel son las cuatro localidades, en su perímetro se encuentra Subirats. Ahí hace minutos localizaron y mataron al autor material del atentado de las Ramblas con un falso chaleco de explosivos, en el segundo carro robado, el primero fue el del día del atentado, asesinaron a ambos choferes con arma blanca. Lo veo como un extra en televisión, es a solo a veinte kilómetros de donde vivo. Según la televisión española no pueden por ahora dar más información del sitio y las características del suceso para no alertar a los no confirmados cómplices, proyectan solo dos imágenes: la carretera que lleva al sitio rural y el helicóptero suspendido en el aire. ¿Qué tal?

No había más sospechosos, andaba solo el conductor.

Los mossos d'Esquadra son una creación del Rey Felipe V para detener a criminales y bandidos que habían quedado dispersos por las montañas de Cataluña después del fin de la Guerra de Sucesión española y hoy día son la policía de Cataluña, pero no adeptos a ningún Rey.

<u>**4 de septiembre; Sevilla, España…**</u>

El primero de septiembre viajaba por avión con mi *Hermano* para Sevilla, los últimos cuatro días estuvimos compartiendo por Cataluña: el valle del Penedés, la Costa de Sitges y de Villanova, las calles de Barcelona y la obra de Gaudí, las estrellas Michelin de Ticket y del Celler de CanRoca y mi *Hermano* quedó fascinado con su geografía pero entristecido con el ambiente separatista que se respira, ahora que somos españoles, vemos innecesario la imposición de aislarse de lo que es parte de ellos mismos, la cultura española, y no querer seguir siendo de los principales tesoros de España para convertirse en un pequeño país vecino a la España grande que hoy nos recibe de vuelta.

Mi *Hermano,* como yo, se enamoró de Sitges, una ciudad con un encanto particular: la belleza de las costas y la diversidad de sus habitantes va más allá de un paraíso para homosexuales, siendo una demostración de sana convivencia con respeto, en la mayoría de los casos por el pensar y sentir del otro. Definitivamente a mi generación le ha tocado aceptar cambios. Si a la generación de mis abuelos les tocó ver evolución y a la de los bisabuelos solidificar la familia, hoy a esta generación solo les toca ceder y sobrevivir con los conceptos: relación, pareja, matrimonio y libertad.

Siguen en Cataluña los preparativos para el referéndum planificado para el primero de octubre en contra de la misma constitución y está por salir una ley que legitima el proceso; ondean en los balcones banderas con un SI al lado de una bandera con los colores de España y una estrella blanca sobre un fondo azul que define las diferencias.

Por el camino al aeropuerto mi *Hermano* comparaba su amada Sevilla con Cataluña y concluía que si España fuera Venezuela y Cataluña no quiere ser España, mucho menos querría ser Venezuela y compartir con los venezolanos. Yo no lo he sentido así; la calidez de la gente con mi persona ha sido genial, me han incluido hasta en conversaciones que no entiendo, como a uno más ¿o me habrán ignorado?

Llegamos al aeropuerto. No esperábamos que miles, al igual que nosotros, llegarán en hora. Intentamos en máquinas automáticas para Check-in; imposible. Luego intentamos cada uno en una cola y no se

51

movían, hasta que por fin abrieron una fila solo para chequearnos a nosotros, los que estábamos tarde, y comunicarnos que el vuelo estaba sobrevendido, casi lleno, y teníamos pocas posibilidades de abordarlo ¡Susto! Mientras corríamos a la puerta de embarque cada uno buscaba alternativas para llegar a Sevilla como habíamos programado: ¿tren?, ¿otra línea?, ¿otro vuelo? Nos montamos y nos montaron las maletas que llegaron de primeritas a destino, ¡perfecto!

Llegamos a Sevilla y nos recibió la ciudad con la gente más amigable del planeta: los andaluces.

El hotel Alfonso XIII es algo fuera de serie, su nombre en honor a quien supervisó su edificación y dio indicaciones sobre sus acabados. Desde 1916 cuando se comenzó la construcción, cada baldosa, pared, piso, ventana o techo son una obra de arte; agératos adornando con puntuales detalles para no sobrecargar el acogedor y elegante recinto, en pleno centro de la ciudad, al lado del parque María Luisa y a metros de la torre de Oro, la Catedral de Sevilla, la maestranza (solo es igual a la de Maracay por dentro) y el Majestuoso Real Alcázar. A pasos del Guadalquivir con un ramal falso y otro original para atravesar la ciudad, en su orilla sus bares y quioscos, las carretas y la gente. Ese día pateamos calles y tiendas para comprar complementos de un atuendo sevillano para el evento al que al siguiente día asistiríamos y por supuesto le compré un atuendo sevillano a mis nietos, no conseguí una flor amarilla para mi pelo, como la quería, pues en las tiendas turísticas solo había rojas y negras o de pepas negras y rojas.

En la cena se reunió todo el grupo que el sábado acudiría a Ronda, una plaza donde anhelaban torear muchos toreros, a un evento al que los amantes de la tauromaquia adoraban asistir y habían comprado entradas con meses de anticipación y los más apasionados, pero menos previsivos pujaban por comprar a precios astronómicos. El grupo era conformado por los cuatro hermanos, cuñados, sobrinos y un torero de renombre: Tomás Campuzano, quien para mi *Hermano* pasó de ídolo a amigo, después del retiro del primero y la realización de los sueños del segundo. En una calle de Sevilla, frente al Restaurant El Cairo, se tomaron hace dos años una foto que recreaba a otra foto, tomada en la plaza de toros de Madrid año 1992 cuando eran unos adolescentes los dos.

Campuzano con la misma sonrisa sincera que fácilmente ilumina su cara y mi *Hermano* con el mismo delirio con que disfruta cada uno de sus logros, sellaron un nexo, unidos por una pasión, despojados de pretensiones y en este viaje ellos dos iban a compartir esa pasión con nosotros. Estaba también Carlos, simplemente Carlos, venezolano, con su preciosa hija; producto de una educación osada más de este siglo que del pasado, que comentaba con la misma vehemencia muchas otras vivencias de sus años pretéritos, asistente de mi *Hermano* en sus andanzas andaluzas.

Parece que las hermandades son la forma de participar en las peregrinaciones a la Virgen del Rocío en primera fila y él, Carlos, está buscando como meter a mi *Hermano* en estas hermandades para que el año que viene asista y ya verán, lo logrará, los dos son quisquillosos y obstinados, si no, lo nombra duque o conde antes y además de español y sevillano será "Er Conde".

Temprano en la mañana pasó por nosotros una furgoneta preparada para la cuadrilla de los toreros, habitualmente conformada por tres banderilleros, dos picadores y un mozo de espadas; son furgonetas acondicionadas con nueve asientos, ocho reclinables, la del chofer, y atrás una cama litera solo en la parte superior y debajo un tubo para guindar los trajes de los toreros, colocar los útiles que deben llevarse entre plaza y plaza, entre cartel y cartel, entre ciudad y ciudad. Dadas las explicaciones de los usos de la reacondicionada furgoneta partimos en dos unidades destino Ronda, corrida Goyesca, copiloto Tomas Campuzano, en una unidad y en la otra quien lamentablemente por una cornada abandonó las lides, con su padre, que es de la generación de Campuzano y también torero, y su hijo quien espera pueda lograr las metas que él no pudo. Al grupo se une Oswaldo Guillén, jugador de Grandes, manager actual de los gloriosos Tiburones de la Guaira, equipo tradicional del béisbol venezolano, cuya directiva es presidida por mi *Hermano*.

Ronda está en un acantilado, uno de los pueblos blancos de Andalucía. Si impresiona su vista en la distancia más impresiona el precipicio en la cercanía, verticalidad de caídas laminares de agua en un pozo poco lleno y caminerías empinadas en la pared rocosa que sostiene a la ciudad. Vamos a la plaza de toros a buscar las entradas, a comer, a conocer el ritmo que impone la popularidad de Campuzano; flores en las cabezas de las mujeres, peinetas en los moños, faralaos en los vestidos, sonrisas en el rostro y actitud festiva en el caminar de los miles de asistentes a la faena de despedida de Paquirri hijo. Adornadas las bocacalles con farolas de papel, floreadas las plazas de los monumentos y posando a cada paso los caminantes, se va llegando al sitio donde almorzaremos y nos encontraremos con el resto del grupo. Una parada para abanicos, otra para mantones y muchas para apretones de manos con admiradores del torero que nos acompañaba. Comer, beber y volver a la plaza repleta por los cuatro costados, de los que podrán entrar y de los que verán y fotografiarán a los que entran. Fiesta para la prensa del corazón: los hermanos Ordoñez son de sus consentidos, fiesta para la tauromaquia: la novedad de los trajes Goyescos como atavío; se comentaba que el de Paquirri lo habría diseñado la esposa. En los balcones mantones en vez de banderas, notándose la diferencia con Barcelona empeñada en sectorizarse y aquí la integración multicultural hablando sola: galerías multicolores ondeando engalanados con colores de pañolones y flores contra banderas de una bandera que identifica a pocos en el área del Penedés.

Desfile de carruajes tirados por ejemplares espectaculares de caballos llevando a la comisión taurina a sus asientos y a las reinas de la feria de Ronda con sus vestimentas goyescas; el primer toro en duelo con un rejoneador que elegantemente lidió a su animal; utilizó tres caballos a cuál mejor, brillantemente domados. Primero el rejoneo, luego las banderillas y luego la estocada mortal: dos orejas y el ondear continuo de pañuelos blancos del público pidiendo más.

El segundo toro para despedir a Paquirri. Malo el animal, deslucida la despedida, mañoso el bicho, lo corneó sin aparentes secuelas, lo embadurnó de sangre y se movió a su antojo sin conectarse con Paquirri que, con el sinsabor de un acto frustrado, solicitó un toro adicional, el cual le fue concedido. Después sus cinco brillantes compañeros, de andares pausados y maneras dominadoras se impusieron a sus toros y fueran premiados con orejas: dos o una, pero siempre alguna. Música a petición del público por excelentes faenas, la mayoría de las banderillas las colocaban los mismos toreros, homenajes silentes a Paquirri, de su hermano y el Fanty; también a la inversa.

Último toro, ahora sí, Paquirri enfrenta un animal a nivel logrando dos orejas y pierde la cola por un fallo al matar; luego el corte de su coleta, despedida del ruedo en hombros y salida por la puerta Grande. Fiesta, desde el paseíllo hasta el final con mucho colorido: barreras festivas, música y una buena actuación en la plaza. ¡Adiós, por ahora, a una gran figura del toreo!

Al salir de la corrida aprobada por Campuzano, él nos contó con cierta nostalgia y añoranza, de cómo fue su ceremonia en sus días de gloria; de los cuales, durante quince años estuvo asistiendo como torero honorario a las ferias en Venezuela. En enero a la Feria de San Sebastián en San Cristóbal, Edo. Táchira; en febrero a la Feria del Sol en Mérida y en marzo a las de San José en Maracay y en noviembre La Feria de la Virgen de Chiquinquirá, conocida también como Feria de la Chinita.

El día posterior a la corrida, en un almuerzo con la familia plena de Tomás, de Luis, de Oswaldo y unos prospectos de torero, uno de ellos venezolano y la familia de mi *Hermano*, o sea nosotros, compartimos con cantadores y ellos practicaron la faena con becerros en la dehesa la Zorrera en pleno condado de Huelva entre la campiña y la sierra. A los pies el embalse Curumbel sitio de escénica andaluza que prestó cuatro reses a estos pichones del toreo, a los aficionados de la familia que no dudaron en lanzarse al ruedo para lidiarlos, medir la destreza y estilo de los lidiadores. Mi cuñado salió corneado, no le dolió, con estilacho repitió la faena: de lujo; los sobrinos se destacaron y mi *Hermano* se lució con experiencia y exaltación del logro conseguido. Un almuerzo maravilloso, unos cantadores de altura y la familia genial bailando sevillanas.

Luego de las fotografías, nos sentamos a comer una gigante paella, comenzaron las coincidencias a resaltar y hubo una en particular que conmemoró un reencuentro con los mismos protagonistas de hoy en el cincuenta aniversario de la Maestranza Cesar Girón en Maracay, veinte de enero 1983. Tomás Campuzano, Paquirri padre y Morenito de Maracay, costo de la entrada ochenta bolívares, acá costaba cien euros.

Fue la única corrida en Maracay donde toreo Paquirri padre, una bella faena que no concretó en orejas porque no logró matar al toro; sin embargo, al grito de torero dio un recorrido a la plaza para responder la solicitud del público.

En ese año presidia el evento la alcaldesa de Maracay quien era la madre de mi cuñado, quien comentaba que siendo un día jueves estaba lleno completo, por eso estaba mi cuñi de asistente y en primera fila las encargadas de la decoración del evento mi *Mamá* y dos amigas, y estaban también mis *Hermanos*.

En 1983 por el aniversario, se había mandado a pintar un cincuenta con unos laureles en el centro de la plaza y uno de los toros cayó muerto justo en el centro de la pintura, la gente en la plaza gritaba de emoción, ayer sentíamos lo mismo.

En este viaje a Sevilla faltó mi mami, ella no tenía antecedentes sefardís directos, pero igual que mi *Hermano,* parece española de nacimiento: mujer alta, elegante, distinguida. Aún hoy con sus añitos, hace voltear las miradas, baila sevillanas con garbo y prestancia, es capaz de vestir los vistosos trajes andaluces con más desenvoltura y donaire que la misma duquesa de Alba, toca guitarra como los cantaores y domina las castañuelas desde la infancia; desde joven sus gráciles movimientos eran de española. Su vida gira en torno a los detalles: al vestir, al organizar un evento, al decorar su casa; con poco dinero hace maravillas (ella dice que aprendió en las revistas) sus puestas de mesa son de concurso y sus apariciones son de película, se siente que llega. Nos hacía falta, hubiera agarrado la guitarra, bailado la sevillana y cantado el canto hondo como si fuera más sevillana que las mismas artes.

Sobre las casualidades está claro que hace veinticinco años, con cincuenta la maestranza, mi madre estaba en plena actividad pública y que justamente fuera ella con unas amigas quien decorara y preparara la escenografía del memorable evento.

Para coronar la impecable organización, la maravillosa propuesta gastronómica y el disfrute, en los carros de las cuadrillas de toreros nos dirigimos a Huelva a visitar el altar de la virgen del Rocío, que capturó el corazón de mi *Hermano* por la maravilla del sitio donde se expone y las tradiciones que en torno a su fe se practican. Su leyenda se remonta a 1758, cuando se contaba en Almonte que, en el siglo XV, un hombre que había salido a cazar se encontró en la Rocina, en medio de árboles de espinas, una imagen de la reina de los ángeles de estatura natural colocada sobre un seco tronco. A la virgen del Rocío, antigua virgen de Rocina se le conjuga con el Espíritu Santo, se le llama Santa Paloma y su conmemoración es el doce de septiembre, con la solemnidad de Pentecostés. La Romería es el acontecimiento más importante del año rociero, asisten más de un millón y medio de personas por año y es una celebración de carácter religioso que se vive con el carácter festivo y alegre de Andalucía.

Encendí una vela a la virgen del Rocío; mi deseo: una señal del camino correcto a seguir en esta encrucijada.

Llegaron las despedidas y promesas de reencuentro; vuelta a Cataluña, adiós a mis *Hermanos* y a la tauromaquia, a pasar a baja la experiencia. En Cataluña esta actividad es mal vista y hay oposición franca en su contra. Mis respetos a ambas corrientes, no opino.

<u>15 de septiembre 2017; Cierre del paréntesis, en el aire…</u>

¡Otra vez maletas!, ¡otra vez sobrepeso! ¿Cómo explicar a las líneas aéreas que en 23 kilos no se puede contener todo lo que a los venezolanos nos está pasando? ¿Cómo saber que hasta eso podía estar de más en un futuro tan cercano?

La experiencia de este paréntesis me enseñó también cómo sobrevivir al papeleo para estar legal en un país que no es el tuyo y va a acogerte, robándote días de disfrute, lejos de la inseguridad y el miedo que en el sitio donde nací hoy se respira y a pesar de la amenaza mediática del terrorismo y de los desafíos reiterados de la naturaleza; como recientemente ocurrió a mis *Hermanos* en su regreso a Miami, por la inminencia del huraño huracán Irma sobre los bienes materiales trabajosamente obtenidos y más preocupante aún sobre su integridad física.

No se habían montado mis *Hermanos* en el avión de vuelta a Miami después del viaje por Sevilla y ya les tocaba organizarse de carrera ante el desafío apremiante del huracán más poderoso que se estaba formando en el Atlántico, que parecía casi seguro por su desplazamiento, tocaría tierra en Florida y la acabaría. La alegría de una semana de fantasía en Sevilla se esfumaba solo al pensar que lo recién construido podía desvanecerse sin recursos para cambiar la grave eventualidad, ante un diagnóstico letal la oportunidad estaba en poder salvar la vida, no podías salvar los bienes, poco tiempo para actuar.

La voz de alerta y desalojo inmediato les exigió organizarse para volver a partir, no todos tenían la oportunidad, mejor es tenerla creo yo, ya cuesta pensar en vivir para pensar en lo que sobrevivirá, una desventura natural y avisada te pone a ponderar menos de lo que hemos filosofado sobre emigrar o no del país que nos está asfixiando.

Categoría V vientos de un radio de acción y una altura del tamaño de la península completa.

Todos los canales de televisión americanos y una buena cantidad de los canales del mundo se abocaron a ser portadores del apocalipsis con un sadismo mágico que embelesaba a los televidentes, una sola vez oí un consejo real al recordar a los evacuados que llevaran el pasaporte, seguían e informaban sobre el fenómeno natural, pero sobre lo que verdaderamente informaban era sobre la desesperación de la gente. Señalaban los automercados vacíos, no los que aún tenían agua, las colas para poner gasolina, la sobredemanda hotelera en el área. No se veía ningún programa donde aconsejaran como evitar que las casas se inundaran, como subir los muebles a una altura respetable y protegerlos, donde parar los carros y las embarcaciones, como dejar las neveras y elementos perecederos a buen resguardo. Prevenir y minimizar riesgos en su probable desgracia, iba a pasar lo que iba a pasar hicieran lo que hicieran, la vulnerabilidad humana estaba desnuda y las suposiciones ocupaban las capacidades de actuar correctamente. En el ambiente se respiraba tragedia, los más osados escogían no evacuar y mantenerse en sus propiedades. Probablemente se suspenderían vuelos y transporte, probablemente no habría comida y quizás enfermarían y sería difícil salir de las casas o ser atendidos en las mismas por las limitaciones de los medios de comunicación.

Habla un gobernador pensante, "se prepara ayuda humanitaria", y aconseja trasladarse en sus vehículos bien apertrechados lo más lejos del radio de acción del huracán y lo más rápido posible para evitar quedar atrapados en carreteras por exceso de congestión. Como dirían en Venezuela, "o los agarra el chingo o los agarra el sin nariz", lo imprescindible para huir, sin saber si volverás a tu misma vida, a tu misma casa y a tu mismo trabajo y en Florida volvieron. Pasaron tres días conectados a cualquier medio de comunicación, bien informados, el mayor desplazamiento por evacuación, quinientas mil personas de casi toda la península atiborraron las carreteras del sur al norte, parques de Orlando cerrados y fuertes lluvias, imágenes de vaguada, árboles y cercos caídos, techos volados y falta de electricidad.

Llegó el huracán, devastó solo la zona más al sur de los Cayos, en tierra firme eventos aislados que un país civilizado y democrático está en capacidad de neutralizar, destruyó a su paso parcialmente varias islas del Caribe, no tuvieron suerte San Martin ni Cuba, y Puerto Rico se salva de Irma para que en pocos días María la aniquilaría sin miramientos y con poca cobertura periodística. Otro extra ese mismo día: el terremoto más fuerte de México 8, 4 en la escala de Richter —84 muertos—. Ellos no pudieron escapar, a medianoche, intempestivo.

Los eventos adversos de la naturaleza y los mandatos divinos no advierten, como la muerte, siempre están al acecho y son causados por fuerzas extrañas al ser humano y no controlables.

En Venezuela tenemos cinco años con un huracán más grande que el país y más demoledor que Irma o que el terremoto de México. Cientos de muchachos guerreros dejaron sus vidas en las calles de la ciudad, muchas a manos de autoridades que debían proteger al pueblo y colaborar con los ciudadanos, como sería en países democráticos en casos de catástrofes. Perdidos los hogares no las casas, las fuentes de trabajo no el trabajo, el concepto de vida y la vida.

Con el huracán muchos proyectaron sus propias muertes o pérdidas de sus pertenencias, agradecieron estar vivos de vuelta a sus casas, que la película no se editara, continuaron viviendo envueltos en problemas circunstanciales que seguramente no por no pensarlos desaparecerían y en nimiedades. ¡Pasaron la ola!

Ya en el avión de vuelta, cerrado el primer paréntesis, no sé cuántos aun me quedan por construir con esta indefinición de circunstancias, en este carrusel de incertidumbres ¿podré? y por parlante solicitan un médico.

Si las maletas son un tema, los aeropuertos son otro y los aviones ni contarlo. Esos milimétricos e incomodos asientos, el equipaje de mano donde tenía lo que usaría en el vuelo quedó en un compartimiento repleto que hizo imposible usar su contenido en las siguientes diez eternas próximas horas que duraría el vuelo.

Embarcando puerta E 73 grupo ocho, sola, mi libro, mi iPad y algo de comer, la comida de los aviones es malísima. Antes de cerrar las puertas y terminar el embarque, solicitan un médico por parlante. Generalmente no me ofrezco, veo imágenes no pacientes, mi especialidad es la radiología, pero dos puestos más atrás un señor americano de unos ochenta años, se veía mayor, pálido, sudoroso y con su mano apuñada señalaba tener un dolor en el pecho; increíble, en mis narices un infarto, sin poder hacer nada, la tripulación y los cercanos de fila trataban de ayudar, el señor hablaba inglés, los demás solo español, su cara desfigurada por el dolor, le dieron agua con azúcar, le dieron jugo de naranja y llegaron los paramédicos, le pusieron oxígeno, le tomaron una vía y lo sacaron del avión en una silla camilla, no le pusieron nada para revertir el proceso, no hicieron diagnóstico de algo básico y evidente en cualquier idioma, igual que con mi papi ya el daño estaba hecho, ojalá haya sobrevivido, aunque sea los tres años que sobrevivió mi *Papá*.

Recuerdo al año y medio del infarto de mi padre, estando él en Boston con mi *Hermano* y según él mismo por comer y beber en exceso, ¡jamás porque él tuviera su corazón encogido y mal funcionante! hizo un edema agudo pulmonar que ameritó su hospitalización en una clínica americana, donde fue intubado y donde sin entender el idioma debió permanecer hasta que se autorizara su traslado a Venezuela.

Los médicos americanos a diferencia de lo que acababa de ver en el aeropuerto español, se cuidan muchísimo de las consecuencias de una mala praxis, reciben casos graves, agudos, sin solicitar respaldo económico inicialmente y extreman medidas para salvaguardar la vida y realizar un buen diagnóstico. Cuando nos tocó a nosotros, los médicos americanos quedaron sorprendidos del corazón de mi *Papá*, no pudieron entender como estaba vivo, como según sus hijos, presentes con él, referían que jugaba ocho hoyos de golf. Lo desahuciaron e insinuaron a mis *Hermanos* que ese traslado o retorno al país quizás no fuera en vida.

Yo estaba en Caracas y volé tan rápido como pude a Boston con la historia completa de su padecimiento y al llegar y verlo como si nada, di mil veces gracias a mi Dios por un tiempo más para compartir, los médicos asombrados de que no había cambios entre los estudios realizados en Venezuela dieciocho meses atrás y los que ellos tenían, lo dejaron trasladar, con máximas precauciones y firmando nosotros la responsabilidad de esa decisión. Lo amarraron con mil correas a una camilla en una ambulancia y así llegamos al aeropuerto de Boston, traslado especial en primera clase, con oxígeno y equipo de resucitación para el vuelo, por si acaso. Él se sentía bien y se rió de las medidas tomadas y me dijo: "No pensarás que no voy a disfrutar de este viaje en primera" y volvió a comer con sal.

Llegamos al trasbordo en Puerto Rico y ya él había olvidado porque se devolvía, no había silla de ruedas ni estaba amarrado y como un pasajero más cambio de avión y regresó, junto conmigo a su casa, a su médico y a su estabilidad como si no hubiera pasado nada. Se negó a utilizar una ambulancia que habíamos solicitado y estaba esperándolo en el aeropuerto de Caracas; de paso conocía al chofer porque hacía traslados de la unidad de imágenes que él administraba y lo despachó cariñosamente.

Nadie se muere en la víspera, eso también debe aprenderse así que por más que tengamos las fichas para jugarlas a nuestro antojo, algo que no manejamos nos interrumpe en el momento menos pensado la jugada maestra que teníamos tan bien estudiada o se pierde una piecita del rompecabezas.

<u>22 de septiembre 2017; Miami, USA...</u>

Una parada en Miami para ver a la familia y *Hermanos* sobrevivientes del huracán Irma. Mi hijo perdió la lancha que le servía como medio de trabajo en verano y fines de semana, cuando la capitaneaba para llevar grupos de paseo y pesca. Si bien estaba resguardada y asegurada del paso de la tormenta, al volver al agua se desniveló por la inestabilidad y las corrientes que quedaron de secuela. Todos en Miami acontecidos, sin trabajo, casas sin luz, vías de acceso complicadas y faenas de recuperación; duró tres días.

Hoy cumple dos años mi príncipe adorado, una personita de original cara redonda, pintorescas orejas, picarescos ojos que te aman o te ignoran, balbuceando en dos idiomas, con expresión corporal suficiente para claramente hacerse entender: mi Nieto Mayor. El primogénito de la descendencia del lado paterno y materno. Cuatro abuelos, cuatro bisabuelos, dos tíos, montones de primos tíos y un montón de tíos y tías abuelas celebrábamos su cumpleaños con el motivo que más lo apasiona los tiburones...shark, bebé shark, papá shark, mamá shark... Esa es la letra de una canción que él interpreta de maravilla; su fiesta en un parquecito cerrado y techado, de lo más gracioso, afuera lloviendo, dentro con atracciones seguras y apropiadas para su edad y con todos los detalles que implican la tradición venezolana en este departamento y que su mamá supervisó hasta quedar satisfecha. Figuras hechas de globo en forma de peces, buzos, tiburones y plantas marinas, torta de tres pisos con la cara amigable de un tiburón al relieve, mallas de pesca con estrellas de mar, pescados de fondo, gelatinas y galletas con la misma inspiración. Estaba feliz; así eran las piñatas de mis hijos, bueno, con un poquito más de gente en Caracas porque éramos muchos ahí. En esa reunión me reencontré con afectos que se interesaron por mi periplo en España y les contaba de mi casa en Sitges a cuarenta minutos de Barcelona:

Una amiga de una prima que se fue a vivir a Barcelona me puso en contacto con una joven pareja, propietarios del apartamento, quienes, después de contarle mis dos intentos de estafa en tanteos previos de alquiler, se dieron cuenta de lo mal que lo estaba pasando y me alquilaron el apartamento, más por solidaridad que por negocio.

Es un edificio de entorno privilegiado, relativamente moderno, con una vista maravillosa sobre el mar y los techos blancos, repletos de actividad con solarios y tendederos, antenas, terrazas y lucecitas blancas que en las noches ayudaban a iluminar los cielos. Por dentro el apartamentico es acogedor, fresco, iluminado, tiene una pared azul y un sofá verde que quedarán en mi memoria.

Mediterráneo a la vista, fundidos cielo y mar en el horizonte, y expectantes casas y edificios en las faldas del edificio de colores blancos

63

y beige, con la estructura imponente de la catedral en todo el centro de la visual; una vista perfecta que definitivamente ponía un velo a la realidad del cambio de vida que se soporta únicamente interiorizando el concepto de provisionalidad.

La vida en España y especialmente en sus pueblos es muy distinta a la vida en Venezuela y algo que afecta son las diferencias habitacionales. En Venezuela y en casi toda América predominan las casas grandes, con muchas comodidades, la vida se hace más dentro de las casas que afuera, en la mayoría de los casos. Detalles bobos a los que cuesta habituarse a los casi sesenta años; no hay secadora y aunque no significa un problema en verano, es un problemón en invierno, tampoco aire acondicionado para los noventa días que dura el verano y que pasamos allí y de los cuales cuatro fueron demasiados calurosos, la verdad es que los restantes fueron soportables por la ubicación; se formaba un corredor de brisa suave que volvía agradable el ambiente y lo hacía excusable. En las áreas comunes y balcones no pueden hacerse parrillas (actividad regular en mi país), un solo baño para residentes y visitantes, muchos espacios sin ventanas que dejen entrar la luz solar y te permitan diferenciar el día de la noche, mobiliario básico o de larga data. Es un gasto innecesario mantener pautas de decoración y ni hablar de las diferencias por los horarios españoles.

Los pueblos parecen abandonados en las primeras horas de la tarde y los domingos no abren los comercios, lo bueno es que se puede caminar y se debe caminar, a cualquier hora por cualquier parte, solo con las limitaciones del clima y la resistencia personal; los medios de transporte abarrotados de usuarios que los prefieren al traslado en vehículos y se evitan gastos de gasolina, de peaje y de estacionamiento y así pudiera enumerar mil cosas, siendo lo único verdaderamente grave los extremos climáticos derivados de las cuatro estaciones y lo verdaderamente taxativo: mi casa, la mía, la que modelé, no está por esos lares.

De día el sol entraba e iluminaba cada rincón y cómo trabajaba desde temprano me servían esos rayos de despertador; en la noche la luna, bordeaba los ventanales ascendiendo desde el horizonte en la lejanía, para desaparecer de mi vista segundos antes de quedar dormida. Tuvimos tres lunas llenas, tres lunas alumbrando el mar, reluciendo desde mi balcón, clarificando la ciudad. Vimos tres lunas crecer y decrecer y tres lunas nuevas que permitían regodearnos con un firmamento de estrellas.

Doce visitas tuve en ese apartamento que durmieron una, dos o muchas noches y con quienes me senté a conversar en ese balcón, sobre sentires y pesares todos lejos de casita, migrantes. Un sobrino que estudiaba para chef nos cocinó maravillas en su visita y nos acompañó muchas noches, nos deleitó con manjares y combinaciones nacidas de su inspiración, preparadas para ensayar y ponerse a prueba en la antesala a un trabajo de subjefe de un príncipe árabe y de su tripulación en un yate que recorrería las costas del mediterráneo. Una amiga de la infancia y del trabajo, médico también que se fue con su única hija a redimensionar sus ilusiones. Una sobrina que se casó y formó pareja con un francés-venezolano que decidieron buscar oportunidades en el país del esposo. Un sobrino que pasaba por España buscando locales para emprender un negocio; tres ahijadas, españolas por sus madres que se negaban a vivir asfixiadas en el Maracay de mi adolescencia. Una amiga con cáncer, esposa de español para buscar tratamiento médico por ser de la comunidad, una colega que igual que yo tenía la esperanza de hacer algo más que ultrasonidos y cumplir un horario de cuarenta horas semanales y los hijos de mis vecinos extranjeros que retornaban a la tierra de sus padres para vivir la juventud que ahorita está congelada en el país.

Con mis sobrinos y ahijados visitantes resaltaban las coincidencias. Ninguno había considerado que tendría que salir de Venezuela a estudiar, trabajar o vivir por tan largo tiempo. Algunos lo hicieron por convicción, otros para adiestrarse cuando existía el aliciente de un buen financiamiento para estudiar y lo hicieron pensando volver, pero los acontecimientos en el país los dejaron aterrados y ahora ninguno quiere regresar. ¡Por ahora! A todos les cuesta entender que ese futuro que comenzaron a buscar y a duras penas están encontrando no estaba en los planes de nuestra generación que ya habíamos construido el futuro planteado y los incluía a ellos muy cerca.

Nos tocaba, a sus padres, dejarlos medianamente encaminados en sus propias vidas. Suplicantes de que vieran oportunidad en la circunstancia, que no trasmitieran culpas y se llenaran de agradecimientos por los retos, desafíos y pruebas a superar cada día, con la idea precisa de que presente es más importante que futuro y de que son los jefes de su propia expedición. La actitud y disposición de cada uno condicionará el alcance de sus metas y en el camino y no en el destino deberán buscar la felicidad y por último y ahí coincidieron todos, gracias a Dios, los chirimbolos que entregamos en su formación son suficientes para continuar.

Ahora debería ser más fácil que cuando les tocó a sus abuelos y bisabuelos que salieron por guerras, perseguidos por un credo, como decían muchos de ellos "con una mano delante y otra atrás". Ellos también debieron vivir diferentes a sus padres, ellos también debieron dejarlos en la época y tiempo que les tocaba para seguir el ciclo de la vida y formar sus propias familias, vivieron para que nosotros viviéramos, lucharon y trabajaron por enfrentar con bien las circunstancias que les tocó para trasmitirnos lo que hoy somos y más bien debemos agradecer que en este siglo nos mantenemos en constante comunicación, podemos escribirles y hablarles como si ahí estuviéramos, podemos tomar un avión y estar al lado si nos necesitan o viceversa, podemos saber si se pintaron el pelo o hará frío donde están, podemos contarnos lo que pasa cada día, y lo más importante con sacrificio y esfuerzo "podemos hacerlo", con el norte de que esto debería cambiar pronto.

Ha salido de Venezuela dejando huellas en la obra de Cruz Diez más del 10% de la población, según estudio de la Universidad Simón Bolívar; la mayoría en el año 2017. No imagine que los primeros meses del 2018 lo superaría y llegaríamos a un 60% de hogares con al menos un familiar en el exterior.

A todos les di el mismo consejo: conozcan su historia, recuerden la geografía de su país, mantengan la moral siempre alta y encuentren en Dios y no en las religiones la manera de hacer lo mejor que las circunstancias se lo permitan.

Les decía eso a los que me visitaron en Sitges, les contaba en la piñata de mi nieto a mis amigos y cuento hoy a los que me leen.

6 de octubre 2017; Vuelta a Venezuela…

Me había ido a Barcelona, luego de la muerte de mi cuñado, todo el desastre del año que transcurría incluía una vida esperando ser vivida sin tanta previsión, hasta que nos toque. Queda claro que un terremoto, un huracán, un atentado, un cáncer, el abandono, un infarto al corazón o un accidente pueden estar esperándonos a la vuelta de la esquina, igual es difícil entender la ausencia prematura de los jóvenes luchadores en las aceras de los caminos de las marchas de protesta contra el régimen o los que se fueron por un tiro de gracia de un delincuente o del mismo gobierno en mi convulsionado país.

Así que regresaba a Venezuela, otra vez con esperanza de que la pesadilla acabaría pronto, la inmensa alegría de llegar a mi casa, a mi cama, de ver a mi familia especialmente los tíos ancestrales y de enfrentar con otro cristal la realidad país. Dura poco, pero había algo que me tenía súper contenta y era que una ahijada iba a participar en noviembre en el concurso de Miss Venezuela –luego les cuento–, en la familia seguíamos por años esta fecha y era emocionante –no me adelanto– estar tan cerca.

Otra vez desempacar la maleta, la cuarta vez que me toca empezar. Replantearme la vida después de supuestamente haberlo logrado; la primera un desastre natural, la vaguada de 1999 en el estado Vargas que se llevó el Centro de imágenes y muchos otros proyectos, mi primera empresa la de una joven prometedora que iba a hacerse rica y hacer ricos a sus amigos, literalmente bajo agua y barro. La segunda, después de veintidós años de trabajo ininterrumpidos, la quiebra de la clínica donde trabajaba; no entendí nunca porque, supongo que cincuenta años de ascenso desde su fundación se vieron amenazados por las políticas gubernamentales y la coacción de una expropiación por los vecinos de la clínica, PDVSA, que asustaron a los dueños y vieron clarito que era el momento de la retirada. Yo era parte de la jefatura de un servicio, del departamento de imágenes: tecnología de punta, la

67

mejor medicina, adelantos al día, congresos de actualización anual, residentes de postgrado, relación interdisciplinaria con los mejores colegas, equipo de trabajo con los mejores especialistas, mis amigos por veintidós años, las mejores tertulias en la cafetería de la clínica, las mejores fiestas navideñas, y todo eso perdido con la imposibilidad de un acuerdo para que fuéramos los médicos los que la mantuviéramos a flote. La vendieron a escondidas a un grupo que contaba con dinero, una compañía de seguros y un soñador y ese grupo financió la remodelación y vendió participaciones, se precipita el cambio administrativo y se mantiene la cantaleta: el que quiera irse que se vaya, muchos se fueron, otros esperaron y algunos persistieron.

La tercera reinvención ya era plural, comenzaba a gestarse el plan B, dentro y fuera del país, por mí y por mis colegas, precipitado a todos los que salíamos de la Santiago de León, diseñé y puse en funcionamiento centros de imágenes en diferentes partes de Caracas y coordiné la jefatura de otro servicio de Radiología, hasta encontrar estabilidad en un departamento de Radioterapia. Muchos migraron a otras clínicas, otros prosiguieron por continuar con la nueva administración de la Santiago de León, muchos concretaron el plan B fuera del país y otros no vivieron para contarlo.

No quiero, me niego a una cuarta redimensión.

Mi *Hermana* dice cosas muy ciertas y una es que parece mentira, pero los huracanes del Caribe limpiaron el cielo. Estoy volando de Miami a Caracas y desde la ventanilla del avión visualizo un mar azul diáfano y traslúcido que me permite una visión detallada de la barrera coralina y el degrade verdeazulado en las costas de los Roques, el horizonte limpio y nítido y el azul del cielo despejado, abierto y sereno. Hoy ocurrió algo inaudito antes de despegar, el miembro de la tripulación que anunció el cierre de puertas señaló que ese era el último minuto para arrepentirse de volar a Venezuela, todos ratificamos una vez más que vale la pena volverlo a intentar, un poco asombrados del comentario.

Cuatro meses con atentados, huracanes, terremotos, referéndums revocatorios, en Cataluña movimientos independentistas, conversaciones sobre visas negadas, falta de liquidez e imposibilidad de llegar a fin de mes en un país que no conozco me hacen reintentarlo por ahora una y mil veces más....

Ese mar que desde el aire admito se limpió después de varios huracanes, hace poco desde este mismo mirador (el avión) se veía picado, el oleaje era violento y los mil matices de un mismo azul que hoy puedo ver eran de un indistinto oscuro.

<u>15 de diciembre; Saliendo de Venezuela… Otra vez</u>

Esto es completamente inaudito ¿Qué te pasó Venezuela? ¿Qué le pasó a tu gente? Salí de la casa por quinta vez en el 2017 sin saber cuándo regresaría, esta vez pensando que debo devolverme lo antes posible porque mi casa está en Caracas, mis cosas, mi vida, mi trabajo, mi país y sin embargo, es tan insólita la realidad que no sé si se pueda volver. Iba a pasar las navidades con mis hijos en el "imperio mismo" y luego a España a concretar mis papeles homologados de médico y de esposa de comunitario, en espera de mi nacionalidad que había firmado el pasado ocho de mayo como descendiente de judío Sefardita.

Desde la noche anterior había rumores sobre la caída del techo del túnel pequeño de la carretera Caracas - La Guaira, vía principal de entrada al territorio Nacional desde el primordial y único aeropuerto internacional que medianamente funciona. El techo se cayó con el paso de un camión, demasiado bajo el techo o muy alto el camión; aquí no se puede esperar nada en regla ni las construcciones, el mantenimiento o las supervisiones. Por Whatsapp informaban que el túnel había terminado de colapsar y había muertos y heridos por aplastamiento. Era una noticia vieja, ocurrida en el 2016 y, los usuarios de las redes que ya no saben que es verdad o que es mentira en los mensajes, reconocieron en las paredes del túnel unas baldosas que ya no están, identificando la falsedad de la noticia. Pero el túnel si estaba cerrado y había un solo canal con doble vía en el lado de contra flujo, por lo que nos retrasamos casi una hora. Angustiados en la cola por la posibilidad de un asalto pues los vidrios de la camioneta no son lo suficientemente oscuros para ocultar la maleta y la suposición clara de que éramos

69

viajeros, nos hacía más atractivos al hampa desbocada. Desde que yo fui asaltada dentro de mi casa por unos supuestos compradores de la vivienda, atacada y golpeada sin daños materiales que lamentar ando aterrada.

En estos días también por las redes comentaban que la ola de secuestros recrudeció con la gravedad de las necesidades y la devaluación desbordada.

Llegamos al aeropuerto con una hora de retraso. Amablemente la señorita del mostrador de Laser, nos recibe las maletas y asigna los puestos, el señor que nos ayudó con las maletas, un viejito, o se veía viejito, lleva nuestro equipaje en un destartalado carrito y recibe de propina un dólar, que no es nada fuera de las fronteras, pero en Venezuela equivale al 30% de un sueldo mensual.

Chequeados en uno de los pocos vuelos que sale de Maiquetía por las malas condiciones del aeropuerto y el impago de los compromisos con las líneas aéreas que huyeron por la inseguridad y la paradójica dolarización de servicios rústicos y limitantes, ¡zas!, se va la luz, increíble.

El gobierno dice que la causa es la guerra económica de los opositores y no este proyecto socialista hijo del narcotráfico y la mafia castrista cubana, engendrado en Hugo Chávez y sus descendientes – Chávez se murió, pero dejó azufre del puro en cada espantajo que lo sigue–.

Luego de minutos nos damos cuenta de que no hay planta de emergencia en el aeropuerto internacional. Nos quedamos a oscuras a cinco pasos de la puerta de salida, sobre el mural de Cruz Diez, con un único guardia nacional de custodio a la entrada de inmigración. Se encienden dos, tan solo dos, faros de emergencia, veo en el techo veinticuatro lámparas apagadas y solo dos luces de emergencia; menos mal que el clima de este país es bendito y era de día. Nos quedamos inmóviles, como cuando de jóvenes jugábamos la ere paralizada o el un, dos, tres, pollito inglés. Cada uno en el sitio que estaba cuando se apagaron las luces, evaluando el contorno, digiriendo la situación, especulando lo fácil que aquí sería realizar un atentado terrorista.

Esta semana han llegado comandos armados a los valet parking de los estacionamientos y roban los carros en tropel a plena luz del día.

Cincuenta y cinco largos minutos de oscuridad, ya sentados en el piso algunos resignados, comenzamos a leer en las redes sociales que la luz se fue en tres estados del país y eso incluía mi casita que acababa de quedar provisionalmente cerrada sin posibilidad de venta ni de alquiler y menos de llevarme lo que tiene dentro, no cabe en la maleta de veintitrés kilogramos; no saben que pasó, que si la estación cual o tal, que tengan paciencia. ¿MÁS?

Paciencia, ¡más paciencia! ¿qué más le piden al venezolano de a pie?, al que creyó en ellos, en su proyecto de país, al que no tiene a donde ir porque no tiene doble nacionalidad como el presidente, que supuestamente no puede ser presidente por ser hijo de colombiana y haber nacido en Colombia. Al que no tiene ni pasaporte porque nunca lo sacó y ahora no lo puede sacar ni con palanca, porque quienes lo otorgan son tan corruptos que ya ni hay. Antes en Venezuela se podía hacer dinero con constancia y trabajo, ahora solo acumula bienes de fortuna el que roba o tiene acceso a la disparidad cambiaría. Sin luz, ojalá cuando llegue la luz no se haya dañado nada en mi casa, no dejé mucha carne porque no se consigue, dejé harina PAN, y pocos bienes perecederos, el problema si algo se echa a perder por la falta de luz es que tampoco hay repuestos para reparar, ni mercancía para reponer.

Llegó la luz, comenzamos a pasar por un solo carril de seguridad con diez conminatorios guardias nacionales, los rumores ciertos sobre la agresividad, las experiencias relatadas referentes a revisiones exhaustivas y degradantes, con sustracciones de papeles, títulos, joyas y dinero extranjero revolotean los encrespados nervios y la intimidación aprendida de los cuerpos de seguridad del estado contra los ciudadanos asusta. Por las redes sociales se comenta que alimentos y medicamentos están prácticamente proscritos para traslados.

Cumplen órdenes y no sé qué buscan con esa actitud, ni que sueñan para sus vidas, sembrando odio contra los jóvenes profesionales, las

71

madres de familia que apostaron por criar a sus niños en tierra conocida, los trabajadores mal pagados como ellos, los empresarios que se arriesgaron y los que salen por cualquier motivo a destinos para ellos vetados. Muchachos de dieciocho años, nacidos en socialismo.

Un señor de setenta y ocho años, topógrafo, explicaba en la cola de inmigración que el apagón se produce por falta de mantenimiento desde el Gurí, esta represa genera la electricidad para gran parte de Venezuela, contaba que él había hecho el estudio topográfico en sus terrenos y detallaba lo cuidadosos que fueron para proteger la fauna y la flora y que la culpa debía endosarse al expresidente Rafael Caldera por haber indultado a Chávez. Nos quitamos los zapatos para pasar por las puertas detectoras de metales, no sé qué buscan en los zapatos en la máquina de Rx, salvo evitarse que les demos un zapatazo a todos por idiotas, porque las treinta y una maletas llenas de cocaína que el año pasado salieron de Venezuela a Francia no fueron ni revisadas. El agente de inmigración me pregunta cuando vuelvo; ve mi pasaporte casi lleno, no le puedo explicar que he salido porque mis nietos no nacen aquí, porque mi cuñado no pudo tratarse un cáncer aquí, porque estoy buscando hasta debajo de las piedras otra nacionalidad y porque de tanto buscar encontré que somos descendientes de sefarditas y podemos por derecho ser españoles. Le digo que regreso en enero, ¿volveré?

Espero con todo mi corazón superar esta situación, este miedo; que este infierno termine de arder para renacer de las cenizas, quiero ver resurgir mi vieja y conocida Venezuela, donde cabíamos todos…

Dos horas de retraso; primero la cola en la autopista por falta de mantenimiento, luego el apagón por razones similares. No volvieron a prender los pocos aires acondicionados que funcionan en el aeropuerto, no hay puente para la puerta del avión, vamos caminando a la escalerilla, revisión manual previa en la antesala de la salida, un salón caliente y lleno de moscas. Otra hora de espera, ahora revisan los equipajes, me quejo por tantos inconvenientes en mi subconsciente: falta de comida, de aire acondicionado, de agua, por las moscas y, en el mismo salón rezagaditos, un grupo de guardias nacionales en su hora de descanso supongo, nada retadores, sumisos e indefensos, de miradas tristes, cuerpos desaliñados, uniformes verdes que transparentan las deterioradas condiciones de vida de sus portadores, me llaman a la reflexión de la imposibilidad de ese renacer con los daños ya causados.

Luego de dos horas y media abordamos el avión, de los pocos que llegan, de los pocos que salen. En American Airlines no ponen comida en sus aviones, ya no hay películas en los viajes, pero hay esperanza en cada vuelo. Voy a ver a mis nietos, a mis sobrinos huérfanos. Una enfermedad que no tiene miramientos, ni clases sociales, se llevó a su padre y luego voy a ver en España si me aprueban la nacionalidad para tener un plan B, estructurado.

Miami es la irrealidad, no somos residentes ni nos quieren los americanos con ellos. En el gueto de Miami se acumulan venezolanos que no quieren ser estadounidenses, solo quieren prestada la punta de la península para vivir como vivían en Venezuela y resulta que no se puede, porque no pueden trabajar, no tienen estabilidad. Visas provisionales de estudiantes con matrículas impagables en universidades o centros de niveles inferiores a los que se disponían en nuestro país. Teníamos las mejores universidades, los mejores colegios y el más calificado profesorado; visas O, visas de talento para los más destacados personajes de las artes, la literatura, el deporte, la radio y la televisión. Ahora solo por tres años y amarrados a una promesa, desde el anonimato deben convencer a un nuevo público de coterráneos arruinados que se nivelaron con su suerte de estrellatos trabajados a pulso, de la misma manera que a los autóctonos y foráneos con idiosincrasia diferentes. Visas de refugiados políticos, con historias de persecuciones reales en espera de compasión más que de comprensión, en un limbo que condiciona la despedida definitiva, el no retorno a celebraciones o despedidas, viviendo cada día con la incertidumbre de que sus visas pueden ser anuladas y listo... fuera. Los más pudientes, previsivos o adinerados, con visas de inversionistas, pero sin garantía de una restitución adecuada de sus bienes de fortuna. Siempre y cuando sea dinero bien habido ya que, con razón, la desconfianza por dinero producto de lavado, narcotráfico y corrupción compra solo visas provisionales porque la cautela y corrección se han nivelado a la fama y la viveza de los responsables de la destrucción de mi país.

Los cubanos que ya pasaron por lo mismo, con distancia y algo de prepotencia, tienen en su cara escrito: "les pasó lo mismo que a nosotros", "se acostumbrarán", "nada ha cambiado". En Miami nadie aparenta ni transparenta su situación interna, todos viven en casas o cuartos bonitos en urbanizaciones organizadas estandarizadas, con muebles de Ikea, básicos pero bellos y modernos, tienen acceso a piscina, supermercados cerca, crédito para un carro y gimnasio. Todos los que llegan caen en el consumismo y así sea comprando en rebajas se visten de ropa de marca, las casas huelen rico con velitas de olores y flores de colores y están llenas de detalles. La excepción son los que ya están estables y se fueron en el momento adecuado para llevarse lo que tenían en Venezuela e invertirlo cuando se podía en el sueño americano, los de espíritu progresista y emprendedor que escogieron salir hacia un primer mundo y la globalización, los visionarios que, aunque no parecía, estaban claros que la dictadura y el modelo cubano llegaban por elecciones a perpetuarse. Tierra de colores y sensacionales vistas, maravillosos paisajes de ensueño con molestas colas de carros e interminables distancias a recorrer cada día, millones de cubanos y coterráneos que a pesar de las circunstancias comen con el parecer más que con el ser. Territorio que te roba calidad de vida y tiempo en familia para cumplir con las metas, los pagos, los gastos, los impuestos, los abogados y las mil cosas que debes tener para seguir avanzando.

La Navidad la celebramos en Miami nosotros, mis *Hermanos*, sobrinos, mi *Mamá*, mis hijos y nietos y además muchos familiares de mi familia grande, como si estuviéramos en Caracas; con regalos, intercambio, disfraz de Santa, cena tradicional venezolana, pidiendo al Niño Jesús y a San Nicolás ese veinticuatro por un 2018 de reencuentros y rescate del país. Luego nos fuimos a Madrid para despedir al Año Viejo y le pedimos al Año Nuevo lo mismo que a la navidad. Para el Día de Reyes estábamos en Barcelona y además de pedir por Venezuela pedimos por Cataluña que sin darse cuenta está comenzando un camino innecesario de sectorización y radicalismo.

<u>25 de febrero 2018; Tren a Tarragona...</u>

Ha pasado un año de lo que sin duda ha sido el año más difícil de mi vida, el conscientemente más arduo en mis casi sesenta años. El 25 de febrero del año anterior siendo sábado de carnaval recogíamos en Caracas maletas para acompañar a mi cuñado, a quien acababan de desahuciar en la ciudad de Boston por no poder entrar a un protocolo de tratamiento experimental para el cáncer de hígado y, para asistir a nuestros hijos en el nacimiento de su segundo bebé en Miami. Para esa semana preparábamos un baby shower con las figuras de ositos como motivo central. Mi Nuera había tenido una caída en el piso del baño y tenía dudas sobre la pérdida de líquido amniótico; faltaba un mes aún para la fecha del parto. Abordamos en Maiquetía el vuelo y al llegar a Miami cuando cambie la tarjeta de teléfono, comenzaron a caer los mensajes de-Whatsapp anunciando la inminencia del nacimiento de mi nieta y la estabilidad de la enfermedad de mi cuñado. Ese cambio en solo tres horas de vuelo del panorama pensado era un asomo de cómo de ahí en adelante, sucederían los imprevistos y se mecerían los propósitos.

Antes de medianoche nació Camila, con su cara de luna llena, igual a la de su hermano al nacer, con un aire a mis hijos en ese querer buscar un parecido de quien a nadie se parece. Otra americana, peludita, morenita, menos familia recibiéndola por las limitaciones económicas y las negativas de visas estadounidenses que comenzaban a restringirse con el gobierno de Trump. Mi cuñado que fue por poco tiempo para curarse a un país que no quería, debió permanecer hasta su despedida en una casa que no era su casa, con una bella vista de una ciudad que no le gustaba, en la soledad de su destino.

Mi nieta cumple ya un año y el próximo 30 de abril se develará la lápida de Alan habiendo pasado un año por el calendario judío. Su esposa tendrá que seguir la ceremonia por la computadora ya que injustamente le cancelaron la visa cuando se proponía reconstruir cerca de sus hijos y transitoriamente, las fuerzas cruelmente devastadas para continuar.

Un año después, viajando por tren de Madrid a Tarragona recibo mi notificación de aprobación de la nacionalidad española como descendiente de judío sefardí; el mismo día del cumpleaños de mi nieta que aún no camina, con sus piernas regordetas, pestañas inmensas, su sonrisa afable, una quietud y tranquilidad que solo limita por la falta de compañía - si está sola llora - y ahora sí puedo decir que es igualita a mis hijos, a mí misma. No pude ir a su cumpleaños tenía que ir a Tarragona buscar mi NIE (número de identificación extranjera) como esposa de comunitario; tenía también que buscar mi colegiatura como médico español. Estando casi listo el proceso de residencia en España, pensando en estabilizarme en Cataluña mientras mejora la situación del país, me llega un correo al celular que me anuncia la aprobación de mi acta notarial y la invitación a ratificar la aceptación de mi nueva nacionalidad en el consulado de Venezuela. Ese día iría de Tarragona a Barcelona a una entrevista de trabajo, ya podía trabajar, ya era residente pero no; había necesidad de volver a Caracas de emergencia para una próxima cita y comenzar el peregrinaje de solicitar los antecedentes penales apostillados siendo imperativa mi presencia para la confirmación. Así que una vez más, ahora en un tren se cambiaba lo planificado, eso sí, esta vez era un gran triunfo, lograba mi pasaporte español y podría en el término de la distancia volver a ser parte de la seguridad y el respaldo de un país que avanza.

De Tarragona a Sitges la vista esplendida, el sol empezando a fortalecerse en el horizonte, el mar calmo, el cielo azul, los farallones imponentes, las piscinas de los edificios que veía desde el tren en reparación para alistarse al cercano verano, los niños en sus colegios, la vida transcurriendo; justo antes de montarme en el tren, con mi NIE y mi colegiatura en mano encontré en Tarragona un local de comida venezolana, desayuné una arepa de reina pepeada y un café aromático como los que antes se encontraban en cada calle de mi país y respiré en el ambiente una simbiosis de superación con rutina en los transeúntes, resistencia de los jóvenes a ser como sus padres, muchos tatuajes y corte raros, muchos encuentros de la diáspora y muchas historias.

Así que de vuelta a Caracas dejando por unos días más en Madrid a mi mami con sus amigas llevando su vida como siempre ha sido: única y original, elegante y teatral, querida por muchos admirada por bastantes, ahora algo quejumbrosa, persistiendo en ser la que no puede ser, por los años pasados y la salud resquebrajando su tinglado.

Algo sospechaba mi mami sobre su salud, las cosas no estaban bien, pues insistió en no realizar más de una actividad por día y no agotarse. Al regresar a Venezuela, requirió ingresar a la clínica y de un cardiólogo, y en cuarenta y ocho horas la colocación de un marcapaso que iba a ser suplementario y, por el contrario, en menos de dos horas de colocado, asumía el 88% del ritmo cardiaco. En veinticuatro horas un hemo neumotórax: segunda intervención y un tubo bien doloroso ayudando al aparato respiratorio a recuperar su función y drenar la sangre que, por un accidental huequito, dentro de las estadísticas, había salido a cavidad. Casualmente mi *Esposo* es cirujano de tórax y si algo he vivido en este matrimonio es la queja constante e inevitable de los pacientes por el tubo o manguera o lo que drene el espacio pleural que mantiene colapsado el pulmón.

Me despido de unos sobrinos, hijos de mi amiga de la infancia preparando una boda lo más parecida posible a como las soñaron sus padres, juntos encontraron la felicidad sin necesidad de bendiciones ni papeles, se comprometieron cuando estaba yo en Sitges y celebramos juntos esa pedida de mano.

Dejo por ahora mi país de acogida, teniendo ya la residencia como esposa de comunitario, voy a buscar en el consulado de Venezuela mi pasaporte como española, como descendiente sefardí. Por cierto, dejo a Puigdemont, preso en Alemania ojalá no hable alemán y se encuentre bien aislado. En mi experiencia por Cataluña y en mi experiencia con las religiones he visto que son más sectarios los fanáticos intolerantes que creen tener la verdad en sus manos; a ver si entiende que el catalán es un idioma hablado por pocos y que las prebendas logradas por muchos son en otro idioma con condicionamientos menos limitantes.

Ya estoy en el avión y me doy cuenta que me acostumbre a las turbulencias; viajan en el avión casi 240 pasajeros. Hay judíos ortodoxos con su kipá en la cabeza, homosexuales explícitos, viejos, niños. Veo las caras y las acciones, trato de imaginarme que ocultan detrás de sus fachadas, hay españoles, venezolanos, americanos, parejas empezando su vida e individuos terminando sus parejas, personas que se ven felices, almas que parecen descarriadas, seres confundidos y confiados, personas con ilusiones cerca de seres con sus sueños rotos.

Vi tres películas, una de ellas, poco comercial, es la historia de Hall un comerciante rico de arte internacional y Denver Moore un vagabundo negro y sin hogar que lograr solidificar una amistad que parecía imposible de consolidarse. Siento que los venezolanos estamos viviendo eso. Fortalecernos y reinventarnos en los caminos menos transitados singularizando la historia, segura de que cada alma tiene en sus antecesores un ejemplo y mis nietos deben saber que sus antepasados dejaron una huella clara y definida en la evolución de su país, en educación y medicina; deben saber que sus progenies un día fueron migrantes del viejo continente, deben saber cómo ellos teniendo sus padres dos religiones diferentes coincidieron en un mismo origen que enaltece a la religión judía como base común, cómo se progresaba en Venezuela con igualdad de oportunidades para ricos y pobres, un país donde no importaban las religiones ni el color de piel, donde sus familias prosperaron de un país agropecuario a un país petrolero y no lo que están viendo, destruyéndose lo maravillosamente conformado: el mejor país del mundo, VENEZUELA, y cada venezolano encontrará las semejanzas y diferencias de su propia historia con la idea y la posibilidad de reconstrucción cristalizando lo que parece imposible de consolidarse.

Capítulo IV

Decía Francisco de Quevedo:
"El nacer no se escoge y no es culpa nacer del ruin, sino imitarle y es mayor culpa nacer del bueno y no imitarle"

ANTEPASADOS Y ÁRBOL GENEALÓGICO

Los antepasados, por definición, son los ascendientes más o menos remotos de una persona o un grupo de personas. Todos tenemos antepasados famosos y conocidos por el vulgo y muchos anónimos, particulares e íntimos, con legados desconocidos para el público en general, pero inestimables en nuestra memoria.

Para concretar el término antepasado, consideraré mis vivencias como punto de partida y definiré pasado como lo que recuerdo y antepasado lo que me contaron o he ido engranando después de investigar, preguntar o intuir.

De los remotos, pero siempre presente, distinguido como figura notable de Venezuela, José de Jesús Arocha Tortolero; nació en el estado Carabobo en el año 1857, casóse con Mercedes Sandoval y tuvieron 12 hijos. Estudió Medicina en la Universidad de Carabobo, pero se dedicó principalmente a la docencia; fundó colegios en Tinaquillo, Valencia, Caracas y Los Teques, destacando el Liceo San

José (1910). Se le conoció como *El Tigre*, hasta hace poco fue el antepasado más nombrado en mi entorno, una referencia nacional por ser fundador del liceo donde muchísimos venezolanos del siglo XX, actores destacados del desarrollo nacional, engrandecieron su celebridad; entre ellos el Cardenal Castillo Lara, S.E. Francisco Iturriza, Arturo Uslar Pietri, Miguel Otero Silva, Espíritu Santos Mendoza.

El Tigre era parte de la descendencia con origen canario que migrara a Montalbán y al estado Miranda a finales del siglo XVIII. Creció en una Venezuela rural, salpicada de guerras civiles y con muchísima pobreza. Una visión de futuro y una vena política lo hacen engalanarse, destacandose por su disciplina y capacidad de aprender que luego trasmitió a sus alumnos y herederos.

Sobre él y otros docentes, escribió Eduardo Casanova: *"Desafortunadamente, la obra de esos grandes educadores se ha visto frustrada por la realidad que vive el país en materia de educación, por los errores cometidos por los gobiernos desde 1945 hasta 1998, agravados hasta lo imposible a partir de 1998, y que condenan a Venezuela al desastre que se vive en 2008. Una de las tareas más importantes que espera al país, cuando salga de la pesadilla que padece hoy, es la de reorientar la educación, especialmente para que nunca más caiga en manos de los peores, de los irresponsables, de los demagogos populistas que hoy lo arruinan."* Han pasado casi diez años de este escrito y el lamentable escenario educativo supera con creces lo pronosticado.

Los Teques era una aldea de escasos espacios planos rodeada de haciendas de café, las vegas de sus ríos cubiertas de cañaverales, matas de guama, bucare, pino y muchos árboles frutales mostrando su carácter rural. En ese entorno, los hijos de José de Jesús y Mercedes crecieron asistiendo al colegio de su padre los varones y, a la vera de su madre, las mujeres. Contaba el tío Luis Enrique, uno de los primeros nietos de la pareja, que el pueblo era frío todo el año, con inviernos lluviosos de mayo a octubre y un cielo azul profundo de diciembre a marzo. El frío podía ser tan intenso que se conseguía ver capas de hielo sobre los rieles del tren del Gran Ferrocarril de Venezuela que unía este poblado montañoso con la Capital y los Valles de Aragua, y que junto a la carretera trasandina era uno de los únicos medios de comunicación vial.

Por ese clima bendecido, *el Tigre* selecciona el lugar para trasladar el Liceo San José con propósito de funcionar como internado exclusivamente, en el año 1912, concretándose su anhelo de ofrecer una educación sana y completa.

En los referenciales biográficos se comenta que el estupendo clima de la Suiza de Venezuela ayudó a muchos jóvenes a superar los estragos que en 1918 cubrían al país por la famosa epidemia de gripe española, la cual deja más de 1500 fallecidos en Caracas y casi 25000 en el resto del país.

El folleto que rememora las virtudes y memorias de su fundador señalan: *"Su consagración al Liceo es completa y definitiva y todos sus esfuerzos y atenciones están puestas en el progreso de sus educandos y en el prestigio de su obra que es, a su sentir, ponerlos también al provecho común"*.

Los primos ascendieron con el siglo XX y fueron testigos de un crecimiento expedito del país, del paso de una economía agraria predominantemente, a una economía petrolera; vieron llegar a su pequeño poblado la inversión extranjera y la rentabilidad del oro negro, recibir en su tranquilo pueblo una lenta pero constante evolución en medios de comunicación, salud, tecnología y urbanismo con sus ventajas y desventajas.

Los compañeros del liceo San José, recibidos sin distingo de color, religión u origen por *El Tigre* Arocha y luego por su hijo Jesús María, fueron protagonistas de los avances del siglo que los recibió; los primos comenzaron a dispersarse hacia la capital y a otros lugares del interior del país, al casarse y formar sus propias familias, se comprometieron a mantenerse cercanos, haciéndose llamar los *"Pura Sangre"*, tercera generación después de *El Tigre* a la que pertenece mi *Papá*.

Durante el viaje a España en este 2018, a Barcelona y Tarragona nuevamente, tuve la oportunidad de conocer a una de mis primas, Ita

(Margarita), y confirmar la bondad que caracteriza a esta saga. Pasamos noches de conversas y de historias, una oportunidad que nos dio la vida por dos motivos: primero, facilitar la hazaña que significa, por su alto costo y las limitaciones del transporte, traer un tratamiento de quimioterapia desde Alemania a Caracas y luego, acompañarla a llevar a su hijo más pequeño a ver el mar por primera vez. No necesité que el niño hablara español para leer en su sonrisa y en sus gestos (se quitó zapatos, medias, pantalón y, con un frio invernal, corrió las olas y recogió piedritas de variadas formas y colores para llevar a casa). El se llevaba imágenes de un mar azul, de un familiar desconocido, de un país lejos de su habitual frontera y yo me quedaba con unos medicamentos para tratar de llevar a Venezuela, con respaldo médico y riesgos de que me fueran confiscados, término elegante o robados, término real, para otra prima que los requería.

No puedo dejar de comentar que, en el 2018, las dificultades por falta de insumos y medicinas en el país generaban más limitaciones que el desconocimiento y el resultado es que la gente se estába muriendo de mengua. ¿Y ahora en 2020 de que nos vamos a morir?

De los descendientes de *El Tigre* y Mercedes que no tuvieron prole, hay una historia muy bonita; la de Mercedes María, la primogénita. Pequeña de tamaño, intensa en sus emociones y radical en sus conductas, por unos amores contrariados y no aceptados por su padre, decide recluirse en un convento, parece que el de las Siervas del Santísimo, situado en las adyacencias de la Rotunda, actual plaza la Concordia. La Rotunda era la cárcel de tortura y muerte usada por la dictadura Gomecista, cárcel del terror para los que pensaban diferente. Uno de ellos, el poeta, escritor y diplomático José Rafael Pocaterra —preso por un artículo supuestamente subversivo publicado en un diario de oposición llamado Clarín—, refirió en uno de sus escritos que se reconocía la muerte de una de las monjas del convento cercano, por el sonido al doblar las campanas de la iglesia de la congregación. Una de esas campanadas anunció la muerte de Mercedes María, que dedicó su vida al sacrificio y la adoración a Dios.

Mercedes María en su adolescencia enfermó gravemente y se salvó, así que sus padres habían prometido a María Auxiliadora que si intercedía por su sanación ellos mandarían a hacer su imagen, del tamaño de Mercedes María, para el liceo San José y así se hizo. *El Tigre*, quien, desde su natal Montalbán, pasando por Caracas, condicionó a la familia a trasladarse a los Teques y fundar allá su obra maestra, colocó la imagen de la virgen de 1,50 metros encargada directamente a Inglaterra.

Todos los nietos conocían la historia de la Virgen y por algún motivo *El Tigre* siempre dijo que cuando él muriera, la imagen sería para Bertica, la nieta mayor. Así se dispuso, pero no ocurrió; cuando se vendió el colegio a los Salesianos se dejó la efigie de la virgen y Bertica, instalada en Europa, no se ocupó de recuperar la imagen. Con el paso de los años, en un viaje a Venezuela, Bertica conversó con su primo y amigo, mi tío Leo, y surgió la remembranza de esta historia. Fue entonces cuando decidieron visitar el colegio y al ser recibidos por su director, se encontraron con la desagradable sorpresa de que la imagen había sido sustituida por una de mayor tamaño. La pieza original, tan valiosa sentimentalmente para la familia, había sido regalada a una señora que limpiaba el colegio y muchas veces la veía arrumada en los sótanos dentro de la caja que en su día la trajera desde Inglaterra.

El director, conmovido y en deuda con la familia, consiguió el contacto de quien tenía en su poder la imagen y se logró, mediante una negociación por parte de mi tío Leo —quien fuera designado por su interés y perseverancia como el cuidador de la Virgen—, cambiarla por una imagen similar, sin el valor sentimental de la referida.

Se recuperó la imagen y fue a parar a casa del tío Leo. Fue mudada provisionalmente a acompañar en su enfermedad a una tía, pero volvió a su sitial de honor en casa de mi tío Luis Enrique y cada 24 de mayo, día de María Auxiliadora, se venera su memoria con un rosario en familia mientras se recuerdan las mil y una historias derivadas de esta devoción y esta herencia. Por cierto, dichas narraciones son cada día más disimiles según sus presentadores y sus respectivos relatos. Todo indica que el tiempo apremia para consolidar una sola versión.

Para seguir conociéndonos como descendientes hemos inventado y reinventado proposiciones para conectar a los desconocidos entre sí y separar a los conocidos de siempre, con el respaldo de un color por familia para identificación.

Hemos hecho censos, encuestas y ralies con las leyendas, cuentos y reminiscencias vividas y contadas por los *"Pura Sangre"*, hemos realizado concursos de fotos y de poemas y hemos publicado libros y genealogías que no permiten que ningún sucesor desconozca sus vínculos. Hemos comido por colores y comido con familiares de otros colores, hemos realizado concursos de sombreros y de canciones, con hasta seis generaciones reunidas bajo un mismo cielo y sobre un mismo jardín, en lo que llamamos "el anexo de la bruja".

Homenajeando a los *"Pura Sangre"*, cada vez menos y más limitados, les hemos presentado bandas musicales, shows de anécdotas, disfrazado para sobre identificarlos, pero sobre todo los hemos festejado y oído sus historias con el respeto y orgullo que merece ser parte de esta familia y les hemos devuelto y demostrado el agradecimiento por mantenernos unidos y saber quiénes somos a pesar de no siempre estar juntos.

Esa generación caminó con el siglo, nacieron con precaria electrificación y murieron en casas iluminadas, sin problemas de electricidad, bueno, casi todos, porque a los sobrevivientes al siglo actual, les está costando bastante esta involución en el país, al igual que la dispersión de la familia a lo largo y ancho del mundo que ha ocasionado esta nueva dictadura, luego del gran esfuerzo que fue sembrar conceptos y progreso como legado.

Todos habían convivido con gobiernos autocráticos anteriormente, primero Gómez y luego Pérez Jiménez, pero ninguno detuvo el camino del desarrollo ni retrocedió en su paulatino progreso; nacieron teniendo que bañarse con agua de los tanques –y cómo lo disfrutaron–, vieron llegar las tuberías con agua a sus baños y sus cocinas. De pequeños su diversión principal era crear juegos y charlar con los amiguitos y los primos y eran geniales, inventivos y ocurrentes, no había tiempo para el ocio. Vieron nacer la radio, la televisión, el cine, conocieron el teatro y luego vieron –aunque no lo entendieron– a sus nietos y bisnietos con un aparato que se conectaba al televisor y con el que jugaban y peleaban por horas. Nacieron cuando ir a la Capital o de la Capital podía llevar días y, después, algunos tuvieron la oportunidad de montarse en un avión. De chiquitos se desplazaban en tranvías y vieron aparecer los carros, los camiones y los autobuses, todos eran conocidos en el pequeño poblado y colaboraban entre si ante cualquier contingencia. Necesidades básicas y esfuerzo significativo.

Quizás la vida progresó mucho más rápido con cada año que anexaban a sus vidas y con cambios cada vez más presurosos y de más difícil adaptación, ya no son esos muchachitos que corrían sin peligros por los cerros mirandinos, ahora ya no es sólo adaptarse al país lo que les ha tocado, sino a la edad que llevan en él y créanme que los cambios son drásticos.

Lo que sí es seguro es que vivían más tranquilos, tenían más tiempo para la familia, disfrutaban "esto o aquello". Nunca solos o con extraños. Disponían de mucho tiempo para compartir con los amigos… y los más longevos, salvo mi tío Luis Enrique, ni cuenta se dan del retroceso del país que dejan por herencia.

Hoy hablo de pasado y antepasados y me asombro de las casualidades, nuevamente, dos siglos narrados en base a la reconstrucción de hechos similares en diferentes continentes y variaciones geográficas dentro de un mismo país; en el siglo XIX se crecía porque sí, todo era un ventajoso ascenso y si un antepasado medico, apostaba por la educación para trascender a los siglos sucesivos, en el siglo XX, otro antepasado médico tambien, mi abuelo Bambarito, igualmente inolvidable, conjugaba la docencia y la medicina para proyectar su particular enfoque.

Venezuela es rica en contrastes y del clima montañoso de los Teques, nos vamos al calor incómodo de los llanos, donde a otros antepasados les tocaba ser el eje de los vertiginosos cambios irradiados a todo el país por el descubrimiento del ORO NEGRO.

Zaraza una pequeña población al norte del estado Guárico. Es reconocida como la Atenas del Guárico y fue cuna de notables hombres y mujeres que engrandecieron y dieron proyección a su nombre.

Entre ellos, poetas, cantantes, músicos, militares, deportistas y científicos como el doctor José Francisco Torrealba, quien fue el que inició los estudios y realizó los primeros descubrimientos sobre la cura contra el Mal de Chagas, convirtiéndose en uno de los más notables investigadores de las enfermedades tropicales.

El poeta Ernesto Luís Rodríguez, quien recopiló en un completo libro los más bellos poemas escritos en habla hispana, además de escribir diversos poemarios de su autoría, múltiples himnos y letras de canciones mil veces cantadas por Juan Vicente Torrealba y Serenata Guayanesa. Hoy la casa de la cultura de su ciudad natal lleva su nombre y en todas las casas donde la sapiencia y la poesía tengan acogida, está su poemario.

De Zaraza son también oriundos el gran pianista y compositor Moisés Moleiro, Irma Felizola (ex primera dama de Venezuela), Jorge Dager (ensayista, periodista y Doctor en Ciencias Políticas), mi abuelo Rafael Hernández Rodríguez, mi abuelita y otros miles de venezolanos anónimos y conocidos que engalanan la historia de esa pequeña pero valiosa población del estado Guárico.

El nombre de Zaraza se debe al homenaje póstumo al general Pedro León Zaraza, quien luchó junto al Libertador y fue destacado como el hombre que mató a Boves en la batalla de Úrica, dicen que de un lanzazo propinado por su puño.

Chaguaramal era el nombre de la región en el momento que fue conquistada. Sus fundadores tuvieron fe en esa tierra, los primeros pobladores se sitúan en 1766 y se unen luego migraciones italianas, vascas y castellanas a las familias de la zona. Un sinfín de generaciones e historias entre las que se narran las de mis antepasados.

Tengo entendido que mi tatarabuelo era conocido como hombre emprendedor, de muy mal carácter, estricto, disciplinado y autoritario.

Hizo fortuna comprando terrenos a precios muy bajos. Compró muchas, muchas hectáreas; al parecer eran tantas que podía pasar un día recorriéndolas en su caballo. Hablamos por supuesto de 1910, cuando las vías de comunicación eran escasas y los medios de transporte, lentos.

Llegó la apertura petrolera, el primer pozo, Zumaque I (Mene Grande), en Maracaibo, dio la alerta en 1914 y el país se volvió loco. El que tenía tierras quería excavarlas, el que no tenía quería comprar, el que no tenía ni tierras ni plata quería trabajar en las excavaciones. Abandonaron casas, dejaron sembradíos, cambió la economía del país, no éramos un país rico, pero sí un país soñador; todo el mundo hizo planes, cambió la vida de muchos y cambió hasta hoy día la mentalidad de políticos y dirigentes. Había oportunidad de enriquecerse, de ser poderosos, de prosperar, pero no había la educación suficiente para entender que eso sólo era una herramienta que había que saber utilizar. El petróleo no lo era todo y por no comprender eso, entre otras miles de equivocaciones, estamos hoy aquí, llegamos a tener el barril de petróleo al costo más alto de su historia, pero seguimos igual de tercermundistas, de pobres y de idealistas.

Adiós café, adiós cacao, adiós ganadería, adiós agricultura, ¡llegó el oro negro!

Le pidieron a *Papá Guillermo* permiso para perforar en sus tierras y comenzaron las excavaciones a profundidad en el área, agregándole a estos terrenos el importe de su subsuelo como valor adicional a su extensión. ¡Habían encontrado petróleo!

Las primeras explotaciones se realizaban con capital extranjero y era muy rentable ceder los terrenos. Las concesiones las determinaba Juan Vicente Gómez y estos permisos daban amplia libertad a las empresas para determinar el margen de ganancia con el procesamiento del oro negro, permitiendo jugosos contratos con los terratenientes. El único perjudicado en este boom fue el país, que se convirtió en mono exportador de un producto que prácticamente no iba a pagar impuestos.

Sin embargo, sus beneficios no se hicieron esperar, una familia ya rica, se hacía más rica todavía y una de las familias beneficiadas fue la nuestra, pero a medida que descendía el grado de consanguineidad con *Papá Guillermo* la riqueza se iba perdiendo, la herencia se fue complicando; primero sólo cinco hijos, después una sucesión, nietos, divorcios, particiones y bisnietos, a lo que se sumaron antiguas rencillas, desapego, rabias, engaños e incluso estafas que fueron haciendo que la mayor parte de esa herencia se desperdiciara. Los beneficios permitieron el buen vivir al menos a tres generaciones, hasta sus nietos calculo yo, y entre ellos se contaba mi abuela.

En 1937, a pesar de las discordias que generó la herencia, se comenzaron a recibir particiones correspondientes a las ventas de los terrenos y del usufructo del mismo, ya que la compañía Socony, posteriormente Mobil, se estableció en los terrenos familiares y para perforar los pozos petroleros debían cancelar un arancel por las parcelas otorgadas en servidumbre. Estos pagos eran regulares, todos los meses un chequecito llegaba de la nada a casa de mi abuela y de todos sus primos y cada cierto tiempo un cheque grande por la venta de alguna propiedad. Llegaban acompañados de un gran alboroto, provocando que los beneficiarios se hablaban entre si y realizaran planes para su uso.

Posteriormente, cuando se nacionalizó el petróleo en la presidencia de Carlos Andrés Pérez en el año 1975, se eliminó el pago regular por servidumbre que tenían la Mobil y otras compañías como Creole y Exxon y se comenzó a recibir pagos fraccionados de ventas parciales de las tierras restantes; cada vez menos frecuentes hasta que un día ya no llegó ningún cheque, todo se paralizó, no había a quien preguntarle, no se encontraban los papeles, estaba muy diversificado el interés. Se dejó de vivir de los terrenos de Anaco y con el tiempo se dejó de hablar de ellos.

1910, una rama familiar beneficiandose de una inversión acertada con un subsuelo feraz y otra rama familiar en las montañas de cielos azules, trasformando individuos e invirtiendo en educación.

Economía y educación iniciaron la senda de la mano y la historia, nuevamente la historia, nos enseña que este país, mi país, no permite se mantengan aliadas.

Capítulo V

Decía Benito Pérez Galdós:
*"En el mundo, al fin y al cabo, pasa lo que debe pasar y las cosas concluyen como
deben concluir"*

ERAMOS JUDIOS…. LOS SENIOR

INFORME MOTIVADO DEL APELLIDO SENIOR

"Por medio de la presente, me dirijo muy respetuosamente a ustedes:", así le escribí al Rabino, "para solicitar la revisión y posterior aprobación de la genealogía de mi familia, familia SENIOR, como descendientes de judíos sefarditas expulsados de España en la época de la colonia; este requisito no es solo para solicitar la nacionalidad Española para algunos de sus miembros, es para que nuestros descendientes entiendan sus orígenes, valoren, respeten y perpetúen sus raíces como judíos y razonen el porqué de las circunstancias de la diáspora que llegó a Venezuela desde 1823, antes a Curazao y que previamente salió de España, involuntariamente, y cómo no se consiguió trasmitir el legado religioso y cultural a las generaciones actuales".

Quiso la casualidad que, en mi caso particular, yo sea judía convertida supervisada por un rabino en Venezuela en el año 1985, y soy parte de la comunidad sefardí al casarme y educar a mi familia como judía apegada a los ritos y tradiciones. Mis hijos son judíos y españoles sefardíes y tanto mi persona como mi Esposo hemos homologado los títulos de médico en España.

Gracias a los planes del ministerio de Justicia Español dirigidos a los descendientes de los judíos que fueron expulsados de España a pesar de haber sido colaboradores cercanos de las autoridades de la época y de pertenecer a una comunidad próspera e influyente. Ahora, más de quinientos años después, dichos planes ofrecen a España como hogar de acogida a quienes, como en el caso de los provenientes de Venezuela, se están viendo en la necesidad de emigrar o exiliarse por motivos económicos o políticos y conservan el idioma español, los vínculos y las añoranzas por SEFARAD.

Para muchos no es tarea fácil demostrar esa genealogía proveniente de aquella diáspora. Según el hispanista británico John Lynch, de los 80.000 judíos que habría en España, ante la disyuntiva de conversión o destierro por el edicto católico, casi 45.000 almas eligieron marcharse y dispersarse por Francia, el Imperio Otomano, el norte de África y, de ahí, al mar Caribe, particularmente Curazao. En el tomo II del libro de Isaac y Sussane Emmanuel localizado en el archivo judío de las Américas, publicado en 1970 se enlaza la conexión de España y las Antillas y reduce la diáspora que entra a Venezuela a menos de doscientas personas.

El apellido Senior se localiza desde 1492 con el registro en Segovia del bautizo de Abraham Senior por los Reyes Católicos como padrinos. Abraham era el Contador Mayor de Castilla y Rabino Mayor del Reino desde 1435 y al recibir el Edicto o Ley se le obliga a la conversión. A pesar de su influencia, diversas ramas de la familia no aceptan la conversión y comienza la diáspora; algunos como judíos y otros como católicos. Se observan registros de Senior fuera de España y modificaciones del Senior con el paso de los años: Senhor, Cenior o compuesto como Senior Coronel o Senior Henríquez. Ámsterdam fue punto de reunión de algunos grupos Senior hacia 1664. Cuatro Senior emigran a Curazao hacia 1685: David, Jacobo, Salomón e Ysaac Senior y López.

91

La genealogía de la familia de Ysaac Senior ha sido estudiada por la Dra. Blanca De Lima, específicamente la de Ysaac Senior y Raquel López Henríquez que son punto de partida y padres de nuestro antepasado judío más directo Don Sigismundo Isaac Senior.

En la familia Senior aparece Sigismundo de la mano de un tío político, Sigismundo Weil, proveniente de Hamburgo esposo de Clara Senior, hermana de Ysaac, es decir tío de nuestro Sigismundo Isaac. Don Chimú y Papámum fueron las variantes y apodos adoptadas por la familia para mentar al más pequeño de los hijos de Isaac Senior nacido en Coro, después de 7 hermanos. Pertenece a la generación de transición de la casta sefardí que con dignidad, trabajo y orgullo se mantuvo fiel a sus principios desde 1492.

El árbol genealógico es demostrable con pocos espacios en blanco desde 1390 y es reseñada de forma pública y notoria por historiadores como Isidoro Aizenberg y Blanca De Lima en su estudio y sus publicaciones sobre "La comunidad judía de Coro de 1824 hasta 1900" por el primero y "Coro: fin de diáspora. Isaac A. Senior e hijo: redes comerciales y circuito exportador. 1884-1930" por la segunda.

El Archivo Histórico UNEFM hace constar que en el Libro de Registro Civil de Nacimientos del Municipio Coro del Antiguo Distrito Miranda del Estado Falcón: Se encuentra inserta un acta marcada con el número 90 correspondiente al año 1877, folios 16vto; copiada de forma fiel y exacta de la original:

Folio. 16vto.

90. Juan S. Yparraguirre 1ª autoridad civil de la parroquia hago constar que hoy 21 de Abril de 1877 se ha presentado ante mí Ysaac A. Senior vecino de ésta Ciudad de profesión comerciante y de Nacionalidad Neerlandez y manifestó que el niño cuya presentación hace es su hijo lejitimo con Raqel Lopez Henríquez llamado Sigismundo que nació en esta Ciudad el 21 de Abril de 1877 á las tres A M   Juan S. Yparraguirre [Rubricado] El Secretario Julio Ensinoso [Rubricado] Testigo J. Naveda [Rubricado] Testigo Cárlos A. Hernández [Rubricado] Y. A. Senior [Rubricado]

También apoyan dicho relato los hallazgos encontrados y divulgados dentro y fuera de la comunidad en la casa Senior de Coro, perteneciente a mis antepasados, como centro de práctica religiosa. Manifestaciones publicadas y expuestas en años recientes dan testimonio de que allí, aparte de ser el punto de partida de los lazos comerciales con las Antillas, de la herencia Senior y funcionar un recinto religioso, también se localizaron los restos de una Mikve, que no es más que un lugar usado por devotos judíos para rituales de purificación, confirmando lo anteriormente expuesto. Actualmente la casa Senior es sede de una Universidad y del Museo Sefardí Alberto Henríquez como consta en los textos anexos:

Se cayó la casa de oración de los judíos de Coro (12/2010)

"Ayer, las lluvias que han afectado al Estado Falcón acabaron con una de las reliquias del judaísmo venezolano como lo era la sala de oración de los judíos de Coro, ubicada en una casa de la familia Senior en Coro. La sala, que había sido acondicionada y refaccionada por la Asociación Israelita de Venezuela en 1996, a petición de la gobernación del Estado Falcón, (por medio del arquitecto Alberto Moryusef), era propiedad de la Universidad Experimental Francisco de Miranda, y estaba administrada por el departamento de patrimonio de esa casa de estudios.

La Fundación para la Preservación del Patrimonio Hebreo Falconiano, presidido por Herman Henríquez, había advertido el estado de deterioro de la planta física de esta casa de oración, así como había expresado su preocupación por el mobiliario que

estaba allí en calidad de comodato y que era propiedad de dicha fundación.

Recientemente, la Constructora Sambil, por medio del Centro de Estudios Sefardíes de Caracas, refaccionó algunas de las bienhechurías del cementerio judío de Coro, como un muro exterior y el zaguán, y en estos momentos el CESC se encontraba buscando ayuda para preservar las tumbas de los que allí están enterrados.

La sala de oración de los judíos de Coro se encontró por una investigación del rabino Isidoro Aizenberg, quien tras revisar algunos documentos en los que se decía que en la casa de la familia Senior se reunían para rezar en uno de los cuartos y, siguiendo las especificaciones, se logró identificar el sitio exacto. En la sala de oración data de mediados del siglo XIX y allí había lámparas, bancos de madera, una tebá, una mapá, un parójet y un arón hakódesh o hejal (sin rollos de la Torá), un piano que perteneció al coleccionista de arte Alberto Henríquez, una mesa, vitrinas con objetos rituales y libros.

Originalmente, había un piso de arena (a la usanza de los judíos del Caribe); pero, este fue retirado hace ya un año y medio a causa de la humedad.

En el museo Alberto Henríquez de Coro, en el estado Falcón, se reportó el hallazgo de una Mikve judío, estructura que usan los devotos a esta religión para realizar baños rituales de purificación. La información fue aportada por el antropólogo Carlos Alberto Martín, a propósito de la conmemoración de los 20 años de la declaratoria de patrimonio mundial de Coro y La Vela de Coro.

"Durante agosto pasado se realizó un descubrimiento arqueológico en la casa de la antigua familia Senior, en Coro, donde funcionaba el Museo Alberto Henríquez, que está remodelando la Gobernación de Falcón, lo que trajo consigo el hallazgo de una estructura que data de 1.774, aproximadamente, año cuando la familia Senior adquirió la casa", contó el investigador.

Explicó que tras reunirse con la comunidad hebrea de Venezuela en Caracas se documentó acerca del hallazgo.

"Es una estructura donde las mujeres de la época se bañaban como parte de sus creencias para purificarse cada cierto tiempo y los hombres que se iban a convertir al judaísmo también lo hacían, además de lavar utensilios de cocina en algunas oportunidades", detalló.

Asimismo, se conoció que la estructura es la única de este tipo excavada en Venezuela y posiblemente en el continente americano.

"Tan solo se han encontrado tres en Europa y ahora está en el estado Falcón, de manera que seguiremos investigando, no excavando restos sino excavando sociedades", destacó.

Es poco lo que se ha sabido del precioso hallazgo, pero la solitaria nota de prensa oficial que reportó el descubrimiento dice que se trata de una estructura que data de 1774, año en que la familia Senior adquirió la vivienda.

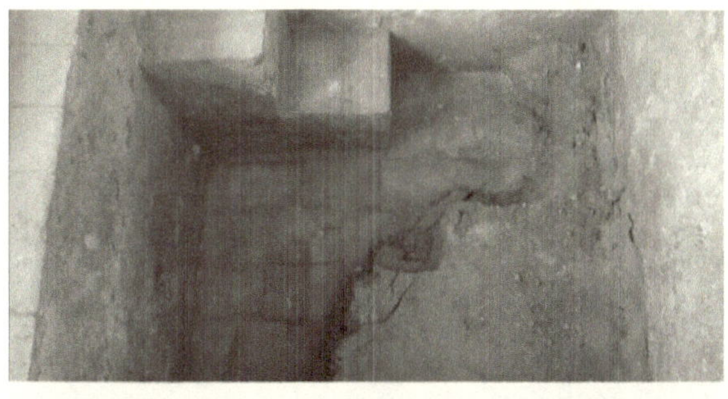

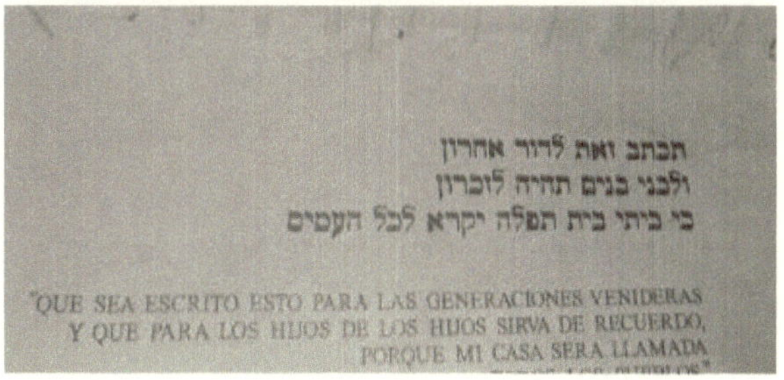

Toda esta investigación surgió el día que mi tía Mercedes, nieta de Sigismundo Isaac, que estaba en contacto con su prima Edna y, a su vez, con la amiga e historiadora Blanca De Lima, me llevara a casa uno de los documentos, quizás el más valioso, en la búsqueda de una conexión con el ultimo judío practicante descendiente de la casta de judíos expulsados de España y que ahora por edicto nos abría la puerta a la nacionalidad de los ancestros, y que era el contrato matrimonial o Ketubah de los padres de Sigismundo Isaac:

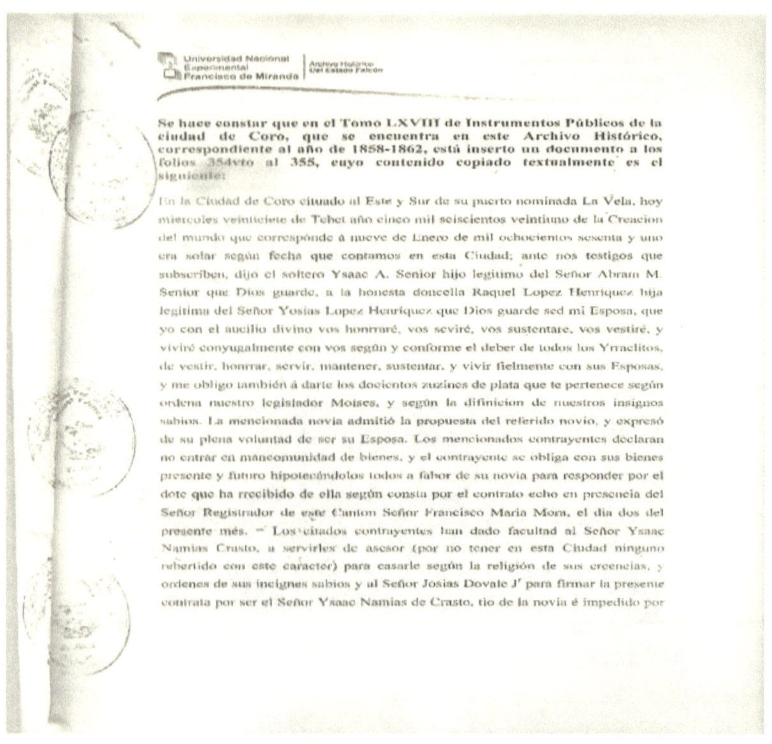

Se hace constar que en el Tomo LXVIII de Instrumentos Públicos de la ciudad de Coro, que se encuentra en este Archivo Histórico, correspondiente al año de 1858-1862, está inserto un documento a los folios 354vto al 355, cuyo contenido copiado textualmente es el siguiente:

En la Ciudad de Coro cituado al Este y Sur de su puerto nominada La Vela, hoy miercoles veinticiete de Tebet año cinco mil seiscientos veintiuno de la Creacion del mundo que corresponde á nueve de Enero de mil ochocientos sesenta y uno era solar según fecha que contamos en esta Ciudad; ante nos testigos que subscriben, dijo el soltero Ysaac A. Senior hijo legitimo del Señor Abram M. Senior que Dios guarde, a la honesta doncella Raquel Lopez Henriquez hija legitima del Señor Yosias Lopez Henriquez que Dios guarde sed mi Esposa, que yo con el aucilio divino vos honrraré, vos seviré, vos sustentare, vos vestiré, y viviré conyugalmente con vos según y conforme el deber de todos los Yrraelitos, de vestir, honrrar, servir, mantener, sustentar, y vivir fielmente con sus Esposas, y me obligo también á darte los docientos zuzines de plata que te pertenece según ordena nuestro legislador Moises, y según la difinicion de nuestros insignos sabios. La mencionada novia admitió la propuesta del referido novio, y expresó de su plena voluntad de ser su Esposa. Los mencionados contrayentes declaran no entrar en mancomunidad de bienes, y el contrayente se obliga con sus bienes presente y futuro hipotecándolos todos a fabor de su novia para responder por el dote que ha rrecibido de ella según consta por el contrato echo en presencia del Señor Registrador de este Canton Señor Francisco Maria Mora, el dia dos del presente més. — Los citados contrayentes han dado facultad al Señor Ysaac Namias Crusto, a servirles de asesor (por no tener en esta Ciudad ninguno rebertido con este caracter) para casarle según la religión de sus creencias, y ordenes de sus incignes sabios y al Señor Josias Dovale J.ʳ para firmar la presente contrata por ser el Señor Ysaac Namias de Crasto, tio de la novia é impedido por

Sigismundo o Sigismundo ¿el nombre de un emperador? ¿De un rey Visigodo? ¿El protagonista de Historias de Cervantes o de poemas de Lope de Vega? es el nombre del portavoz del soliloquio más famoso de Calderón de la Barca, escrito en los años 1600 "La vida es un sueño" …

"Sueña el rico en su riqueza,
que más cuidados le ofrece;
sueña el pobre que padece
su miseria y su pobreza;
sueña el que a medrar empieza,
sueña el que afana y pretende,
sueña el que agravia y ofende,
y en el mundo, en conclusión,
todos sueñan lo que son,
aunque ninguno lo entiende".

La "e" o la "i" son variantes aceptadas por el Instituto Cervantes, viene del alemán y es la combinación de dos palabras Seig y mund que significan Protección y Victoria. Una variante más sonora y popular, Sigmund, como Freud....

Isaac y Raquel tuvieron 8 hijos. Ysaac era holandés y fue judío practicante hasta el fin de su vida, falleció en Curazao el 23 de diciembre de 1885, hijo de Abrahán M. Senior y Leah Senior, casado bajo el rito hebreo el 9 de enero de 1861(Ketubah) con Raquel López Henríquez, hija de Josías López Henríquez y Abigail Namias de Castro, quien sobrevivió 34 años a su esposo, falleció en Coro y cuyas cenizas fueron trasladadas a Curazao. Ambos reposan en el cementerio judío Berg Altena.

Resulta y acontece que la abuelita de los cuentos de hadas, la abuelita del moñito en la nuca, las canas blancas, sentada en mecedora, tejiendo una mantica, preparando suspiros y torta negra para navidad, la abuelita del rostro dulce, la queja callada, la lágrima escondida, la sonrisa tímida, la presencia reconfortante y la dignidad como baluarte, existió y la llamamos *Mamama*. Vivió noventa años con nosotros y hoy emerge como la base de un árbol genealógico que está a punto de cambiarnos la vida.

Creíamos ser descendientes de corianos autóctonos, con baluarte de sombra en los médanos y un venezolanismo a prueba de todo y descubrimos que Mamama no siempre fue abuela y que nació en una familia de religiones combinadas y lo que yo creí que fue una originalidad, por mi parte, al criar a mis hijos en el seno de dos religiones, no fue más que una vuelta a las raíces de una saga novelesca de persecuciones, expulsiones y cambios, que Eugenia Molina (Doña Genita) y madre de mi abuela supo canalizar sólidamente al permitir que Sigismundo, nuestro último judío, respetara, mantuviera y cumpliera hasta el último minuto con sus creencias mientras cementaba en cada uno de sus hijos una poderosa fe religiosa con principios básicos enseñados por nuestro señor Jesucristo y una persistencia de respeto hacia la figura materna en la imagen de la Virgen.

En la primera entrega familiar de documentación apoyada por el apellido Senior, celebramos lo que está contado, conseguimos al menos cuarenta certificaciones de ser descendientes de judíos serfardíes con solo la concordancia genealógica del solicitante descendiente con Sigismundo y por tanto el derecho a solicitar la nacionalidad española.

Sobre él se recopiló una maravillosa información con las memorias de sus sobrevivientes bajo la dirección de una gran historiadora, Blanca De Lima y la transcribo a continuación:

SIGISMUNDO ISAAC SENIOR

NUESTRO ÚLTIMO JUDÍO

Sr. SEGISMUNDO I. SENIOR (Don Chimú)

Datos básicos de vida

Nació en Coro el 21 de abril de 1877. Octavo y último hijo de Isaac Senior, quien se identificó ante el registro como neerlandés y comerciante, y su esposa Raquel López Henríquez.[1] Sus hermanos fueron: Abraham (1861), Josías (1862), Abraham Haim (1865), Mordejay "Morry" (1873), David (1874), Jacobo (1876) y Auristela.

No se tiene información sobre su escolaridad, estimándose que —como era la costumbre- haya asistido a alguna escuela local e ingresado en su juventud como aprendiz en alguna casa comercial de la ciudad de Coro, adquiriendo la experiencia necesaria hasta independizarse. El 22 de diciembre de 1898, a la edad de 21 años, casó con Eugenia "Genita" Molina, serrana del pueblo de San Luis; hija de Pedro Molina y Uladimira Franco de Molina. Eugenia había nacido el 17 de junio de 1875, siendo sus hermanos Pedro y Rosario Molina; esta última había casado cuatro años antes, en 1894, con Abraham Haim, hermano de Sigismundo.

Eugenia Molina de Senior

Auristela, su primogénita, nació el 5 de octubre de 1899 en San Luis, distrito Bolívar del estado Falcón; cuna de su madre. Recibió ese nombre en honor a su única tía paterna; Auristela Senior.[2] Su segundo hijo y único varón fue Pedro Isaac, nacido en 1901. Después de él llegaron Uladimira (Coro, 3 de junio de 1904),[3] Amelia Eugenia (Coro, 17 de marzo de 1906),[4] Eugenia (Coro, 27 de diciembre de 1909),[5] Emma Antonia —de la cual no se ha ubicado el acta de nacimiento- y Emilia María (Coro, 24 de junio de 1914).[6]

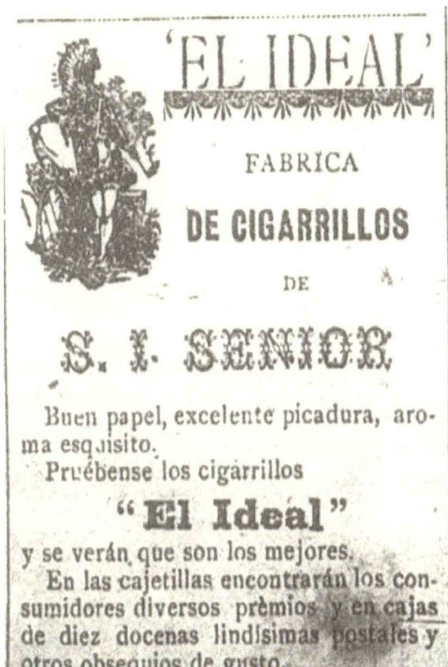

Sigismundo I. Senior tuvo inclinación hacia el comercio y la industria, invirtió en los ramos de farmacia, fabricación de cigarrillos, calzado, bebidas gaseosas, mosaicos industriales y otros. Su primera empresa fue la fábrica de cigarrillos "El Ideal" en 1904, en 1908 sus jabones y el detergente "El Incomparable". La prensa local permite hacer seguimiento a distintos emprendimientos que llegaron hasta cuando menos los años veinte: alpargatas, suelas para calzado, aceite de ricino, el jabón marca SIS y los cigarrillos marcas "India", "Mara" y "Occidente". La memoria familiar rescata además que fue fabricante de hermosos mosaicos de cemento policromado y de la burbujeante bebida llamada Kola Senior.

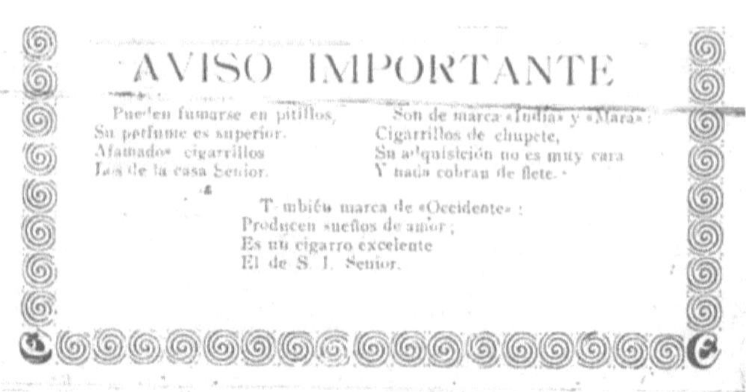

AVISO IMPORTANTE

Pueden fumarse en pitillos,
Su perfume es superior.
Afamados cigarrillos
Los de la casa Senior.

Son de marca «India» y «Mara»:
Cigarrillos de chupete,
Su adquisición no es muy cara
Y nada cobran de flete. -

También marca de «Occidente»:
Producen sueños de amor;
Es un cigarro excelente
El de S. I. Senior.

Sigismundo vendía su propia producción, para lo cual tuvo su fundo de comercio, el cual además vendía otros productos. La razón social se llamó S. I. Senior. Pero, además, unido a su esposa invirtió en la firma Senior & Molina. Sus nietas Edna y Mercedes recuerdan a los Sres. Luis Martínez y Cecilio Rosillo -aquel gerente y este empleado de mostrador- como los últimos empleados de la fábrica de Kola Senior y de la casa comercial.[11]

S. I. Senior

Ofrece á su numerosa clientela y al público en general: un completo surtido de víveres constantemente renovado; su reconocida fábrica de alpargatas, en variados, modernos y bellos estilos; su suela de progresiva superioridad cada día; su afamado jabón marca S. I. S. y las mejores ventajas en el comercio de frutos y productos del país etc...

Coro: Calle del Comercio

Senior & Molina

Ofrece á sus relacionados su completo surtido de víveres y ventajas escepcionales, en compra y venta de frutos del país

Calle del Comercio — Nº 53.

Sigismundo Senior: religiosidad y participación en la masonería coriana

En materia religiosa, Sigismundo Senior nunca abandonó su fe de nacimiento y permaneció judío practicante por encima del hecho de que Coro no tuviera rabino ni sinagoga. En la memoria de sus nietas Edna y Mercedes está el recuerdo de su respeto por todos los días festivos judíos y su consumo del pan ácimo.[16] Si bien su familia de destino fue educada en la fe católica, él permaneció fiel a sus creencias religiosas.

No faltó, sin embargo, alguna presión familiar sobre el tema, la cual partió quizás de la angustia de su nuera María Luisa Carías ante la grave enfermedad diagnosticada a su esposo Pedro, único hijo varón de Sigismundo. Operado de cáncer, María Luisa hizo promesa de que su suegro se convertiría al catolicismo si la cirugía resultaba exitosa, como en efecto lo fue.

Teniendo excelentes relaciones con Francisco José Iturriza, obispo de Coro, María Luisa le expuso el punto y se acordó una entrevista entre Sigismundo y el obispo. A solas, aquellos dos personajes conversaron y nadie sabrá jamás qué ideas intercambiaron ni qué sentimientos expresó Sigismundo, pero sí se sabe el fin de la historia: no hubo bautismo. El obispo dijo a María Luisa que nadie podía abandonar su religión por presiones externas pues era caer en pecado, que Dios era universal y Sigismundo fiel y convencido de sus principios. El gesto de María Luisa, bienintencionado, no tenía valor pues una promesa era algo personal, un acto de voluntad que no se cumplía en el caso de Sigismundo.[17]

105

Como sus hermanos y en general como lo más importante del comercio e industria coriano, Sigismundo ingresó a la Logia Unión Fraternal N° 27 Oriente de Coro en el año 1906 junto a su cuñado Daniel Henríquez. Su actuación, sin embargo, no fue destacada como la de sus hermanos Josias y Morry. La participación en la logia masónica fue un elemento decisivo en los procesos de integración al medio venezolano, bajo principios de tolerancia y respeto que protegieron a los sefarditas corianos de los ataques que repetidas veces sufrió por parte de algunos sacerdotes y laicos católicos, como en el año 1900.

Sigismundo Senior: vida pública

La vida pública de Sigismundo Senior inició apenas a sus 19 años de edad, cuando apareció en un listado publicado en 1896 por el periódico local La Industria como dueño de una acción en la recién creada Sociedad de Economías y Préstamos, primera institución de tipo bancario que se conoce para la ciudad de Coro. En general la familia Senior invirtió en esta Sociedad, donde también fueron accionistas Josias, Jacobo y Abraham Haim; y sus cuñadas Rosario Molina y Sarah Álvarez Correa.[18]

Muchos años después, en 1915, contribuyó para la adquisición de una máquina perforadora de pozos artesianos. El periódico El Día reseñó el hecho y mencionó a otros sefarditas que también hicieron su aporte: Isaac A. Senior e hijo (ya para este momento propiedad de sus sobrinos Miguel Ángel y Raimundo Senior), de Lima hermanos, su hermano Morry, José M. Capriles y Andrés Levy.

En 1921 Sigismundo participó como miembro en la junta del carnaval de Coro, unido a su hermano Abraham Haim, su sobrino Miguel Ángel y su hijo Pedro Isaac. Con motivo del fallecimiento de Raquel H. de Lima, destacada miembro de la comunidad coriana y pariente de los Senior por ser madre de la viuda de Morry Senior, unido a su esposa e hijos se hizo presente con una corona de flores. Así lo reseñó, siguiendo la costumbre de la época, el periódico El Conciliador.

Los derroteros de la actividad comercial le conectaron con el mundo político y ello derivó en que por lo menos en dos ocasiones ostentara cargos públicos, siendo en 1921 vocal del concejo municipal del distrito Miranda, estado Falcón. Veinte años después volvió a la esfera pública ocupando la secretaría general de gobierno del estado Falcón entre 1942-1945. Sus nietas Edna y Mercedes rescatan que durante este tiempo hizo una relación de amistad duradera con el Dr. Rafael Caldera, por entonces procurador.[19]

Sigismundo Senior: una muerte en el marco de la fe judía

A poco de un año de la muerte de su esposa Genita, Sigismundo Isaac Senior murió de causas naturales, en su casa de Coro, el 31 de marzo de 1957. Nació, vivió y murió judío.

En vida encargó su ataúd, que fue fabricado respetando la tradición hebrea por el Sr. Graciano García.[20] El velatorio se hizo en su casa y su entierro fue a las 24 horas de fallecido. Alberto Henríquez López Fonseca, de su misma comunidad religiosa, fue el oficiante y leyó la askabah[21] antes de que el cuerpo fuera conducido al cementerio municipal, pues por decisión personal pidió descansar junto a su amada Genita y cerca de su hijo Pedro Isaac, muerte de la cual nunca se recuperó afectivamente. Este es el texto:

"Padre misericordioso. Tú que tienes en tus manos el alma de los vivos y de los muertos; oye la súplica que te hacemos y dígnate aceptar nuestra oración por el alma de nuestro hermano Sigismundo. Ábrela los tesoros de tu clemencia para que ella entre en el edén. Acógela con benevolencia y amor y que tus ángeles la guíen hacia el árbol de la vida eterna, al seno de las almas justas y virtuosas; que contemple su majestad y se deleite en repose en paz según está escrito "el que anda por la buena vía, reposará apaciblemente en la tumba". Perdónale sus pecados, porque ¿cuál será el mortal que haya practicado el bien constantemente, sin ninguna interrupción? Tómale en cuenta sus buenas obras y pueda ella quedar reunida a las almas piadosas que resucitarán con los muertos de Israel. Amén."[22]

---

1. AHEF-UNEFM. *Nacimientos Coro*. 1877. F. 15v. Acta N° 90.

2. AHEF-UNEFM. *Nacimientos Coro, Parroquia Santa Ana*. 1901. F. 8v. Acta N° 16.

3. AHEF-UNEFM. *Nacimientos Coro, Parroquia Santa Ana*. 1905. F. 11v. Acta N° 22.

4. AHEF-UNEFM. *Nacimientos Coro, Parroquia Santa Ana*. 1906. F. 36. Acta N° 71.

5. AHEF-UNEFM. *Nacimientos Coro, Parroquia Santa Ana*. 1910. F. 40 v. Acta N° 80.

6. AHEF-UNEFM. Nacimientos Coro, Municipio San *Antonio*. 1914. F. 65. Acta N° 129.

7. Las fotografías de este inciso proceden del archivo privado de la Sra. Edna Molina. Coro.

8. La casa de su hija Amelia Eugenia, construida durante los años veinte del pasado siglo -actual sede del Archivo Histórico de la Universidad Nacional Experimental Francisco de Miranda-, representa una interesante mezcla arquitectónica con estructura de adobe, techo exterior de torta y teja, techos internos de placas metálicas repujadas importadas de los Estados Unidos y pisos con mosaicos procedentes de la fábrica de Sigismundo Senior.

9. Conversación personal con las Sras. Edna Molina y Mercedes Arocha, nietas de Sigismundo Senior. Coro, 31-08-2010.

10. Sus nietas recuerdan en particular que don Chimú, sentado a la puerta de su casa, en una mecedora especialmente hecha para él dado su sobrepeso, hacía pasar al interior a las madres humildes que bajaban de la sierra con sus niños, después de preguntarles y constatar que estos carecían del bautismo. Doña Genita se encargaba de canalizar a las madres para que se concretara la ceremonia religiosa. En varias ocasiones le dejaron al cuido niños que nunca fueron recogidos por sus padres, encargándose ella de su ubicación en casas de familia para su crianza.

11. Conversación personal con las Sras. Edna Molina y Mercedes Arocha, nietas de Sigismundo Senior. Coro, 31-08-2010.

12. Conversación personal con Herman Henríquez. Coro, 9-09-2010.

13. Conversación personal con la Sra. Edna Molina, nieta de Sigismundo Senior. Coro, 22-09-2010.

14.na

15. Conversación personal con las Sras. Edna Molina y Mercedes Arocha, nietas de Sigismundo Senior. Coro, 31-08-2010.

16. Conversación personal con las Sras. Edna Molina y Mercedes Arocha, nietas de Sigismundo Senior. Coro, 31-08-2010.

17. Conversación personal con las Sras. Edna Molina y Mercedes Arocha, nietas de Sigismundo Senior. Coro, 31-08-2010.

18. La Industria. Coro, 16-05-1896, p. 3.

19. Conversación con las Sras. Edna Molina y Mercedes Arocha, nietas de Sigismundo Senior. Coro, 31-08-2010.

20. Su nieta Edna recuerda que era un ataúd sencillo, de madera; y que para el velorio se le colocó en la parte inferior una palangana con hielo, a efectos de preservar el cuerpo mientras se le velaba.

21. Conversación personal con el Sr. Herman Henríquez. Coro, 9-09-2010.

22. El texto se conserva en manos del Sr. Herman Henríquez.

Capítulo VI

Decía Rafael Hernández Rodríguez:
"Árbol que crece en el fango echa sus frutos podridos. En los padres y maestros se engendra nuestro destino siempre empieza por querer si aspiras a ser querido."

BAMBARITO

Pocos recuerdos tengo de su persona, porque poco compartí con él, pero muchas referencias sentimentales me han sido trasmitidas, por sus más allegados, porque fue distante con los que de cerca le rodeaban; sin embargo, la genialidad de su personalidad, lo profundo de sus conocimientos, los conceptos claros e integrales, la visión unitaria del individuo, la detección precoz de enfermedades y la precisión de sus tratamientos, lo hicieron único para quien lo conoció.

Lo didáctico de sus enseñanzas, lo poético de sus escritos al interpretar al amor materno, al referirse a la imagen del hombre actual y del hombre auténtico (el mejor de sus escritos), al redactar consejos al adolescente, cada una de sus clases en el año 1952 en la cátedra de patología médica (donde las metáforas, las lecciones y el conocimiento se mezclaban de manera magistral para mantener alerta e interesados a sus estudiantes y al mismo tiempo trasmitir ciencia y experiencia) y la importancia que le dio a la compañía del ser moribundo en su trance al más allá, fueron sólo algunas de las cosas que lo hicieron inolvidable.

Unido esto a la admiración que despertó en cada uno de sus alumnos, el recuerdo referido por cada uno de sus pacientes, el respeto de quienes fueron sus compañeros y colegas, me permitió conocerlo un poco más, admirarlo un poco más, comprenderlo un poco más. Sin dejar de preguntarme, cómo alguien de conocimiento tan amplio y de concepción tan integral del ser humano, no representó para sus hijos, especialmente para sus hijos enfermos, lo que tan bien predicaba.

Mi abuelo dictaba sus clases en la cátedra de patología médica y en el curso de1950, uno de sus alumnos, Antonio Medina Carreño, se tomó la tarea de transcribirlas junto a Marcos Perdomo. Ambos recopilaron cuatro folletos, actuales e inmortales.

Es un orgullo ser la nieta del médico, del doctor. El que lo conoció y me conoce, siempre tiene una anécdota, una historia o un cuento para contarme y siempre finalizan diciendo: "pocos clínicos como él". El tiempo me confirma su supremacía, lástima que nada pudo trasmitirme directamente.

Sus consultas eran únicas y originales; extravagancia con sencillez, respeto con camaradería, conocimiento con observación, atención y detenimiento.

Quien fuera su paciente lo recuerda sentado en una mecedora, la cual aún conservo, y rodeado de un sencillo escritorio con las herramientas esenciales: un termómetro, un estetoscopio, un martillito para los reflejos, una linterna y un tensiómetro. Una cama y una camilla. En la cama descansaba entre consultas y entre comidas, y en la camilla examinaba a sus pacientes. Relajación e interacción, unas piedras de colores y un violín. En épocas en que los exámenes paramédicos eran excesivamente costosos y prácticamente inexistentes, era la conversación con el paciente la que lo llevaba a un diagnóstico seguro y a un tratamiento adecuado; y ese método le daba cada día más fama y mayor proyección.

Sus pacientes lo amaban, revolucionó los cánones médicos introduciendo los conceptos de medicina psicosomática y le dio a la psique tanta importancia como a lo somático.

Fue conocido por el pueblo como *Bambarito* y más de una vez me decía la gente que lo conoció, que la frase: "esto no lo cura ni *Bambarito*", o, "si no te cura *Bambarito*, no te cura nadie", se aplicaban perfectamente a su persona. Hay quienes dicen que la canción se refería a su persona, o, lo más probable, que de esa canción surgiera el apelativo que describía sus dotes.

Rafael Hernández Rodríguez nació en Zaraza, hijo de humildes personeros de la tierra del Chaparral. De familia honorable, con principios sólidos, precipitadamente lesionada al enfermar el papá de tuberculosis, enfermedad que cobraba más de treinta vidas por día en los finales del siglo XIX y que precisó su retiro de la vida productiva a un centro de aislamiento y ameritó tomar medidas drásticas en la conducción familiar.

Debió su mamá, *Misia Juanita*, tomar las riendas de la familia de cuatro hijos y sacarlos adelante, mientras en un sanatorio a lo alto de una colina llamada La Loma, buscando aire puro, su papá convalecía desesperanzado ante la ausencia de futuro. No existía todavía en Venezuela tratamiento para esta enfermedad, escasos paliativos (tratamientos sintomáticos) para aliviar a los infelices enfermos, y el traslado de los pacientes a centros con climas de montaña para mejorar los síntomas respiratorios con la pureza del aire que respiraban, era lo único que podía hacerse con aquellos a quienes les fuese diagnosticado semejante flagelo, cuyos tratamientos efectivos no se conocerían sino hasta los años cincuenta. Pocos sobrevivían.

Triste, por cierto, el retroceso en la Venezuela de hoy volvió la tuberculosis, no hay vacunas, no hay tratamiento ni sitios de aislamiento, los números no existen para catalogar las endemias o epidemias. Todos estamos expuestos.

Misia Juanita adoraba a su marido, y al principio tuvo esperanzas en su recuperación, ayudada por dos personas que vivían con ellos; una, Josefa Mata, una señora que cocinaba muy bien y la otra llamada Ramonita. Le llevaban la comida a Don Rafael todos los días que duró su enfermedad. En esas visitas fue viendo como el deterioro era galopante, la tos era incesante, la forma de su cuerpo desapareció ante tanto peso perdido y la dificultad para respirar ya limitaba sus más mínimos movimientos. Cada visita minimizaba su esperada vuelta a la normalidad y la enfrentaba de forma cruda a sus realidades. Sin embargo, Rafael Celestino fue un privilegiado en su padecimiento, teniendo compañía y cuidados hasta su muerte, pues había en el mismo centro muchos pacientes totalmente abandonados a su suerte.

En su desgracia, se sembró la solución al problema familiar. Debido a las necesidades económicas *Misia Juanita* y sus asistentes comenzaron su negocio; hacían comida para vender, primero en el sanatorio, a los enfermos, a los familiares y a los trabajadores del centro. Se hizo su fama de excelente cocinera y extendió su negocio de comidas a quien en su pueblo la requiriera, ganándose cierta cantidad de dinero para mantener a los hijos.

Su valor y entrega la convirtieron en una persona admirada y apreciada. Habiendo vivido en Zaraza mucho tiempo, era muy querida por todo el mundo y con su esfuerzo logró dar la esmerada educación que anhelaba para sus cuatro hijos.

Misia Juanita, conocedora de las limitaciones económicas para que sus hijos cursaran estudios superiores en el pueblo más cercano que contara con las instalaciones adecuadas, se ideó una nueva fuente de ingresos después de la muerte del esposo: resolvió alquilar una casa mucho más grande a la que puso el nombre de "La Palma del Viajero" y convertirla en un hotel, casi el único que había en Zaraza.

El hotel era tan exclusivo que, además de la comida gloriosa que ofrecían, era el único que tenía regadera, porque la gente en el interior del país tenía que bañarse con totuma habitualmente.

La regadera era algo muy particular, en burro los muchachos llevaban el agua hasta la parte de atrás de la casa, la zumbaban por un tanque que tenía unos tubos de salida hasta el techo de los baños y el agua caía en agradables chorros aerodinámicos.

Así fueron creciendo sus cuatro muchachos. Cuando se graduaron de bachilleres, a ella no le quedó otro camino que irse con ellos para Caracas para que continuaran sus estudios superiores.

Iba a graduar a sus hijos, le costara lo que le costara; agarró un camión de estacas, que hacía viajes para la capital, metió las cosas que tenía y se fue a Caracas.

Ya en Caracas, habiendo trascendido fronteras su dedicación y sabiendo que del interior se venían muchos muchachos a estudiar, se consiguió una casa en La Pastora donde volvió a establecer su pensión con el mismo nombre, con la suerte de que quienes tanto la querían y la conocían en Zaraza, les confiaron a sus hijos, de las mismas generaciones de sus muchachos.

Entre esos jóvenes estaban Julio de Armas y Méndez Gimón, entre tantos otros que maduraron, estudiaron y crecieron en su pensión, infinidad de personeros notables de Zaraza se iban a la capital a "La Palma del Viajero" y luego al mundo.

Ella y sus dos fieles ayudantes les lavaban la ropa a los muchachos, les cocinaban, les mantenían sus habitaciones y les daban cariño y calor de hogar; convirtiéndose así en un ejemplo de lo que fueron las primeras pensiones.

Cuando ya todos sus hijos se graduaron, dejó su pensión y se retiró a una casa que ellos le regalaron de Bermúdez a Horcones, la número 11. A una mujer que era tan emprendedora y que tanto dio por sus hijos, le costó mucho separarse de ellos y aceptar que debían tener sus propias vidas. No aceptó nunca el matrimonio de los varones, ninguna dama era calificada para ser la esposa de sus querubines pues no le llegaban a los talones, dos médicos y un odontólogo, bellos, buenosmozos, inteligentes, profesionales y de buena familia; nada ni nadie era

113

adecuado. Esto hizo que uno de ellos se separara definitivamente del hogar materno y se casara a escondidas y que los otros dos, se casaran sin su consentimiento. Ella no supo reconocer que llegaba el momento de la retirada, ese momento donde dejas de ser protagonista, para ser espectador de las vidas de los hijos.

La gente de Zaraza, cuando llegaba a Caracas, se buscaba unos a otros, todos los que eran del mismo sitio se conocían y procuraban reuniones para actualizarse, compartir y distraerse. Eran como miembros de una misma familia, los unía el pasado común, asistían juntos a los actos públicos, a las misas y a las fiestas en las plazas. Algo así como ahora cuando los venezolanos que se encuentran en otros países, se buscan, se ayudan y se hermanan.

Las muchachas iban y los muchachos también, se saludaban, coqueteaban, y muchos se enamoraban. Ir a misa podía requerir de una semana de preparativos para el atuendo, que fuera distinto, que quedara bien. Una retreta en la plaza o una fiesta de carnaval requería al menos un mes de preparación para el vestuario. Una fiesta social como un bautizo o un matrimonio exigía al menos un año de ir y venir. En todo caso, siempre con el mismo objetivo: ver y dejarse ver.

En una plaza cercana a la parroquia la Pastora comenzaron los amores de Rafael y Columba, no aprobados por *Misia Juanita*, para variar. A pesar de su posición económica y de su espíritu emprendedor, se molestaba con su hijo Rafael, futuro médico de la República, porque se quería casar con una muchachita más pobre que él, venida a menos desde que nació de la desheredada hija de pretenciosos oligarcas de su natal Zaraza.

Ellos la ignoraron, igual se casaron, formaron una familia y ella eventualmente, a regañadientes, aceptó a mi abuela. Lamentablemente no tuvieron mucho tiempo para ser familia, porque él no fue esposo, pero no por eso se perdía el valor del hombre y del médico. Por el contrario, las experiencias acumuladas enriquecieron su concepto de los seres humanos y su lucha por pertenecer y ser aceptados; luchó por comprenderse a sí mismo para poder comprender a los demás y con una inteligencia pródiga entendió que podía ser un médico superior al promedio, pero seguía siendo un hombre igual al resto de los hombres.

De la lectura de sus libros, extraje sabios pensamientos de permanencia en el tiempo y espacio tanto para los colegas médicos, como para cualquier ser humano.

"Todo principio violento, tiene un fin melancólico".

"Las enfermedades van avanzando a medida que aumenta la dificultad para vivir, a medida que las fuerzas destructoras ponen en actividad las fuerzas constructoras de la persona".

"La úlcera gástrica es considerada la herida de la civilización".

"Las cosas que nos preocupan, casi nunca suceden". "Asmas centrales, asmas emocionales, desarticulación del hombre con su peri-mundo, se libera así la agresividad por la vía bronquial".

Consideraba al asma como a la úlcera gastroduodenal:

"Emociones destructoras, agresividad reprimida, vínculos sociales relajados y emoción exagerada".

Y todavía más bello y más cierto, el contenido de sus poemas.

Al hablar del amor:

"Cuídate del aislamiento,
evita la soledad
pues la separatividad
genera angustia y tormento,
el otro, es tu complemento,
la existencia, es coexistencia
nos dice la humana ciencia
y por eso nuestras vidas,
experiencia compartida
sin la cual, se hace demencia".

115

Al hablar del mundo en que vivimos:

"Este mundo en que vivimos,
con más espinas que pétalos
es un campo de batalla
adornado por Antruejo,
donde reina la injusticia
y el engaño traicionero,
donde los hombres combaten
por el mando y el dinero
y se devoran a veces
como salvajes hambrientos
y donde siempre los tigres
se comen a los corderos,
es la norma de la selva
disfrazada de derecho".

De la salud y el ambiente:

"Cómo puede haber salud
en este nocivo medio
donde se violan las leyes
de naturaleza y cielo,
donde se respira cáncer
y se ingieren alérgenos
y donde la angustia enferma
las funciones del cerebro,
propagandas de licores y cigarros,
propagandas inhumanas
que expresan el sentimiento,
"No me importa tu salud,
lo que quiero es tu dinero".

De la juventud:

"Juventud desenfrenada
que enviste contra lo viejo

pero en parte descarriada
y en parte sin claros sexos,
infancia desamparada,
niños tristes y enfermos
hambrientos de paz y amor,
hijos de hogares desechos
que no conocieron padres
o los conocieron ebrios".

De la sociedad:

"Sin el engaño, es difícil
existir en este medio,
la vida social exige
el traje carnavalesco,
las máscaras y vestidos
para el alma y para el cuerpo,
sin los cuales parecemos
salvajes o esquizofrénicos
y si crees que esto es mentira
desnuda tu alma y tu cuerpo
ante el público enseguida
te encontrarás prisionero
en un hospital de locos
o en una cárcel de hierro".

Y en otros libros:

"Sólo subiendo al calvario
se puede llegar al cielo,
sólo pisando la espina
el hombre levanta el vuelo,
el mayor valor humano
se forja en el sufrimiento
que también es la gran prueba
para ver lo que valemos.

117

Pasado tiempo perdido,
presente el que estoy perdiendo,
futuro el que perderé a medida
que va siendo,
sólo el amor neutraliza
este morirse viviendo
creando la vida nueva
que sustituye a lo muerto".

"A medida que voy siendo
voy dejando de existir
sólo podemos vivir
si nos estamos muriendo,
vivir es matar deseos
y sepultar ilusiones
porque las realizaciones
cadaverizan los sueños".

¿Cómo es posible que alguien tan claro predicando no fuera capaz de entender las necesidades básicas de su familia? ¿Cómo, quien pregonaba amor a los cuatro vientos, que buscaba la verdad para comprender lo ajeno, cómo ese hombre que continúa vivo en el alma de los que lo conocieron, cómo ese genio que desveló su existencia para iluminar a los otros murió tan solo?

¿Cómo, un ser que sabía que…

"Sólo en las noches oscuras
resplandecen los luceros,
las perlas solo se forman
en el fondo del océano,
los diamantes más preciosos
brotan del carbón más negro
y las flores más hermosas
nacen solo del estiércol".

...no pudo descubrir en sus hijos el valor de su existencia? ¿Cómo no luchó por salvarse primero él y luego a sus hijos? ¿Cómo alguien como él tenía miedo a decir verdades a los seres que debía querer? ¿Cómo vivió vendado a la realidad de su entorno y meditó tanto sobre el ser humano ideal?

Ya retirado de la vida hospitalaria y docente, donde sembró semillas de incalculable valor, su rutina transcurría predominantemente en su consultorio. Se aisló temprano del medio, sólo quedó para sus pacientes, dormía poco, soñaba mucho y podía pasar el día entero en consultas. Se aisló también de su segunda esposa y de sus otros hijos. Se aisló de la sociedad y dedicó los últimos años a nutrirse de sus conocimientos, de sus virtudes y de su yo.

Me lo imagino solo, derramando lágrimas reprimidas, contestándose esas interrogantes, ¿por qué abandonó su vida?, ¿por qué renunció a la estabilidad buscando pasión?, ¿por qué se obsesionó de tal forma con su carrera que enfermedades y enfermos desmoronaron sus hogares, dejándoles a sus hijos la inseguridad de la ausencia paterna y negándoles las herramientas para ser los hombres auténticos que él tanto predicaba?

Recién divorciado, rodeó su vida de amores itinerantes, pasajeros, temporales, sin compromisos, hasta que un día nuevamente se arriesgó con la segunda oportunidad y coqueteó con la estabilidad. El amor tocó su puerta y decidió rehacer su vida, ya no era el mismo joven estudiante creciendo a las sombras de la situación económica de su esposa, con una carga precoz de cuatro hijos en el umbral de su éxito.

Volvió a casarse y su segunda esposa ya no era la novia del estudiante, era la esposa del doctor, con ella sí compartió dinero y fama, pero creo que también con ella agotó la relación. Un 31 de diciembre estando en Aruba, el menor de mis tíos se plantó a mi lado bajo una carpa festiva y una oscuridad envolvente y su sola presencia delató el nexo nunca celebrado, era idéntico a mi abuelo, su voz, su figura y sus gestos.

119

Había tenido un acercamiento tardío con mi abuelo, cuando estaba estudiando medicina, cercana la fecha de mi graduación, y conociendo a quienes a mi abuelo conocían, fui extrañando a ese ser que decían que era y que todos suponían que debía estar orgulloso de tener una nieta que siguiera sus pasos. Fui idealizando un reencuentro, a un tutor, incluso al profesor del que todos hablaban y busqué una aproximación; conocí a su nueva familia, lo visitaba, algunas veces hasta comíamos en su casa, pero ya era tarde, la relación era distante y salvo un pellizquito en el cachete, no había nada más. A lo mejor él, en el fondo de su ser, se enorgullecería, nunca lo supe. Le pedí que el día de mi graduación me impusiera la medalla y me entregara el título, habiendo sido profesor universitario tenía ese derecho, pero se enfermó un mes antes del grado y ese sueño no se cumplió. Me llamó, yo estaba haciendo mi rural en un módulo de atención primaria en Cotiza, una barriada cercana a la casa, y me dijo en ese hablar lento y melodioso:

Hija… Hija… hoy amanecí con un fuerte dolor en el pecho y se irradia al brazo izquierdo.

Abuelo eso es un infarto, contesté angustiada.

Eso creo, pero tú eres la doctora ahora ¿adónde vamos?

Y fue un infarto, pequeño, pero infarto. Para el día del acto de graduación estaba convaleciente y no me puso la medalla, no me acompañó, pero sus llamadas en ese momento me debilitaron y sensibilizaron mis juicios hacia su persona, así que luego yo lo acompañé cuando se enfermó, cuando lo operaron y cuando las fuerzas lo abandonaron.

En las universidades de Venezuela se le concede el honor a los profesores de colocar las medallas a sus hijos o familiares cercanos en el pódium el día del acto de graduación, por lo que, siendo yo docente dentro del departamento de radioterapia donde laboro, tuve el privilegio de ponerme toga y birrete y colocarle la medalla a mi *Hijo Menor* en la universidad Metropolitana. Ese día, en la primera fila del auditorio, con colegas a la derecha y a la izquierda, veía un exceso de emoción en las reacciones de mis vecinos y con la facilidad con las que nos comunicamos los venezolanos, me contó quien estaba a mi derecha que su emoción era por la felicidad de ver a su hijo vivo (luego de que sobreviviera a un secuestro que lo mantuvo cautivo hasta cuarenta y ocho horas antes del acto) y observar la deliciosa realidad de lo que por momentos tuvo miedo de no vivir. A mi izquierda, de tristeza lloraba mi colega por la ausencia del padre del graduando, ya que estaba preso solo por ser parte de una casa de bolsa que se convirtió en blanco de una de las tantas inentendibles decisiones del gobierno.

Durante sus estudios de medicina en la Universidad Central de Venezuela, mi abuelo fue Monitor de Clínica Médica. En 1932 obtuvo el título de Doctor en Medicina con la presentación de su tesis doctoral ¨Tratamiento en la edad crítica de la mujer¨, y el pueblo de San Casimiro en el Estado Aragua, le tuvo como flamante médico rural entre 1932 y 1935 donde se entregó en cuerpo y alma. No despreció allí la oportunidad que le ofreció un medio bilharziano y estudió la condición en el sitio. A su regreso a Caracas, por concurso de oposición, obtuvo el cargo de Adjunto del Servicio de Medicina N° 1 de Hospital Vargas de Caracas el 30 de octubre de 1937 y de Profesor de Patología Médica en 1941 –para entonces se dictaba en primer año–. De acuerdo al Reglamento de Personal Docente y de Investigación para entonces, fue clasificado como Profesor Ordinario.

Nunca salió del país a perfeccionarse pues temía a los barcos y aviones. Cuentan que sus clases eran tan amenas y de tanto criterio, que los estudiantes de otros grados, médicos y enfermeras asistían como oyentes. Eran divertidas, llenas de buen humor y comparaciones importantes, fáciles de entender. Así estuvo como docente durante muchos años, hasta 1965 cuando con un poema científico dictó su última lección de Cátedra titulada, ¨La Madre¨ dedicada: ¨A los estudiantes de medicina, y especialmente a los del curso 1959-1965¨.

Entre tanto, estableció su primer consultorio en la sala de su casa, que quedaba de San Lázaro a Puente Victoria N° 114; después, por la afluencia de gente que venía de todas partes a sus consultas, resolvió mudarse a una casaquinta sólo para consultorio que quedaba en el Conde este 12 Bis. En las mañanas atendía el Dr. Germán Viana Rodríguez, pariente de él y eminente cardiólogo, que después se mudó al Centro Médico de Caracas. En la tarde, de dos a seis, ejercía Rafael en el Conde, terminando a veces hacia las diez de la noche pues le dedicaba largo rato a cada paciente, inclusive les tocaba violín y les recitaba poemas. Este consultorio llegó a ser insuficiente, así que se mudó solo a un apartamento en Maripérez, Edificio Samar, segundo piso. Era pintoresco presenciar la cantidad de pacientes que hacían cola, tan larga que a veces llegaba muy abajo en la calle, llenaban las escaleras; unos con mamones, otros con gallinas, algunos con plátanos o cambures y sobre todo, con mucha fe.

Faltándole poco para graduarse se inició como médico rural en San Casimiro, Estado Aragua; estaba recién casado con mi abuela pero la había dejado en Caracas pues había dado a luz a su primera hija.

Una anécdota poco conocida cuenta que un día, cuando llegó al pueblo en la nochecita, notó que todos los que le saludaban se encontraban muy bien vestidos —en los pueblos del interior era costumbre que la gente se vistiera con elegancia sólo en eventos como en los matrimonios y entierros— y eso le hizo recordar que le habían invitado a un matrimonio ese mismo día en casa de una familia muy apreciada de la zona, así que decidió que antes de irse a casa, pasaría a felicitar a los novios y a su familia. Cuál no sería su sorpresa al llegar y encontrarse con que todos se hallaban sumamente tristes. Le contaron que la novia había muerto poco antes de marcharse a la iglesia. Pidió verla y la encontró acostada en la mesa del comedor de la residencia, vestida con su traje de novia y su bouquet de flores entre sus manos entrelazadas. Dio el pésame a sus consternados familiares quienes le relataron pormenores del caso y, como buen observador que era, al mismo tiempo que escuchaba la secuencia de los hechos, miraba a la niña.

Llamó su atención el que unas finas perlas de sudor se asomaban sobre su labio superior y, adicionalmente, que para el tiempo que llevaba de muerta, no tenía las uñas violáceas... Ordenó entonces sacar a la gente que se encontraba en el comedor y pidió que lo dejaran sólo con la muertita. Contaba que sentado sobre la mesa comenzó a golpearla con fuerza en el pecho, a darle respiración bucal, a sentarla, y moverla durante una hora aproximadamente. Su descomunal sorpresa fue ver cómo la niña se sentaba e iniciaba un llanto inacabable. Llamó al novio y a sus familiares, cuyo asombro fue inimaginable y acertaron sólo a gritar en coro: ¨ ¡Milagro!, ¡Milagro! ¨ Se arrodillaban, se abrazaban, no lo podían creer.

Total, al fin se realizó la boda en medio de gran algarabía y gozo popular. Pasó el tiempo y la muertecita tuvo dos hijos que en cierto momento le acercó a su consultorio. Desde aquel extraordinario acontecimiento arrancado de la parapsicología, se le consideró poseedor de dones sobrenaturales…

Más precisamente, desde este episodio se originó su apodo de mago de la medicina, pues le tildaban de brujo, de poseedor de poderes mágicos, de que curaba por hipnosis y muchas veces sin medicinas; por ello le apodaron *Bambarito*, como al personaje de la rumba que popularizó por aquellos tiempos el cantor cubano Miguelito Valdez:

Vete a casa´e Bambarito ¡eh!
él te va a reguardá el cuerpo,
pa´ que te cure tus males,
tu necesitas despojo,
si Bambarito no te cura ¡eh!
no te cura ningún brujo
eso te lo recomiendo
para que cure tu sordera
Bambarito ¡eh!

Y así transcurrió su vida; entre clases, consultas, estudios, poemas, música y amores, cosas que jamás dejó en el transcurso de una carrera profesional exitosa.

El eminente Dr. Muci Mendoza (internista, profesor y escritor) insertó en los libros de la academia Nacional de Medicina este escrito, que parcialmente transcribo y que comienza con las palabras de otro eminente colega, el Doctor Juan José Puigbó:

El Doctor, Profesor Hernández Rodríguez fue un médico excepcional, un virtuoso de la clínica y de la exploración semiológica, un gran humanista, fue un pionero de la medicina psicosomática en el país, y un abanderado de la visión integral del organismo. También sobresalió por incorporar un enfoque filosófico, psicológico y poético a la enseñanza de la medicina y se distinguió igualmente por su condición de ser un gran pedagogo que sabía enseñar la ciencia médica con el encanto de la poesía. Fue un amante y un ejecutante de la música clásica, brindándola para el disfrute del estudiante. Su influencia sobre numerosas generaciones médicas hace que lo recordemos como un ser humano de una talla excepcional y como un verdadero arquetipo del médico científico y humanista. Efectivamente, innumerables promociones médicas pudimos gozar del privilegio de asistir a sus estupendas lecciones magistrales. Sin embargo, resulta paradójico que un hombre sobresaliente, de esa talla intelectual y moral no haya sido el objeto de un reconocimiento institucional tanto a nivel universitario como hospitalario, más acorde con el inmenso legado que aportó toda una vida consagrada a la tarea de ser un insigne maestro y a quien muchos de nosotros recordamos como a un verdadero héroe de la medicina nacional.

Otro de nuestros grandes maestros de la medicina el Dr. José Ignacio Baldó acostumbraba a señalar que "el maestro se caracterizaba por la capacidad de moldear a los estudiantes y por el poder de transmitir parte de su yo al recipiendario". El Dr. Hernández Rodríguez, fue el arquetipo de ese maestro que poseía, en altísimo grado, el don del moldeador y la capacidad de proyectar "su yo" al estudiante.

Pero se hace necesario el indagar un poco más sobre las razones de su perdurabilidad, de esa repercusión del maestro Hernández Rodríguez, y de las razones que permitieron establecer ese sólido vínculo, sostenido en el tiempo, con el estudiante. Analicemos varios de los factores involucrados:

La naturaleza del mensaje:

El maestro realizaba las exposiciones sobre temas clínicos que desarrollaba con una gran precisión, acompañándolos con una fundamentación fisiopatológica actualizada. Pero, la innovación que introducía consistía en adornarlo con un ropaje humanístico (de contenido poético, filosófico, místico y ético).

A la cualidad científica y humanística del mensaje, se lo aderezaba con los dotes de la amenidad que consistía en un ingrediente múltiple de simpatía, picardía, humorismo, extravagancia y en ocasiones, con el agregado de un acompañamiento musical. Hay que señalar que el maestro fue uno de los pioneros en el empleo de la música como un elemento terapéutico.

Las grandes enseñanzas: Los cimientos de la clínica:

Insistía en que el novel médico debía desarrollar al máximo las habilidades en el interrogatorio y de cultivar el virtuosismo semiológico. La necesidad de establecer con gran exactitud la secuencia de los hechos clínicos y de insistir en la búsqueda del "detalle revelador" en la patobiografía del paciente.

125

Destacaba el maestro la importancia de los problemas emocionales en la práctica diaria para obtener una adecuada comprensión del enfermo y de su padecimiento. Desarrollaba una visión integral de la clínica debida a los aportes de la medicina psicosomática y de la medicina antropológica, siendo uno de los pioneros en el país en introducir sus lineamientos dentro del currículo médico.

Comprendió la necesidad de insertar debidamente el avance tecnológico dentro de esa visión holística para evitar la fragmentación inducida por la especialización.

Médico Humanista:

El humanismo, centra sus postulados en la dignidad del ser humano como valor supremo y entre sus características generales cabe destacar: su vocación por el desarrollo del principio de la tolerancia, por la búsqueda del progreso de la sociedad, el mantener una preocupación permanente por lo social, por el uso de la razón y el desarrollo del espíritu de crítica, y por el empeño puesto en la formación de dirigentes para el futuro. En el Maestro y nuestro querido Profesor, se encontraban totalmente fusionadas la faceta del médico científico con los rasgos mencionados del humanista. Como expresión de ese humanismo, cabe destacar su vocación literaria y poética, su inclinación por la filosofía y la psicología y por su disposición hacia la música, en especial como ejecutante del violín.

Como señal de su compromiso social, cabe citar, que su primera iniciativa al obtener el Doctorado en 1932 fue el de dedicar sus primeros años de ejercicio profesional al servicio de la comunidad de San Casimiro, en el Estado Aragua, y además, es donde realiza valiosos aportes a un tema de patología tropical de nuestro medio como fue su trabajo sobre "La Bilharziosis y sus formas clínicas en San Casimiro".

Su inclinación por la filosofía y por la psicología, así como su visión integral de la medicina lo van a convertir en uno de los pioneros en el medio venezolano de la medicina psicosomática, cuyo postulados básicos afloran en sus "Páginas de medicina profunda", en donde destaca la sexualidad como la fuerza vital por excelencia, en su enfoque sobre la génesis de las neurosis y sobre la interpretación de las mismas, en el análisis de las manifestaciones de ansiedad acompañantes y la discusión sobre distintas teorías explicativas. Dentro de la formación del profesional nos recomendó" que el médico debe ser psicólogo si quiere ser médico", y "tiene que poseer una visión integral psico-somática del organismo".

Su vena poética:

Queda plasmada en su "Consejo a un adolescente" dedicado a su hijo "Rafael José en sus quince años de vida" y en el ensayo dedicado a "La Madre-Poema Científico". En su lenguaje poético apela con frecuencia a bellas metáforas de estirpe llanera. En ocasiones, de su poesía trasunta un hondo contenido filosófico y místico. Cabe destacar igualmente, su énfasis en el amor dirigido al universo femenino, al amor materno y filial como uno de los ingredientes fundamentales en la vida de cualquier ser humano.

Su pasión por la música:

Especialmente por la clásica y su virtuosismo como ejecutante del violín, hacía que, al deleite provocado por sus magistrales lecciones, estuviera salpicado por un gran sentido del humor y que también el estudiante pudiese disfrutar de unas sorprendentes veladas musicales extra-cátedra.

Por las razones anteriormente expuestas nos ha parecido un esfuerzo muy loable, el emprendido por su hija, la Sra. Milena Hernández Sánchez y por el ilustre colega y compañero de Academia, el Dr. Rafael Muci Mendoza, así como, la ayuda brindada por nuestro apreciado y también Académico, Dr. Otto Rodríguez Armas para tratar de recuperar la memoria de este insigne maestro de la Medicina que dejó una huella imperecedera en numerosas generaciones médicas, pero cuyo reconocimiento escrito ha sido hasta el presente poco compaginado con la magnitud de su legado a la medicina nacional.

Dr. Juan José Puigbó

Individuo de Número
Ex-Presidente de la Academia Nacional de Medicina

"La biografía de señeros maestros de la medicina suele enmarañarse o enturbiarse por la tendencia de sus alumnos en mostrarles como ángeles o demonios, a exagerar o minimizar sus actuaciones, a inventar o atribuir a ellos hechos y anécdotas que nunca les pertenecieron. Nada extraño… somos espectadores de una realidad que

127

luce diferente a las miradas, presenciada y tamizada por el amor o el resentimiento; miradas tantas otras veces interesadas; no obstante, comprendemos que todos somos seres humanos llenos de muchas imperfecciones y de una que otra virtud, con una cara refulgente como la luna llena, esa que deseamos mostrar, y otra oscura y tenebrosa, como esa otra que no da la cara, que preferimos esconder; no obstante, traslucen entrambas, crecientes luminosos y menguantes de penumbra. A fin de cuentas, vivimos en medio de fantasías que parecen ser sacadas de otras fantasías más tristes o placenteras.

Nos hemos sentido pues, compelidos a sentarnos a rasguñar algunos renglones sin ánimo de crítica o de sentencia, con la intención de rendir un tributo por las lecciones de vida otorgadas a tantos, porque escribir algo de alguien a quien se recuerda con veneración, tiene el propósito del agradecimiento sincero. Un maestro lo es en la medida en que trasciende, en que sus alumnos le recuerdan, más con sonrisas de alegría que con expresiones de congoja o resquemor, no sólo por lo bueno que enseñó, sino también por todas esas otras cosas dolorosas de su vida que nos mostró, y que, con pura y bondadosa intención preventiva parecía decirnos, mírate en mi espejo, no hagas lo que yo hice, no hagas lo que yo hago...

No fue el Maestro Hernández un hombre que aprendió todo en los libros ni el hombre que lo aprendió todo en la vida; fue uno de esos que supo ordenar su propia experiencia con la ajena, dentro de un cuadro de conceptos que abarcaban la total realidad del hombre enfermo. Por un lado la patología médica, el crudo y frío relato del técnico que conoce y en lúcida sucesión y ante una audiencia por moldear, diseca y articula entidades nosológicas diversas; pero por el otro, un calificador del morbo con alusión a la persona que sustenta la enfermedad, vale decir, la constitución corporal y psíquica amalgamadas en el organismo afligido por el sufrimiento, sea de aquél que realmente sufre o de aquel otro que cree que sufre... Hernández fue un sanador, un terapeuta de la persona total, un pantríata o gran generalizador, aquél que mira desde el árbol al bosque donde se inserta, y que desde el bosque, mira de vuelta a ese árbol que constituye una unidad irrepetible, buscando una perspectiva integral, un marco holístico de interpretación y comprensión.

La palabra Maestro en nuestro medio exalta la más acabada expresión de jerarquía profesional y la excelencia en el ejercicio médico y deducción de juventudes, pero también de sus colegas. El verdadero maestro es aquel que nos muestra su persona tal cual es, sin pedanterías, ni posturas ficticias o maquilladas, acercándosenos para exteriorizar —como si fuera el condiscípulo del asiento de al lado- sus fortalezas, sus insuficiencias y sus propios caminos. Hernández no quiso ser lo que no era y nos enseñó con hábito poético, con sencillez y elegancia, cosas de ciencia, lúgubres lamentos de órganos, aparatos y sistemas heridos por la saña del sufrimiento, que en ausencia de lo poético, son a menudo tan prosaicos... al mismo tiempo que nos mostraba la preocupación por conseguirlas, introduciendo la persona del hombre hendido por la furia de Tánatos —siempre entre bastidores-, colocándola en el centro del escenario, donde le correspondía... Era un humanista porque comprendía al ser humano, no sólo para entenderle sino para disculparle y por tanto, amarle, porque nadie se ama más que aquél a quien se le pueden perdonar sus faltas e insuficiencias. Dejó tras sí una obra trascendente, en su accionar en la práctica clínica, en sus escritos, en sus clases de aula, en quienes lo tuvimos como modelo y tratamos de continuar en su línea humanística; en fin, una estela perenne que permite ponderar su valía, sus logros y contribuciones. Con su cualidad de hipocratista perenne contribuyó con creces a nuestra formación en los años dúctiles de nuestra juventud.

Bien merecido tendía el ser considerado como el Padre de la Medicina Antropológica Venezolana.

El profesor y eximio médico, Don Gregorio Marañón y Posadillo (1887-1960), dijo en 1931 —en un acto de homenaje jubilar al doctor Agustín del Cañizo - ¨El profesor sabe y enseña. El maestro sabe, enseña y ama. Y sabe que el amor está por encima del saber y que sólo se aprende de verdad lo que se enseña con amor¨. Muy claro estaba inscrito este aserto en el actuar de Hernández.

En el año centenario de su nacimiento: Al enamorado, donde quiera que se encuentre sea este un sentido homenaje a su memoria; y al hombre de bien y al Maestro, el imperecedero recuerdo de sus alumnos... En Caracas, el 1º de diciembre de 2009"

Dr. Rafael Muci Mendoza

Mi *Mamá* escribió sobre el escritor y homenageado en ese libro:

Nació en Zaraza. Murió en Caracas. Me dejó de herencia su violín, su mecedora, los cuadros de Quintanilla y seis libros de su autoría. Me dejó su imagen, su sonrisa, el habitual pellizco en mis mejillas a manera de saludo, el sonido de su voz invitándome a buscar en mis sentimientos la causa de mis males. Me legó su ejemplo de hombre honrado y humilde, y me dejó el recuerdo de las miles de personas en los que imprimió su huella fecunda y que sólo de oír su nombre, una sonrisa vuela a sus labios rememorando el encuentro con el Maestro y el orgullo de haberlo conocido.

Uno de ellos, el Dr. Rafael Muci-Mendoza, autor de este libro, a quien agradezco haberme hecho partícipe de su proyecto, a quien agradezco también, en nombre de mi padre el compromiso adquirido de recopilar la información que aquí se muestra con la intención de perpetuar la imagen y las ideas de quien fuera su Maestro. Y es doble mi agradecimiento cuando la intención procede de uno de los mejores médicos de este país, profesor de medicina, escritor, Individuo de Número de la Academia Nacional de Medicina. Un ser humano admirable y admirado, ejemplo y gloria del gremio del país.

Esto fue cuanto me quedó y espero que todo lo aquí expuesto haga conocer un poco más la vida y el alma de mi padre, quien se llamó Rafael

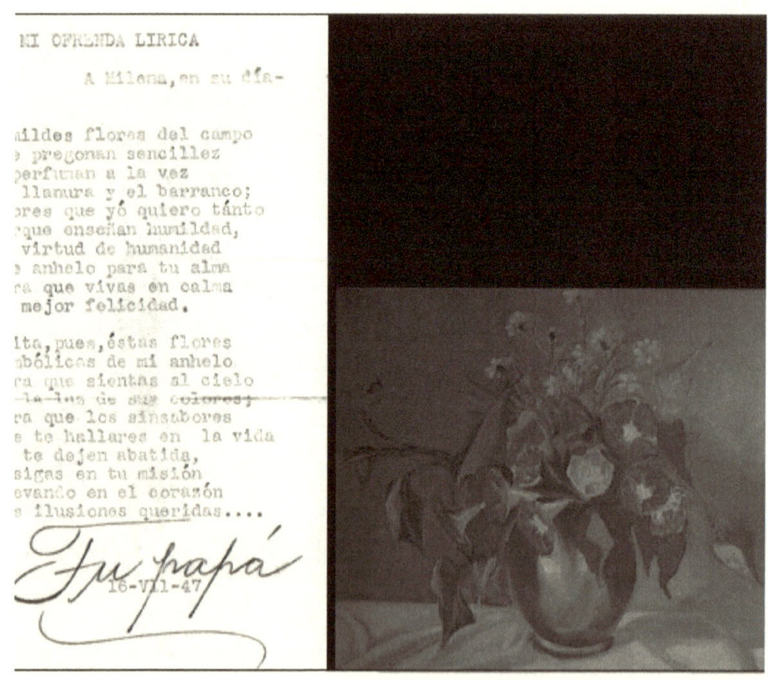

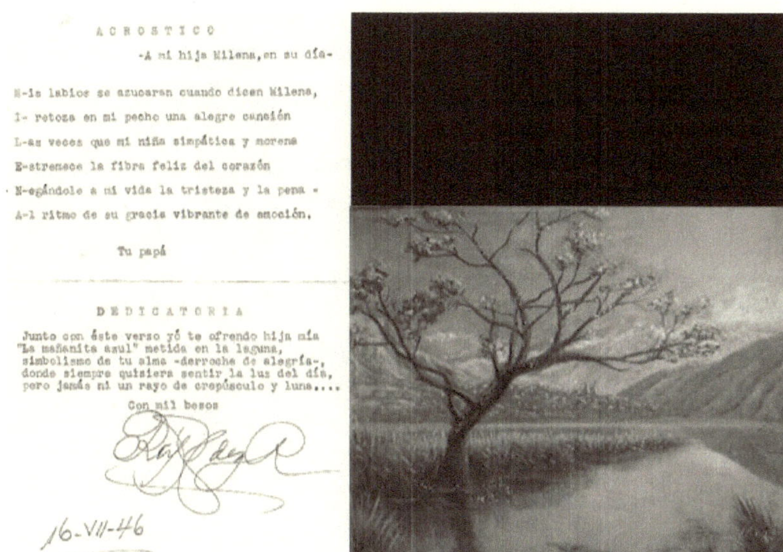

Su cuerpo se apagó. Me imagino entonces a su alma, impotente, interrogándose la causa de tanta infelicidad, al punto que propiciara su partida de este mundo envuelto en ese estado de soledad.

Murió de tristeza, sin contestarles a sus hijos tantas dudas. Sin el amor que soñó e idealizó a su lado.

Ese día Columba se sintió viuda y por primera vez sintió lastima por él y no por ella, por ella que tanto lo había amado y tanto lo había esperado, por ella que siempre lo perdonó. Y le guardó luto.

El Dr. Muci también se preguntaba en su libro:

¿Por qué murió? Quizá porque su enfermedad no tenía cura. Quizá fue su imposibilidad de amar o simplemente por su falta de voluntad para vivir. Se desahució él mismo. Quizá porque estar no es más que subsistir y él, ya no deseaba persistir...

131

"Vive siempre de tal modo
que puedas seguir viviendo
en el alma y la memoria
de los hombres y los pueblos,
sirviendo de guía a los vivos
desde el mundo de los muertos,
alejado de su olvido
y presente en su recuerdo".

Me he reconciliado con la memoria de mi abuelo, comencé a admirarlo y respetarlo como ser humano, y como médico. Me enorgullecí de su legado, la recopilación de sus memorias, las lecturas de sus libros. Los relatos de sus hijos iban exponencialmente nutriéndome de anécdotas y evocaciones de la mano de quienes con él más compartieron y que hoy eran mis colegas.

Recordaba, antes de empezar a escribir, cuando Columba lo recibía lejana y ausente, tratándolo como un señor y no como un traidor; se esmeraba en atenderlo, le preparaba un gran hervido de gallina, su favorito, y nos obligaba a todos los nietos a que estuviéramos presentes y le recibiéramos a las visitas en la quinta Milelba, lo que incluía escuchar su concierto de violín, y oír, oír y oír sus cuentos y monólogos. Ahora, con su muerte, recibiría una valiosa herencia.

Blanca, su esposa, me entregó la mecedora en la que pasaba las consultas, me regaló sus libros y todos los instrumentales médicos que poseía: estetoscopio, espéculos, equipos de otorrino y el contrato de arrendamiento del consultorio que, alquilado en el centro profesional de mi odontólogo (su amiga), había sido el epicentro de su grandeza de ser humano y su soledad interior, antes de su despedida.

Finalmente me dejó algo muy importante: mi admiración y agradecimiento por alguien que supera con creces la genialidad de su profesor, que se dedicara a la docencia y a la práctica médica con una trayectoria impoluta y que adicionalmente sucumbiera a parte de sus propósitos al tener que dejar el Hospital Vargas de Caracas. Esto último lo hizo públicamente y así lo transcribo, ya que lo construido en medicina en este país por médicos como el Dr. Rafael Hernández Rodríguez, El Dr. Rafael Muci Mendoza, nosotros y todos mis colegas, no se asemeja a lo que algún día juramos hacer.

Carta abierta

A mis compañeros de Cátedra y del Hospital Vargas de Caracas; a las autoridades y profesores de la Facultad de Medicina de la Universidad Central de Venezuela y en particular de la Escuela de Medicina "José María Vargas"; a otros miembros de la comunidad universitaria; a mis alumnos de pregrado y cursantes de postgrados de medicina interna, de oftalmología de los Hospitales Vargas, Rísquez, Domingo Luciani y Militar, al postgrado de Neuro-pediatría del Hospital Pérez Carreño y postgrado de neurología de la Universidad de los Andes.

El 18 de junio de 2010, conjuntamente con otros destacados médicos venezolanos[1], suscribí un documento intitulado "Consideraciones sobre la incorporación de 8.581 estudiantes de la carrera de Médicos Integrales Comunitarios a los hospitales públicos", un problema que ya fuera planteado en cartas y comunicados desde julio del 2007 y del que extraigo textualmente algunos párrafos "El documento señaló de forma terminante que el diseño curricular de las carrera de Médicos Integrales Comunitarios resultaba ser prácticamente el pensum de carreras similares que se cursan en Cuba, con un alto contenido ideológico que "pareciera ser un objetivo esencial en su diseño, lo cual está en contra de los principios fundamentales de la educación y especialmente de la educación universitaria, basada en que el alumno pueda ejercer libremente el análisis y la discusión de todas las ideologías, libertad que es atributo fundamental de las universidades...." Cómo afirmamos en el Manifiesto de julio de 2007 al cual hemos hecho referencia, "no se les ha brindado la posibilidad que nuestras facultades de medicina ofrecen a sus estudiantes: una carrera con un pensum acreditado, garantía de la obtención de grados y otorgamiento de títulos de indiscutible solvencia académica y profesional". Por su parte y en relación con los cursantes, el documento finalizaba diciendo, "asegurar que la práctica que llevará a cabo este personal esté enmarcada en los estándares internacionales para la educación médica de pregrado, que exige alto compromiso en la formación del médico, en la que deben combinarse, la excelencia en la atención de la salud de la persona, de servicio a la comunidad, de sensibilidad humana y equidad en todos los estratos sociales".

Pues bien, en la mañana del pasado lunes 24 de enero de 2011, luego de atender, como es mi ancestral costumbre, a mis pacientes de la Unidad de Neurooftalmología del Hospital Vargas de Caracas, me dirigí a las 9:30 A.M a la Sala 3 con la finalidad de participar en el ritual de la revista médica de sala por tantos años acostumbrado; fue grande mi sorpresa cuando se me comunicó que estarían presentes tres cursantes del programa de Medicina Integral Comunitaria que propicia el estado venezolano en connivencia con la misión cubana. Según se me informó, constituía una "colaboración" pedida por el director del Hospital para recibir a seis pasantes divididos en 2 grupos, uno para la Sala 3 y otro para la Sala 2. Me presentaron a tres mujeres superando la treintena y en gesto de elemental cortesía les ofrecí mi mano. De acuerdo a lo comunicado, serían "invitados de palo", es decir, que "no molestarían, no hablarían, sólo escucharían y sólo tomarían notas", como en efecto ocurrió...

Antes de proseguir, debo significar que he permanecido en el Hospital Vargas de Caracas desde 1957, cuando iniciara mi paso por las clínicas en tercer año de medicina; allí recibí información, pero más que todo, formación médica, ética y humanitaria. Me gradué el 5 de septiembre de 1961 y desde entonces mi vida ha permanecido atada al Hospital Vargas de Caracas -53 años; ¡más de medio siglo! -. Solamente durante mi Internado y Residencia en Medicina Interna, recibí mis emolumentos a través del Hospital (Bs. 1.500, oo de entonces). Luego, ingresé al escalafón universitario ascendiendo progresivamente hasta profesor titular; todos mis trabajos de ascenso fueron laureados y se recomendó su publicación. Desde entonces y hasta el presente, he permanecido como Profesor Titular universitario activo de Clínica Médica, a medio tiempo de contratación, en la Cátedra de Clínica y Terapéutica B de la Escuela José María Vargas de la Facultad de Medicina de la UCV, a la cual ingresé oficialmente el 1° de febrero de 1965 manteniéndome en mi puesto hasta el día de hoy, es decir, exactamente 46 años y una semana de intensa actividad asistencial y académica; ininterrumpida con excepción del período comprendido entre julio de 1978 y julio de 1980 cuando permanecí en el Centro Médico de la Universidad de California, San Francisco donde realicé un entrenamiento en neuro-oftalmología, superespecialidad hasta entonces desconocida en mi país. Debo manifestar que nunca tomé un tiempo completo por temor a no poder cumplirlo, aunque mi lapso de trabajo se extendió habitualmente entre las 7.00 A.M. y las 11.30 A.M.

Es por ello que mi sueldo actual, me avergüenza decirlo, es de tan sólo Bs.F. 1.331,00 que con las deducciones, termina siendo de Bs.F. 829,36. Se pensará que sólo un imbécil trabajaría por un sueldo tal, pero a decir verdad, nunca laboré por un sueldo sino por amor a mis pacientes —los más desposeídos-, a la memoria de mis profesores, al Hospital al que tanto quiero y debo, a la docencia universitaria a la que he dedicado tiempo, desvelos y puntillosa escrupulosidad, y a mis centenares de alumnos de pre y postgrado, solazándome henchido de orgullo al verlos de mis manos aprender y ser mejores ciudadanos y triunfar en nuestro medio y allende los mares.

En mis charlas dictadas y en artículos médicos publicados en el país o en el extranjero, siempre y con orgullo me he identificado como "Médico del Hospital Vargas de Caracas"; nunca he mencionado la institución médica privada a la cual pertenezco. En algún momento y en forma anónima mi supuesta auto designación de "Médico del Hospital Vargas" conque suscribí muchos artículos de prensa en su defensa, me valió críticas por "identificarme como tal sin serlo".

He compartido mis actividades de Cátedra con la dirección de la Unidad de Neurooftalmología, fundada por mí, única en el país y dependiente económicamente de mi persona y de los Cursos de Fondo del Ojo en la Enfermedad Sistémica que anualmente dicto por más de 40 años; nunca he pedido ni recibido ayuda de mi Escuela ni de la Dirección del Hospital, tampoco se me ha ofrecido. Nunca cobramos un céntimo a nuestros pacientes, considerando nuestro trabajo como una ofrenda y como una obligación. La Unidad fue designada con mi nombre el 18 de julio de 2003 a pedido de mis propios compañeros de Cátedra y aprobado por el Consejo de la Escuela de Medicina "José María Vargas" en su sesión # 783 de fecha 15 de mayo de 2003, fundada a mi regreso del Norte en julio de 1980 con material e instrumentos adquiridos de mi propio peculio y a la cual asisto entre las 7.30 A.M. y las 9.30 A.M. viendo una docena de enfermos diarios, intentando solucionar o aliviar sus problemas y de paso, enseñando a los médicos internistas y oftalmólogos que me acompañan lo que considero el arte de la medicina al través de ser un hombre que trata de estar enterado en su oficio, cabal, respetuoso y bondadoso para con mis pacientes y para con mis alumnos.

135

Tan sólo eso ha sido mi vida hospitalaria...

Volviendo al tema que me ocupará en adelante, tal vez por algún descuido involuntario, no fui informado que estos cursantes asistirían a las revistas de sala, ni que supiera, se hubiera convocado a todos los miembros de la Escuela, del Departamento Médico, de la Cátedra y del Servicio para discutirlo, decidirlo y aceptarlo o improbarlo. Era pues ese lunes, el día en que se consumaba de un hecho cumplido. En razón de ello debo hacer algunas precisiones.

El 8 de julio de 2006 escribí en la sección de Opinión del Diario El Universal de Caracas, 2:9, el siguiente artículo:

¨Oferta fraudulenta...

La medicina es profesión de elevada actividad intelectual; nuestro padre Hipócrates, 2500 años atrás trocó el empirismo en medicina que se explicaba el mundo en términos de razón, surgiendo así la medicina científico-natural, disciplina en constante evolución y perfeccionamiento. La medicina constituye parte neural de la cultura de una época y de un país. La situación no deja de ser al menos triste... Mil quinientos jóvenes bolivianos, adolescentes ilusionados e incautos, masa proclive al engaño, enlabiada y traída a 'estudiar medicina' mediante un plan manipulado y contrahecho: 2500 años de progreso continuado reducidos a un año de estudios limítrofes y 5 de práctica, tiempo apenas suficiente para producir un rutinero. Retrocedemos en medio del empirismo revolucionario. Un sistema engañanecios en el que nunca podrán competir con sus pares académicamente formados del primer mundo porque estarán privados de la universalidad del conocimiento, entrampados en estudios superficiales planificados en función política y no científica, resentidos dentro de su propia marginalidad, mesas de tres patas...

Todos los médicos cometemos errores porque la medicina es la ciencia más inexacta de cuantas existen, por tanto, insistimos en formarnos bien y brindar adecuada formación a nuestros alumnos suministrándoles las herramientas necesarias para comprender al humano enfermo en todas sus artistas, desde anatomía hasta humanismo y humanitarismo. Les enseñamos a desconfiar de propias destrezas, a temer a la falsa seguridad de una formación deficiente o fronteriza, no los queremos médicos del montón, les queremos ágiles en el pensar, claros en el diagnosticar, solidarios con el necesitado y ponderados en la indicación terapéutica.

¿Desearían los gestores de este bodrio tener para sus hijos enfermos, empíricos del diagnóstico y la terapéutica…?

A lo largo de doce años del llamado gobierno revolucionario, los médicos venezolanos hemos sido segregados, insultados, desmerecidos, se nos ha endilgado toda clase de penosos adjetivos, se ha favorecido y forzado una diáspora de más de seis mil médicos jóvenes, nuestros mejores cerebros, nuestra generación de relevo, para implantar dizque una nueva forma de aprender y hacer medicina con ¨médicos¨ que, por su formación, tristemente nunca lo serán. Una verdadera falsificación de los estudios médicos, una verdadera estafa. A este respecto, he tenido una posición crítica y clara, y siendo así, sería una incongruencia con mi conciencia, con mis principios y con mis ideas, cohonestar con mi presencia en la que ha sido mi Facultad, mi Escuela y mi Hospital una manera aberrante de enseñar medicina.

¿Conocemos a fondo el pensum de los estudios de estos cursantes? Fuera del tinte ideológico de sus estudios y el empleo de una computadora, ¿Tenemos alguna idea acerca de qué les han enseñado sobre medicina y cuáles son sus destrezas y sus aptitudes? ¿Han conversado estos jóvenes alguna vez con algún humano enfermo y aprendido las bases de la medicina clínica: el diálogo diagnóstico-terapéutico, la nosología y la semiología y el arte de tratar al enfermo que no a la enfermedad? ¿Por qué estos pasantes, que no estudiantes formales, no son enseñados en alguno de los 500 Centros de Diagnóstico Integral, instituciones hacedoras de exámenes complementarios sin rumbo en ausencia de una historia clínica —herramienta principalísima desconocida por sus ductores-, conducidos por ensalzados médicos cubanos? Yo no sé qué saben, ignoro sus planes de estudio, no me siento culpable del producto final que estamos presenciando, no soy responsable de que se les haya engañado, y no pueden pedirme ahora, que participe yo mismo del engaño, de la farsa, dejándolos permanecer de pie frente a mí, como ¨invitados de palo¨ - designación que además considero peyorativa e inhumana-, tomando insulsas notas para continuar el sainete que han montado entre los cubanos, el mandón y médicos traidores a su esencia venezolana. ¿Dónde quedan el esfuerzo y los desvelos de nuestros verdaderos estudiantes para aprobar sus materias? ¿Vamos a juzgar a estos otros de manera diferente? Aunque siento dolor y pena por los engañados, no me prestaré a esta engañifa, pues no deja de parecerme una traición hacia nuestra

137

condición de docentes universitarios, de ucevistas, de ciudadanos de un país al que considero soberano.

No quiero ser un títere del autócrata ni de las autoridades universitarias que nos impusieron aceptarlos a través de la Dirección del Hospital y ahora hasta nos piden que los evaluemos, no quiero ser un colaboracionista en esta imposición enmascarada de ¨colaboración¨ después que nuestros mejores hospitales docentes han sido destruidos intencionalmente y con saña, nuestros médicos minados en su mística, nuestros postgrados desmejorados y desmembrados, todo para hacer prevalecer los dictados de un programa paralelo conducido por la Misión Cubana, para conculcar la soberanía de la enseñanza médica instituida desde José María Vargas por invasores extranjeros que han clavado su pendón en estas tierras generosas sin encontrar oposición alguna, pues ni un tiro han echado durante la invasión, que venden a nuestros jóvenes una dolosa quimera. Sé que me tildarán de egoísta, de escuálido, y quién sabe cuáles otros epítetos me pondrán a cuestas, pero no ha sido ni será por mí que este caballo de Troya portador del empirismo más redomado haya entrado como ya ha entrado en mi universidad, en mi hospital, en nuestras vidas. Mientras asfixian nuestra Universidad negándole recursos, colaboramos con nuestros enemigos. Y véase, les llamo ¨enemigos¨ tal y como sienten los médicos cubanos a los médicos venezolanos. Ilusos e invidentes funcionales no hemos comprendido la saña de nuestros invasores, de nuestros enemigos.

He tenido una posición clara y crítica con este régimen involutivo, ahora dictatorial; sería una incongruencia con mis principios transformarme ahora en un colaboracionista, en un tonto útil, que seré borrado como mis compañeros en cuanto ya no les sirva más a sus propósitos.

Con todo respeto y consideración, elevo ante las autoridades de mi Universidad, de mi Facultad, de mi Escuela y a los integrantes de mi Cátedra y Servicio, a mis queridos compañeros de tantos años, mi enconada protesta por la conducta de aquellos que han dado muestras de flaqueza y timidez, que quiere ser también un llamado a meditar las consecuencias de este acto de cobarde entrega.

Debo irme… Me separaré temporalmente de mi cargo universitario, he pedido un permiso no remunerado mientras arreglo asuntos concernientes a mi Unidad, a mis pacientes y a mis alumnos a los cuales no abandonaré. Hoy introduje los documentos para mi jubilación ante el Decano de la Facultad de Medicina. Hasta ahora nadie ha querido como herencia una Unidad donde sólo hay obligación, trabajo y responsabilidad sin mediar ningún estipendio, por tanto, aunque jubilado, seguiré trabajando desligado del Hospital, aunque no de mi Universidad. Permítaseme esta, mi forma de protesta...

Con toda honestidad sé que, con esta, mi decisión irrevocable, perderé mi querencia de medio siglo, mis compañeros de tantos años, mis pacientes, mis alumnos, sustancia con la que está hecha mi vida... Pero ha llegado el momento de decir basta a la imposición velada de quienes parecen no darse cuenta de que están siendo también llevados a destruir nuestro hospital, nuestra escuela, nuestra facultad y nuestra universidad haciéndola más venal y tolerante con sus enemigos.

Con Umberto Eco debo decir, "Este es el motivo por el que a veces hay que decir que no, aunque, con pesimismo, se sepa que no servirá para nada". Y con José Martí, con la frente en alto y la voz clara, debo también decir que, "Prefiero morir de pie, que vivir de rodillas..."

Caracas, jueves 17 de febrero de 2011

Dr. Rafael Muci-MendozaProfesor Titular de Clínica Médica[1]

---

[1] 23. Los colombianos no utilizan como nosotros la palabra maestro; antes bien, emplean el término profesor...

Capítulo VII

Y AHORA…MATRIMONIO JUDÍO

Decía James Gibson:
"La religión es igualmente la base de las virtudes privadas y de la fe pública, de la felicidad del individuo y de la prosperidad de las naciones"

El día de mi matrimonio el salón de la quinta Milelba recobró su sitial de honor y sirvió de fondo a las fotos de mi boda. Superados todos los líos de mi noviazgo no volvería a mi cuarto de soltera, me despedía de muchas cosas, para comenzar mi nueva vida. Era un fin y un comienzo al mismo tiempo.

El esperado día de mi boda nos despertamos temprano en la mañana; no sabría decir si había podido dormir o no, nos desayunamos entre tristes y alegres cada uno por su lado, ¡había tanto que hacer! Mi *Hermana* salió corriendo a revisar los arreglos florales del salón de estar y cada uno se encargó en la casa de una tarea diferente. La selección del salón no había sido fácil, como ninguno de los preparativos, la vida lo puso difícil y nosotros lo complicamos más. Me empeñé en que los ramos de flores y los manteles debían ser azules con plateado, los manteles no importan, pero ¡Las flores!

Ya tenía veinticinco años y sabía que las flores azules escaseaban, pero a una novia no se le contradice y el decorador decidió, para complacerme, aplicar pintura spray de color azul sobre las flores blancas. Cuando llegó mi *Hermana*, quedó literalmente espantada y sugirió de forma firme e impositiva:

– ¡Olvídense de lo que dijo mi hermana, aquí mando yo, salvo el mantel, no hay más nada azul! –Ella en el salón de fiestas y nosotras en la casa. Mi abuela, mi *Mamá* y yo.

En la casa la agitación propia de una boda; los vestidos colgados, los accesorios sobre la cama, los smokings de los caballeros en sus fundas, las flores en cada jarrón o florero, el bouquet y los botonier de los smoking en la nevera, la maleta abierta con la ropa de la luna de miel que mi hermana iba a llevar al hotel donde pasaríamos la noche de bodas, los ramos que llegaban de felicitación colocados en sitios estratégicos para la fotografía y cada uno de los que estábamos en la casa revisando los mismos detalles cada diez minutos. Llamadas nerviosas de última hora: al chofer del carro que me llevaría a la iglesia, a la encargada de la orquesta, de la torta, a los del cortejo, a todos menos a la iglesia porque mi matrimonio no era por la iglesia, sino por la Sinagoga.
– ¿Cómo? –era la pregunta habitual.
– Así mismo –era la respuesta.

Mi *Esposo* es hebreo y mi familia católica de tradición; ya imaginarán parte de los pormenores.

Seguir con los corre, corre, subir y bajar escaleras, contestar el teléfono, abrir la puerta, gritos por todas partes:
– ¿Dónde carrizo están las medias?
– ¡Estaban en una bolsita verde!
– ¡Muevan la pajarera del patio y pongan esa maceta al lado del farolito para que salga en las fotos!
– Revisen el baño de abajo, que tenga papel toilette y las toallas con los encajitos
– ¿Quién lleva los cojincitos con los anillos y las arras?
141

– Vengan a ver qué belleza de ramo de flores, corran, este lo manda el novio

Y en el salón de fiestas, las carreras debían ser similares, ellos están más acostumbrados a lidiar con este tipo de preparativos, aunque hasta para ellos era inhabituales. La mayoría de las bodas hebreas se realizan en sitios que cuentan con la infraestructura y el personal capacitado para garantizar el manejo y servicio de productos kosher (palabra que se deriva de cashrut y significa correcto o apropiado, siendo un rabino el que supervisa que se cumplan todas las normas basadas en los preceptos bíblicos). El sitio que nosotros elegimos no contaba con la infraestructura, lo cual significaba: vajilla especial, comida especial e incluso bebidas especiales; tomando en cuenta que a la mayoría de los invitados no les importaba ese detallito porque eran católicos, tomamos una alternativa más sencilla. Nos transamos por una selección menos rigurosa seleccionando un menú que podían comer, tanto los hebreos como los no hebreos, sin ser kosher estricto, pero respetando principios básicos de alimentación de la religión judía, como, por ejemplo: "no mezclar leche, con carne". Seleccionamos un buffet de pescados y quesos; era preferible prescindir de la carne que, de la leche tan necesaria para los postres, las sopas y los soufflés.

Estas leyes, valga la explicación, fueron instituidas en la antigüedad y buscando un carácter lógico a su contenido la comunidad judía las engloba en normas de carácter sanitario dictadas en su momento para preservar la salubridad de la comunidad. La verdad, es que no existe explicación real para las leyes, sólo deben ser acatadas y respetadas, lo que ha generado división dentro de los mismos judíos. Los ortodoxos y conservadores aceptan y practican estas normas, los reformistas les restan importancia.

Otra de las limitaciones y quizás la más evidente era la imposibilidad de poner Champagne. Los vinos y champañas, para estar certificadas como Kosher, deben tener un control preciso y supervisión estricta de un rabino en la siembra, recolección y transporte; la vinificación debe hacerse en barricas de acero inoxidable y no de madera, no se pueden usar levaduras, enzimas ni bacterias. El resultado dista mucho de

impaciencia, deseo, angustia e impotencia por no poder resolverlo todo, en resumen: el día pasa volando, uno tiene los nervios de punta y uno cree que todo va a salir mal.

Sobre mi cama reposaba el vestido de novia, espectacularmente bello, con un significado especial, como para todas las novias, ¡un sueño hecho realidad! Las limitaciones económicas ligadas quizás a mi concepto sobre las prioridades de los hechos me hacían valorar más mi vestido, no era un vestido de un famoso diseñador (no se usaba), ni era el vestido más caro del mercado (no había con qué); era mí vestido, único e irrepetible. Mi vestido blanco tapizado del encaje del vestido de novia de mi *Mamá* en la camisa, en las mangas y en la cola; esta última de aproximadamente un metro de largo que salía de la cintura donde se enfatizaba el corte con un lazo; todo el encaje sobre bordado con perlitas miniaturas que tanto mi *Mamá* como la señora Lesbia, quien fue el artífice de ese bello sueño, se habían dado la tarea de coser. Se veía todo tan de revista que no provocaba ponérselo y se me olvidaba, sencillito, sencillito no era, más de cincuenta botoncitos cerraban la camisa por la espalda y requerían más de diez minutos para cerrarlos.

La Señora Lesbia es de esas madres que te presta la vida, mamá de mi amiga del colegio, abuela de los socios y compinches de mis hijos, adicional a todo su cariño con sus maravillosas manos moldearon aparte de mi vestido de novia, los juegos de protectores de cuna de mis dos hijos, los faldellines para que ambos salieran de la clínica, los sobrecitos con los cambios para los días intrahospitalarios y los forros de moisés y coche que usaron ambos, solo por nombrar algunas cosas.

Estaba también el tocado, los zapatos, altísimos para mi gusto, las medias y la ropa interior. Todo puesto acomodadito, no me cansaba de verlo. El tocado era prestado, dicen que toda novia que se precie debe llevar algo prestado, algo azul, algo nuevo y algo robado; supongamos que lo robado fue el encaje del vestido de novia de mi *Mamá* que tuvimos que separar cuidadosamente de su ya amarillo vestido de novia, lo prestado fue el tocado de la cabeza con diminutos cristalitos enlazados forjando la forma de una pequeña corona que agarraba un velo de tul de varias capas y del mismo largo que la cola, lo nuevo: la

145

tela base del vestido, los zapatos y los zarcillos de perlas y lo azul no recuerdo que era, pero con tanto azul en la fiesta de recepción creo que fue suficiente.

La peluquera llegó a la casa a peinar a todas las mujeres que nos encontrábamos dentro del hogar: mi abuela, mi *Mamá*, mi *Hermana*, la madrina, mi amiga Amparo y a algunas de las niñitas del cortejo, si daba tiempo; el mío sería un moño sencillo, bajo, prensadito, previamente lo habíamos ensayado y resultó ser el más adecuado para el tocado y mi comodidad; luego el maquillaje, claro, transparente, nada recargado, me hacía lucir totalmente fresca como si realmente hubiera pasado el día de reposo, como si mi subconsciente estuviera ya de vacaciones después de tantos rollos religiosos, familiares y existenciales.

Maquillada y pintada comenzó la sesión de fotografía; la misma estuvo a cargo de la gente de foto Cine Tamanaco. También estaba contratado el video que realmente resultó un desastre: cubrió la ceremonia sin perder lujo ni detalle, que por larga uno la aguanta sólo el día que se casa y cubrió solo treinta minutos de la fiesta, porque pasó el tiempo del contrato; 90% de discursos y rezos que poco entendí en su momento y que a nadie interesan, menos en diferido y, 10% de la Fiesta y los invitados. Era una película de betamax y es poco lo que la he vuelto a ver. Créanlo o no, lo he intentado, pero hasta yo pienso que es muy fastidiosa y larga.

Las fotos son testimonios de ese día tan trascendental, el álbum me lo regalaron mis suegros, lo trajeron de un viaje a New York y ahí coloqué mis fotos, seguramente nada qué ver con los álbumes actuales, ya que las fotos se entregaban y era el cliente el que se encargaba de ensamblarlas.

Comenzaron las fotos: poniéndome el vestido, con el tocado, con la abuela, el tocado y mi *Hermana*, con mi *Mamá* y el tocado, en el cuarto, en el patio, con mi *Hermana*, que era la madrina, junto a mi *Hermano* y a Salomón (los Padrinos), fotos frente a la peinadora del cuarto, fotos en las escaleras, sola, acompañada, con el bouquet, de frente, de perfil, de espalda, fotos en la sala desde donde podía ver yo como iban llegando todos los niñitos que integraban el cortejo que había seleccionado. No sé por qué, entre esos sueños de matrimonio ideal siempre quise que mi cortejo fuera grande, de niños y así fue.

Un mes antes mi matrimonio civil, una celebración sin muchas pretensiones y con la estricta intimidad familiar; una ceremonia sencilla pero emotiva donde fungieron de testigos tres amigos nuestros y mi abuela Columba. La separación entre las dos celebraciones estuvo condicionada por la interposición de Tishábeav, fecha en que se recuerda a las más grandes tragedias del pueblo de Israel, específicamente la destrucción de los templos, época de luto y oración.

Los vestidos del cortejo habían sido diseñados básicamente por una tía política y mi *Hermana*, siendo indicio de su buen gusto y potencial que en un futuro la consolidaría como diseñadora de moda infantil. De color azul agua, en una tela de pepitas milimétricas solo perceptibles al tacto, bordado en el área de la pechera con tiritas blancas dispuestas en forma vertical y en forma horizontal en el ruedo del vestido; los varones vestidos de beige, con corbatín y fajín del mismo color azul agua que tenían los vestidos; se veían preciosos. La más chiquitina, la que tenía la responsabilidad de llevar los anillos, hija de un primo, hizo un papel espectacular. Esa niña siempre bella me veía como quien ve a una virgen, una princesa o una reina; tendría tres añitos y se sentía totalmente identificada con el papel que estaba realizando, lo cumplió a cabalidad, caminando de primera, abriendo el cortejo nupcial en una sinagoga donde nunca había ido, ella ni ninguno de mis invitados.

Luego de las fotos sola, comenzaron las fotos con la familia, fotos con mi *Papá*, el hombre al que tanto amé, con el alma y sin condiciones, que se veía tan orgulloso y tan feliz por mí, que sabía cómo se dice por ahí que había ganado un hijo más que perder una hija y que se sentía totalmente realizado y disfrutaba de ese momento.

Con mi abuelita igualmente feliz, ella conocía a mi futuro *Esposo* de tantas veces que estudiábamos en la casa, que se quedaba a comer y de todo el tiempo de nuestro noviazgo durante la carrera de medicina. Había vivido las vicisitudes de lo que era la negativa de la familia de él a

147

aceptar esa relación entre dos personas con religiones distintas, me había visto llorar, gritar de furia, me había visto ilusionada y esperanzada. Ella no le hizo caso a aquella llamada en busca de comprensión y respaldo para que se terminara nuestro noviazgo, gracias a Dios, porque después de veinticinco años de matrimonio puedo concluir que las primeras impresiones no siempre son las acertadas. Y con humildad aseguro que ellos piensan lo mismo.

La foto con los padrinos, con mi *Hermana* y compañera, la que compartía angustias y tristezas, la que se había encargado realmente de casi todos los detalles del matrimonio ya que mi M*amá* vivía en Maracay y trabajaba intensamente en esa época como directora de lo que era el primer teatro del país.

Fotos con mi M*amá*, vestida con un traje de tendencia española, rojo y dorado, con un lazo inmenso en uno de los hombros, con la prestancia y la elegancia que la caracterizaban, emocionada de casar a su primera hija y creo que, a pesar de los percances, feliz con su nuevo yerno judío.

Y otra vez fotos con el cortejo, con los papás de los niños, los padrinos, los padres, los abuelos, miles de fotos en la sala de la casa, con los ramos que llegaron, en el cuarto, en el patio. Ese día las fotos se volvieron una tortura, con el tiempo ellas son la reposición de los instantes que una vez se vivieron, cada foto te transporta y te revive el pasado evocando situaciones agradables.

Ya preparados para salir a la Iglesia, no, a la iglesia no, a la sinagoga, llegó el carro que nos conduciría a mi papa y a mí, un LTD blanco con techo azul, mi *Papá* hinchado de orgullo; realmente no recuerdo de qué hablamos, pero seguro que hablamos de algo. Entre él y yo existía una complicidad natural que se acompañaba de una fluidez de conversación, envidia de cualquier relación padre-hija, trabajamos juntos por años y bajábamos a La Guaira donde teníamos la unidad de imágenes hablando de todo. Entre las cosas que admiré de mi *Papá*, nunca hablaba mal de nadie, siempre veía el lado positivo a las situaciones, no juzgaba y oía.

A mi familia no le importaba que me casara con un judío, nosotros éramos descendientes de hebreos de Curazao. El primer Senior entró a Coro buscando, al igual que mi suegro, aceptación y tranquilidad y se enamoró de *"Mamá Genita"*, la bisabuela que era católica y a pesar de que observó su religión hasta su muerte, permitió que sus hijos crecieran en la fe cristiana. Cuando en una oportunidad le comenté a mi *Papá*, que estaba enamorada de un judío, me contó esta historia y cuando pudimos fuimos al cementerio general de Coro a ver a los bisabuelos enterrados; él en su lápida tallada con la estrella de David y ella amparada por la imagen de San Antonio. En su tumba pusimos flores y en la lápida unas piedritas. Nunca imagine la vigencia que cobraría este incidente.

Mi *Papá* se veía bello en su smoking, elegante, para mi tenía porte de príncipe; príncipe que en esta vida no pudo representar su papel.

Otra de sus facultades era estar o por lo menos aparentar que siempre estaba contento, optimista, soñador; quizás demasiado optimista. Reconozco que le faltó tenacidad para defender lo que anhelaba y le sobró conformidad para luchar por ello, pero me dejó la mejor de las herencias: su amor incondicional y la fortuna de una familia insuperable.

Y de su brazo bajo los acordes de la marcha nupcial, como cualquier novia, emocionada, feliz y realizada, caminamos hasta la Jupá, donde me esperaba con una sonrisa amplia, un brillo de alegría en sus ojos y una carita de bebé, el que ese día se convertiría en mi *Esposo*.

Bajo la Jupá, mi *Esposo* y yo nos juramos fidelidad y ratificamos el "sí quiero" del civil, al menos eso creo, porque la mitad de lo que me dijeron esa noche y lo que firmé no lo entendí, ni yo ni ninguno de los presentes; la obcecación o apego a la tradición de utilizar en actos públicos el idioma hebreo, hace que el que lo desconozca se excluya.

La boda judía tiene la particularidad de poner a los novios de cara al público, lo que les limita la privacidad y el recogimiento, pero permite relacionarse con el entorno y este, definitivamente era característico.

149

Estaba conformado por un montón de católicos que por primera vez asistían a este tipo de ceremonia; ver sus caras, era un poema.

Como novia que se respete, llegué retrasada a la ceremonia, la sinagoga estaba llena de gente, todos los invitados asistieron, por familia, por amistad y por curiosidad, el ochenta por ciento no había asistido a una boda hebrea, muchos eran católicos.

La familia de mi *Esposo* es muy pequeña, entre familia y amigos ellos no eran más de ochenta personas de los más de cuatrocientos invitados; para los hombres habíamos mandado a hacer las "kipa", con la fecha y nuestros nombres grabados para recuerdos, debían usarlas al entrar a la sinagoga en señal de respeto y se agotaron todas; algunos de los asistentes, los que llegaron tarde, tuvieron que ponerse pañuelos en la cabeza. Lleno arriba y lleno abajo, llenas las calles adyacentes con los carros, lleno total. Al ritmo de la marcha nupcial, iba del brazo de mi *Papá,* cerrando mi extenso cortejo de color agua. Bajo la Jupá estaba mi *Esposo,* esperándome con una sonrisa de oreja a oreja que quedó registrada en todas las fotografías, al lado los dos rabinos. Me coloqué a su derecha de frente a la multitud por hora y media; debo ser sincera y admitir que esa parte no me gustó tanto, el nerviosismo, la impresión momentánea de estar en una ceremonia prestada, la incomprensión de una buena parte de lo que hablaban y cantaban los rabinos y la campana del vestido haciendo efecto invernadero sobre mis piernas, me fueron angustiando. Gotas de sudor corrían a raudales hasta llegar al piso, por momentos pensaba que si me movía iba a dejar un charco en el suelo donde estaba parada.

En mi cabeza se alternaban momentos de gran emoción con momentos de desconcierto y momentos de tensión con momentos de relajación, que utilizaba para conectarme con mis amigos e invitados; una mirada, un guiño, un gesto, era casi suficiente para que mutuamente adivináramos el motivo de la acción. Al que menos podía ver era a mi futuro marido, que debía estar atento a los acontecimientos, viendo todo el tiempo a los rabinos, pasó el tiempo y llegamos al "Sí quiero", ambos convencidos contestamos afirmativamente la tradicional pregunta; intercambiamos anillos, se cargó el "Sefer" y en mi compañía junto a los padrinos lo llevamos hasta el "Lehal", para oír el sermón en español y finalizar rompiendo la copa de cristal. Este vaso o copa se rompe como recordatorio de que la felicidad no será completa hasta que Jerusalén no sea totalmente reconstruida; sin embargo, al llegar el momento se esfuerzan tanto en romperla que todos los movimientos y la fuerza que le imprimen a la acción más parece significar, ¡lo logramos! que cualquier recordatorio. ¡Nosotros, lo habíamos logrado!

Salimos antes del cortejo, bañados por una lluvia de arroz, abrazos, besos de lado y lado rumbo a la fiesta; luces y fotos por todas partes. Ya el arroz no se usa, es bastante peligroso; ahora los pétalos de rosa y las burbujas de jabón son las protagonistas de animar el camino por la alfombra roja con la marcha nupcial, aunque hoy en día tampoco hay marcha, cada quien escoge su música y eso cuando hay boda religiosa.

El salón de fiestas estaba situado en una casona antigua en la Urbanización las Mercedes, al entrar pasamos debajo de una horrorosa campana de encaje con cintitas, que al halar soltaron miles de granitos de arroz, ¡qué fea y qué peligro!, esos granos de arroz son súper resbalosos; dentro de la casa, el comité de recepción: padres, abuelos y novios recibiendo besos, felicidades, regalos, buenos deseos de todos y cada uno de los invitados; más de cuatrocientos besos por cachete, fotos y luces; en la noche mi marido tenía ambos cachetes inflamados y rojizos de tantos besos.

Una particularidad de las bodas es el hecho de que los novios no conocen por lo general a todos los invitados por ser amigos de los padres o de la familia del otro novio y deben soportar la presentación de cada uno con la respuesta consabida de las frases de siempre: "¡Qué bella la novia!", " ¡qué guapo ese novio!", "¡que sean muy felices!", "Muchacha/o, yo quiero mucho a ese novio/a cuídamelo/a", "yo lo vi crecer", "yo la cargué", "yo soy fulano el hermano de mengano y queremos mucho a".

– ¡Mazal-tov!

151

Besos, brindis y más fotos, hasta que nos llamaron para iniciar el baile al ritmo de la canción de "Sola" de "Las Amazonas", una canción de moda que tocaban en la novela del momento interpretada por las Vibraciones que era el grupo contratado: inició de la celebración oficial.

Adentro en el salón principal ya las personas estaban instaladísimas, se veía precioso el decorado, a pesar del azul percance o percance azul, todo lleno de lucecitas; la torta a la entrada, con rosas agraciando (de pastillaje y naturales), rodeadas de infinidad de dulces de todas las formas y colores posibles, decorados y realizados por mi suegra y sus amigas desde hacía varios meses: mazapán, hojaldre, filluelas, chocolates, de todo y más; las mesas estaban llenas, hasta la mesa de quesos cuyo contenido se había esfumado en segundos se había incorporado a la fiesta con diez sillas más.

Fue realmente una noche maravillosa, todos los invitados alegres, la comida rica, todo el mundo bailando y muy integrado; al ritmo del "hava naguila" se paró la concurrencia entera y los más valientes nos levantaron en sendas sillas a mi consorte y a mí por los aires, quedando sudados después del logro; pañuelos al aire, sombreros y cotillones, pitos y serpentinas, música, felicidad, comida deliciosa, bebida suficiente y un ambiente sin igual mantuvieron a nuestros invitados hasta la madrugada, cuando ya agotados nos fuimos al hotel Tamanaco a comenzar la luna de miel…

A mi *Esposo* lo conocí el primer año de mi carrera, éramos compañeros en los salones de disección de anatomía, en las clases de histología, disecábamos el mismo cadáver y veíamos el mismo microscopio, eventualmente intercambiábamos apuntes. A medida que la carrera progresaba el número de compañeros se iba reduciendo de miles en Sebucán, el lugar donde quedaba la escuela básica y filtro de la carrera, pasamos a cientos en la escuela José María Vargas; posteriormente de esos cientos en las materias preliminares, pasamos a veinticuatro en las rotaciones por las distintas áreas médico quirúrgicas del programa; veinticuatro a la maternidad, veinticuatro a cirugía, veinticuatro a pediatría y luego de veinticuatro a ocho en cada clínica; ocho para la A, ocho para la B, ocho para la C y ocho para el rural; no sobra decir que a medida que éramos menos más estrecha era la amistad de los que persistíamos juntos. Llegamos a ser como una familia, existiendo dos posibilidades: una amistad eterna o un obstinamiento perpetuo entre unos y otros, porque literalmente convivíamos; ocho en las clases, las vacaciones, en el cine, las comidas, en las navidades y los carnavales, en las parrandas, las confidencias, en el apoyo y en los temores; entre los ocho estábamos mi hoy marido y yo, con un coqueteo tímido, muy tímido, porque existía una gran diferencia entre él y yo; él era judío y yo era católica, apostólica y romana y coreaba la letanía más insultante, injusta y fuera de orden: "A Cristo lo mataron los judíos" y dentro de mis frustraciones la aspiración alguna vez de ser monja.

La Escuela José María Vargas de la Universidad Central de Venezuela es una de las dos subdivisiones de la Facultad de Medicina siendo la otra la Escuela Luis Razzeti.

Comenzó sus funciones en 1961 y debe su nombre al destacado doctor y político venezolano José María Vargas. Su principal labor: la formación de doctores en medicina general con postgrado en casi todas las especialidades medico quirúrgica ofrecidas por el Hospital de igual nombre anexo a la escuela. En el centro se realizaban investigaciones comandadas principalmente por el científico y doctor Jacinto Convit, conocido entre otras cosas, por desarrollar la vacuna contra la lepra. Nuevamente tenemos casos de lepra en el 2018, enfermedad previamente erradicada.

Las pasantías de pediatría las realizábamos en el Hospital de niños José Manuel de los Ríos (conocido comúnmente como JM de los Ríos) en honor al médico y escritor venezolano considerado el precursor de la pediatría en el país, hospital que desde 1958 funcionaba y quedaba, al igual que el hospital Vargas, cercanos a la Quinta Milelba en San Bernardino, por lo que a pesar de no tener carro, la seguridad de la ciudad nos permitía traslados cómodamente a pie o en colas de los alumnos que pasaban por el área. Al llegar a las pasantías, los estudiantes de ambos hospitales éramos asignados a una de las tres clínicas del organigrama de funcionamiento; se rumoraba que la más estricta era la clínica B en Medicina y la más suave la C en Cirugía, con diferencias sutiles, siendo la formación médica en estas instituciones impecable, de primera, dirigidas por médicos ejemplares y experimentados. La pasantía de obstetricia se realizaba en la Maternidad Concepción Palacios, cuyo nombre proviene de María de la Concepción Palacios y Blanco, madre del Libertador Simón Bolívar y que según leí en <u>1972</u> obtuvo el récord como el Hospital con más partos en un solo año a nivel mundial con 47.757 casos registrados. La cuarta pasantía de pregrado que hacíamos era un mini rural en pueblos del interior.

Esa última pasantía, que duró tres meses en pequeños poblados del estado Aragua hizo muy unidos a ese grupo de ocho amigos y colegas, primeramente por las coincidencias iniciales y luego por afinidades nacientes, transformando la convivencia en una experiencia maravillosa que imprimió en los corazones de cada uno un sello muy valioso, indeleble y grupal como dirían: "Lo que pasa en el rural se queda en el rural"; esa pasantía, casi siempre más relajada que las intrahospitalarias eran llevaderas y hasta divertidas. Compartíamos dos casitas conjuntas con un grupo de chicas estudiantes de odontología, la casa de los médicos y al lado la casa de los odontólogos. En cada casa dos cuartos, cada uno con dos camas, en el módulo u hospital anexo nos servían desayuno y almuerzo comunitarios, las cenas eran preparadas en cada casa y los fines de semana el que estaba de guardia generalmente estaba muy comprometido con paseos y agasajos dentro y fuera de las casas, dentro y fuera del pueblo.

Nos tocó como estudiantes de medicina la experiencia más gratificante: pertenecemos al grupo de profesionales que contó con las mejores herramientas tecnológicas, institucionales y docentes, ajenos a cambios políticos, un escueto centro de estudiante con un periódico y la organización de planes deportivos con poco matiz político. Los ocho nos hermanamos y minimizamos diferencias potenciando aceptación y respeto; de esos ocho, dos nos casamos, dos eran judíos y sus padres extranjeros, dos veníamos del interior del país y pensábamos que venezolanas por siempre y ahora nuestros apellidos están en la lista de reconocimiento de españoles y portugueses, dos eran de clase social más alta, uno por ser hijo de un ministro de gobierno y el otro por linaje de su apellido y estudiamos brazada a brazada, recorrimos juntos el decatlón de la experiencia, con birretes al aire y nos graduamos en el Aula Magna en el año 1984. Que quede en acta que fui yo la que dio el discurso de graduación por la escuela Vargas y la problemática en aquel momento era el superávit de ofertantes para limitados cargos al rural obligatorio de un año.

No escapó la carrera universitaria a la catástrofe del 2017, ni los centros hospitalarios ni la crisis nacional, no hay medicinas, no hay profesores, la inseguridad se codea con gatos y perros en las áreas comunes y no comunes de las instituciones donde estudiamos; sin comida pacientes y personal, todos con viandas variopintas poco provocativas muchas veces y porciones mal balanceadas en su mayoría. Ahora comienza el camino un bisnieto de mi abuelo Hernández Rodríguez, se ve más cuesta arriba que en mi momento, pero definitivamente la vocación es la verdadera base de la misión; con la tristeza y las limitaciones de la formación actual, somos los médicos del país referencia internacional evidenciada en cada examen para postgrados fuera del territorio, nunca desatendida la esperanza de recuperar los espacios perdidos de una de las mejores medicinas del mundo.

Habiendo estudiado en un colegio católico, con padres de familia católica, y vivido en una urbanización como San Bernardino donde existían gran cantidad de hebreos, donde se erigieron las principales sinagogas de la capital, lo único que sabía de los hebreos era que iban vestidos de negro, con larga casaca y sombrero; llevaban barbas largas, con cabellos blancos y/o negros enrollados en las puntas, cabuyas a los lados de los pantalones, y que caminaban conversando entusiastamente por los alrededores de la calle donde vivíamos. ¿Cómo iba yo a saber que además de esas personas con cachuchas que hoy sé que se llaman kipá, se escondía algo más que seres muy diferentes a mí, viviendo una vida que en ese entonces no me interesaba conocer, en un mundo donde no me interesaba estar, por inexperiencia y probablemente por incultura, tal vez por haber vivido en ciudades pequeñas, por la incomunicación o por cualquier otra cosa? ¿Qué iba yo a saber que esas

155

personas, probablemente de la corriente Lubavith, pertenecen a una rama ortodoxa dentro del judaísmo que buscan la inspiración y el entendimiento de la Torah para hacerlas parte de su propia vida?

¿Qué iba yo a saber que no todos los judíos eran así? y que había seres como mi novio o como mi bisabuelo, que eran judíos y podían no ser diferentes a cualquier otro ser humano, ni llevaban nada que los identificara y ¿cómo iba yo a imaginarme que uno de ellos terminaría siendo mi compañero de lista y mi amigo en las clases de anatomía patológica? El muchacho interesante que veía yo disecar cadáveres con tanta seguridad, el muchacho estudioso y responsable que veía todos los días al entrar al salón, el muchacho buen mozo, simpático, encantador del que me estaba enamorando, ¡era judío! Hoy se dice fácil, pero en aquel momento... ¿Qué iba a saber yo que hoy día iba a estar en España habiendo firmado mi acta de notoriedad como descendiente directo de judíos sefardí esperando la nacionalidad y con raíces judías casi iguales a las que tenía la familia de ese muchacho, hoy mi marido?

DON ISAAC QUERUB CARO, mayor de edad, provisto de DNI/NIF núm. 33528142F, en calidad de Presidente de la Comisión Permanente de la **FEDERACIÓN DE COMUNIDADES JUDÍAS DE ESPAÑA**, entidad religiosa inscrita con el número 015888 en la sección especial del Registro de Entidades Religiosas de España, provista de CIF núm. R-7.800.429-H

C E R T I F I C A :

Primero.- Que analizados los distintos elementos probatorios aportados por el interesado y enumerados en el artículo 1.2 de la Ley 12/2015, de 24 de junio, en materia de concesión de la nacionalidad española a los sefardíes originarios de España, y habiendo utilizado todos los medios a nuestro alcance para aseverar la certeza y validez de dichas pruebas, podemos afirmar que don/doña MILENA DEL CARMEN AROCHA DE CHOCRÓN, de nacionalidad VENEZOLANA y titular de pasaporte vigente de dicha nacionalidad número 085059650, tiene la condición de **sefardí originario de España por descender de las familias que fueron injustamente expulsadas o forzadas a convertirse a la religión católica a partir de 1492**, de acuerdo con lo dispuesto en el artículo 1.2.a) de la referida Ley 12/2015, de 24 de junio.

Segundo.- Que por medio de la presente, la Federación de Comunidades Judías de España avala la condición de autoridad del Presidente o cargo análogo de la comunidad judía de la zona de residencia o ciudad natal del interesado y/o de la autoridad rabínica competente, reconocida legalmente en el país de origen o residencia habitual del interesado, que han expedido certificados acreditativos del origen sefardí del solicitante, por lo que se imprime dichos certificados avalados igual relevancia a efectos de acreditar la condición de sefardí originario de España, conforme a lo dispuesto en el artículo 1.2 de dicha Ley y la Instrucción de 29 de septiembre de 2015, de la Dirección General de los Registros y del Notariado, sobre la aplicación de la citada norma.

Y para que conste y surta los efectos oportunos donde proceda, expido esta certificación en Madrid (España), a 06 de Febrero de 2017.

Isaac Querub Caro
Presidente

Url verificación: https://certificadosefardies.fcje.org/verificar - Código de verificación: UcIgLCwQ2njYRw5U4Ix8IQ==

Yo presiento que él, más que yo, se negaba y temía de mi insistencia, pensaba, y estaba equivocadísimo, que de alguna manera no éramos iguales, que eso no iba a ser aceptado por su familia, pero él contaba con su juventud, con nuestra inexperiencia, con el espíritu de superación, con los deseos de triunfo y con una venda en los ojos se catapultó ante la realidad: él también se había enamorado y decidimos juntos retar al futuro, decidimos retar los valores aprendidos, decidimos que nosotros sí podíamos y con el tiempo fuimos aprendiendo que si debíamos. Cuanto lamento no saber lo que hoy sé de mis antepasados, hubiera ahorrado mucho sufrimiento a mis suegros y muchas dudas se habrían revelado a mis angustias pre y peri matrimoniales si hubiera podido leer el papel que certificaba mis orígenes y daba disculpa de lo que yo ni sabía, descendía de judíos sefardíes y podría ser española.

En el año 2017, estando en casa, preparándome para dejarla cerrada por un tiempo indefinido y lista para ser habitada por otro morador en calidad de inquilino o propietario, si fuera el caso; escaneaba documentos importantes, guardaba objetos personales valiosos para mí y botaba lo que consideraba que nunca más volvería a necesitar. Recogí mis álbumes y los dividí en dos grupos los que serían valorados por otros y los que solo yo podría valorar, a estos les puse un papelito que decía: 'quemar sin revisar' si no regreso.

Resultó que el más dañado de los más de cincuenta álbumes de fotografía que tenía, era el de mi boda, así que decidí, escanear las fotos y reelaborarlo nuevamente. Treinta y tres años después y mientras hacía esto mandaba copias a los que estaban en las fotos y pensaba en lo que hoy éramos.

Algunos no están, otros están fuera de Caracas o del país.

Mi cortejo de niños vestido de verde agua, son padres de niños de edades similares a los que ellos tendrían ese día. Lo más duro al ver las fotografías, mi cuñadito, mi hermanito como él me decía, un pavito, que ese día había coleado a todos sus amigos, con la excusa de buscar ayuda para cargar a los novios en la tradición habitué de las bodas hebreas y hoy sin llegar a los cincuenta, batalló con una enfermedad mortal que lo venció.

Secundario a lo que veía en las fotos: la moda, el nivel económico, el destino individual, el triunfo de un aparentemente imposible, lo repetible de los entretelones de cualquier ceremonia, estaba el punto primario; treinta y tres años después lo construido se estaba derrumbando obligando a cambios no deseados y reinvenciones no preparadas.

Hoy después de haber vivido por largos treinta años con la religión hebrea bajo mi mismo techo, hoy que a mis cincuenta y tantos años me considero católica, apostólica y romana porque creo en Jesucristo; hoy que cumplo y guardo las festividades hebreas, como parte y no como observante, hoy que tengo dos hijos maravillosos, que entienden y conocen las dos religiones; hoy sigo creyendo en un solo Dios, sigo creyendo que los diez mandamientos son las tablas de la salvación; soy una especie de judía mesiánica o algo más complejo o más personal, dado la similitud de ambas creencias y sigo creyendo que nosotros no podemos ser juzgados por lo que no nos enseñaron, pero sí podemos ser juzgados por incumplir lo que nos enseñaron.

Yo respeto profundamente los sentimientos y las creencias individuales. Nadie tiene la certeza de tener la verdad en la mano, hay que cumplir lo que se pregona. El que no hace lo que predica y el que se siente con derecho de criticar al que cumple con lo que él no cree, no está en lo correcto; ése ya no cumple con los sagrados preceptos de la ley de Dios.

Esos pensamientos que parecieran profundos y rebuscados son justificables con la madurez y el paso del tiempo; no hace treinta y tres años, ante la evidencia real de que se avecinaba una tormenta después de muchos altos y bajos vividos en la relación con mi hoy *Esposo*, cuando dijimos que nos casábamos y yo ignoraba que mi familia tenía tan importante ascendencia judía.

Mi *Papá* para manifestarme su apoyo, me recordó la historia de mis bisabuelos y del viaje que hiciéramos al cementerio de Coro a ver sus tumbas, yo lo oí y dejé apaciguar mi corazón de la rabia difiriendo mi decisión de finalizar la relación, a una cita concertada con la familia de Fortunato.

Después de los saludos de rigor, nos sentamos en su recibo, él tímidamente al lado mío, y habló mi suegro: "Mire señorita, yo no tengo nada contra usted ni contra su familia, ni siquiera contra su religión, pero mis creencias me han enseñado que sólo los matrimonios hebreos son bendecidos por Dios y de la única manera que apoyaríamos la decisión de mi hijo, sería que usted se convirtiera". ¡Así de clarito!

No es que me tomara por sorpresa, eso lo habíamos hablado nosotros muchas veces, lo que sí me sorprendió fue su exposición clara de motivos y su súplica, más que imposición, al decirla.

– No es por discriminación –pensaba yo, y el continuaba explicando que, si no trasmitíamos la religión hebrea a la siguiente generación, él habría fracasado y su alma no encontraría la paz, eso lo dijo con convicción.

Sus palabras me aterraron. Por primera vez vi y sentí el problema donde estaba metida, lo que para mí era desconocido, para otros era su verdad y su vida; a sabiendas de que mi familia me apoyaba y de que no tenían quizás esa rigidez de conceptos religiosos tan acentuados, pero no estaba convencida y quería salir corriendo.

Yo no entiendo cómo hoy día se repite la película con diferentes personajes y no se trasmite la evidencia; por eso escribo, mis suegros habían pasado por eso, mis bisabuelos habían pasado por eso y mi hijo pasaría por eso: un matrimonio mixto.

Mi suegra como acabo de enterarme, porque de eso no se hablaba, tuvo que convertirse dos veces; en el caso de mis hijos nadie se convirtió casándose por dispensa de la iglesia, una católica con un hebreo y ambos nietos van a ser criados dentro de los principios de la religión hebrea, pero en papeles no se bien cómo se maneja eso ya que mi nuera no es un vientre judío.

En el matrimonio de mi hijo hubo que correr y adaptarse a los cambios a la velocidad de la luz, no más reservamos el salón de fiestas para una boda en la Isla de Margarita, empezó a variar el dólar de forma exponencial y los cambios se sucedieron atropelladamente.

Ellos fueron los únicos con celebrantes que pasaron dos tarjetas de invitaciones con información errónea o incompleta, explico: la primera tarjeta invitaba a la boda en la Isla de Margarita por el rito judío que iba a ser celebrada por Manche Henríquez, familiar lejano –el mismo amigo de Sigismundo y que hacía junto a sus hermanos las veces de rabino en Coro–; tomando en cuenta que para la acreditación válida de un matrimonio hebreo se necesita solo el deseo de la pareja para realizarlo en presencia de un minian con dos testigos que firmaran el contrato matrimonial o Ketubah. Cuando Manche canceló la asistencia, se cambiaron las tarjetas y se invitó, para el mismo día del civil, a un ritual de Shabat y de celebración matrimonial que sellaron los novios con un Mazel Tov de ciento cincuenta personas, al romper mi *Hijo Mayor,* con su pie derecho, el vaso de vidrio que –adicional al recordatorio de los templos de Israel– une a los cónyuges con el pueblo judío. La segunda invitación era para una ceremonia por la Iglesia, no mixta pero si con dispensa del Obispo, aprobada por el obispo de la parroquia de la novia en San Cristóbal, a ser impartida por el sacerdote de Margarita, que no entendió mucho que era eso y arrodilló y santiguó mil veces a los novios; en esa tarjeta la fecha no se puso porque no sabíamos cómo hacer con el civil y la iglesia y los tiempos requeridos, al final una fue un día y la otra al día siguiente y entre ambas, lo mejor que se pudo, el ritual hebreo.

Entendía que no sólo eran diferentes las religiones, sino la forma de vida. Mis padres, mi casa, una vida convencional sin privaciones exageradas, rica de principios morales y valores religiosos que en la familia y en el colegio habían modelado mi personalidad y, por otro lado, la vida de mi suegro quien además de haber huido de su país natal había visto su familia acabada, dejado su pasado en otro país separado por un océano, había crecido solo y formado un nuevo hogar, que en ese momento se veía amenazado nuevamente por una separación cultural y religiosa; me aterraba dar una respuesta. El me suplicaba que no repitiera la historia, no, no era miedo a que yo me llevara a su hijo, era miedo a que yo y los míos los rechazaran, a que sus nietos fueran extraños, era una forma de decir que había que perpetuar esa unión con igualdad; no había maldad en sus deseos, eran recelos y por eso lo logró.

Intentamos una ceremonia mixta, a fin de que cada uno conservara su religión, pero todavía no se estaban realizando en Caracas. Teníamos claro nuestro deseo de una bendición y de matrimonio ante Dios y cedí yo, respaldada por los míos, consciente que Dios era uno solo y las

161

religiones eran puentes distintos para llegar a la misma isla y me alegro muchísimo de que mis hijos si pudieran hacerlo y respetaran lo que cada uno aprendió en su casa, lo que les enseñaron, lo que sabían.

Hoy veo con terror a los muchachos pregonando ser agnósticos o ateos, despreocuparse y justificarse en la renuncia a la Fe.

Qué jóvenes éramos en aquel momento, debíamos presentarnos a suplicar ante el representante de Dios en la tierra su bendición a nuestro matrimonio y qué duras las respuestas, ¡nos tropezamos con cada espécimen!, con seres grotescos capaces de juzgar, de maldecir y de criticar nuestra relación; nos encontramos con prepotencia, con mezquindad, con discriminación. Ahí empezaron las dudas, ¿cómo puede alguien que se hace llamar representante de Dios en la tierra ser capaz de tanta indolencia, indiferencia y maldad, cerrar puertas casi sin oír razones sólo porque no éramos nadie y de atender con diligencia al que representara poder o beneficio económico? Por eso cada vez más se pierden creyentes.

Triste tanto poder para codearse con líderes políticos del momento, tanta admiración y cariño de su comunidad, tanto don de palabra del que fue capaz de decirnos con total brutalidad: - judío se casa con judía y no creo en conversiones.

Pero no todo fue malo, otro rabino, grandotote, gordo e intimidante aceptó el reto y luego de una conversación con los dos se dirigió a mí, y me dijo: "Difícil que olvides lo que hasta hoy has aprendido, difícil que dejes de creer en Jesucristo, es un gran profeta, no renuncias a lo que crees, Dios es uno solo y el mismo Jesús fue hebreo, aumenta tus conocimientos y permítete conocer las bases de la religión hebrea, no sólo repasando lo que ya sabes del Antiguo Testamento, sino conociendo costumbres y tradiciones del pueblo, porque la religión judía es más que una religión, es una forma de vida". Lo logró, me terminó de persuadir.

Decidí tomármelo con calma, decidí aprovechar lo bueno, verlo como una oportunidad, como educación, como cultura, aprendizaje, superación y empecé a recibir mis clases de hebreo, aprendí a leer y escribir en hebreo, reforcé mis conocimientos del Antiguo Testamento y lo más importante: comprendí que lo que mantiene unido a sus fieles y a los descendientes del pueblo Judío son sus costumbres y sus tradiciones; como me dijera el Rabino, esas costumbres y tradiciones tienen dos fines principales: perpetuar la familia, concepto en vías de extinción con tanta globalización y adorar a un solo y único Dios; cumplimos con él al cumplir con las tablas de la Ley que el mismo entregó a Moisés y que se resumen en diez mandamientos básicos.

La primera parte era muy sencilla: era recibir clases de hebreo en casa de otro rabino que se había dedicado a dar clases particulares. Vivía en Sabana Grande, cerca de Plaza Venezuela. Su casa era un apartamento humilde, por todas partes se respiraba amor, cariño y paz. Una familia preciosa encabezada por esa imagen santificada del rabino que me habían asignado para darme las clases necesarias para la preparación a la conversión. De él aprendí las letras del alfabeto hebreo. Aprendí que en vez de utilizar "antes de Cristo" y "después de Cristo" los judíos utilizaban para referirse a las fechas la época anterior a la era cristiana y después a la era cristiana; aprendí que las fechas del calendario judío cambian cada año, no son fijas, porque el calendario judío es lunar mientras que el calendario civil es solar; en el calendario judío hay veintiocho a veintinueve días por mes, en lugar de treinta a treinta y uno del calendario civil, para poder armonizarlos se agregó al calendario lunar, el judío, un mes cada cuatro años a fin de aproximar ambos calendarios. Estudié la importancia de las fiestas hebreas y que para celebrarlas en Venezuela se realizan en dos días; ese día adicional fue agregado por incertidumbre con el cambio de horario, el día que se celebra aquí podía no corresponder al día que realmente es la fiesta en Israel.

Aprendí a respetar el shabat y a conmemorarlo en las cenas familiares en casa de mis suegros, después en mi propia casa; aprendí las principales bendiciones, la importancia de la libertad para el pueblo de Israel conmemorada en la festividad de Pesaj; conocí y guardé el ayuno de Yom Kipur, reconociéndolo como día de perdón y expiación y conocí y celebré las festividades de Janucá en las cercanías de
163

diciembre, conmemorando la liberación de los judíos. Entendí también y fue la parte que menos me gustó, que las obligaciones religiosas de la mujer se concentran en el hogar y en la familia y que están exentas de la mayoría de las obligaciones de los hombres; esto ha sido aceptado, pero es uno de los puntos de la religión hebrea que cuestiono, esa disgregación no une, esa diferencia relega a la mujer a tareas manuales, menospreciando su derecho a sentir y cumplir con el Creador. ¿Qué sentido tiene para Dios separar hasta con una cortina los hombres de las mujeres?, eso sólo siembra desinterés. Mi segundo cuestionamiento con la religión es el idioma, puedo entender que al realizarse los servicios en hebreo se universaliza el credo, pero se convierte en una repetición continua de oraciones sin sentido ni incitación para los oyentes limitando el acceso a escasos conocedores.

Pero yo no soy nadie para cuestionar, he aprendido a respetar para que me respeten y he entendido también que al existir una diáspora tan dispersa los cambios debilitan los cimientos bamboleados.

Una vez superada la parte del aprendizaje, vinieron los exámenes, las pruebas y conversaciones, todas ellas presentadas con esmero y con resultados positivos en la parte teórica; era apta para una conversión, en la práctica faltaba el ritual del baño, ritual muy similar a un bautismo.

La religión judía es la encrucijada de múltiples religiones que posteriormente se fueron deslindando de las primeras bases entregadas por Moisés dando paso a nuevos profetas que traían mensajes actualizados. Muchas de las costumbres católicas tienen su base en costumbres hebreas y, a pesar de que el bautismo se generaliza cuando Jesucristo lo recibe de manos de San Juan Bautista, este rito siempre existió. Las costumbres tienen el mismo origen, el mismo propósito y por lo general tienen el mismo mandato; es un mismo hecho mil veces interpretado, reinterpretado o revalorizado.

En el caso del bautismo que los católicos creemos instaurado con Jesucristo, en el antiguo testamento está señalado de cuatro formas distintas y todos coinciden en el acto de sumergir en agua una persona o un objeto para que éste quede limpio de culpas. Las aguas deben correr, no estar estancadas, deben ser de río, mar o lluvia. Cuando el judaísmo comenzó con su proselitismo realizaban el rito de la siguiente manera: cuando la persona quería convertirse en judía, hombre o mujer, debía conocer las leyes, la importancia de un solo Dios y posteriormente para que esa persona gentil fuera considerada judía debía pasar por la debilá o baño judío. En términos cristianos este baño ritual equivaldría a un bautismo; en el caso de los hombres se hace además la circuncisión como rito de conversión, un poco más cruento, pero igual un paso de compromiso aceptado al dar a Dios una muestra de la disposición a cumplir con lo que él pida.

La palabra debilá viene de sumergir; por lo tanto, para realizar adecuadamente el baño hay que sumergirse completamente en las aguas, no solo por la conversión, sino por la purificación del cuerpo, señalando el comienzo de una nueva etapa, un nuevo nacimiento.

Para la realización del ritual entré acompañada de mi suegra a un cuarto, semioscuro, acogedor, relajante, con una pileta central de piedra, de agua cálida, donde tres veces debí sumergirme completa y totalmente desnuda manifestando mi aceptación y convicción de pertenecer. Este acto se realizó ante la mirada testigo de un personal especial, que posterior al ritual, aprobó mi conversión.

Ejecutado este paso donde di todo de mí sin entender en ese momento el alcance de esa decisión, adelantó la relación y logré minimizar la repercusión de nuestra osadía, la bomba no había estallado, logré canalizar sus efectos y cediendo yo y sólo yo, fijamos la fecha de matrimonio comenzando los preparativos de la boda.

Justamente por conocer de cerca dos religiones puedo evaluar las similitudes y diferencias ante los rituales e igual que en el bautismo y en el matrimonio, la muerte tiene ceremoniales similares con marcadas diferencias.

Los hebreos son descendientes de dos grupos distintos de antepasados, dos corrientes; la rama sefardita que vienen de África,

Marruecos, Europa del Sur, España, y Francia y la asquenazí que son de la parte norte de Europa; entre ambas existen algunas diferencias de forma.

Las funerarias de los hebreos en Caracas, son dos casas que pertenecen a la comunidad respectiva donde se realizan todos los actos mortuorios. Al morir un judío el cadáver debe permanecer acompañado hasta entregarlo a la hebrá, organización que se encarga dentro de la comunidad de establecer y dirigir las honras fúnebres y los servicios anexos bajo la supervisión de un rabino.

El primer paso es la preparación del occiso, observando ante el muerto, respeto y una dignidad que no es frecuentemente observada en las funerarias no hebreas. El muerto no se expone y sólo su mano queda excluida del traje mortuorio hasta que los familiares directos la besan por última vez, no hay maquillaje ni vestido, no hay ostentación ni exposición. Al besar la mano –acto que generalmente corresponde a los familiares directos– no ven más el cuerpo, se termina de preparar la mortaja y el rabino rasga las vestiduras de los deudos, cerca del corazón y comienza el período de luto, o shivá, o Abel, que significa en hebreo siete días, un período de duelo estricto, donde los deudos deberán mantenerse sin realizar ninguna actividad, sin afeitarse, sentados la mayor parte del tiempo y recitando en arameo varias veces en cada servicio religioso y por un año completo el "Kadish", oración que se repite y se dice como reconocimiento a la confianza de los deudos en Dios y en su justicia al recibir el alma del difunto.

Los visitantes son los que deben llevarle la comida a los dolientes, atenderlos y acompañarlos, algunos hogares hebreos, tapan los espejos y tapan los muebles, con la idea de disminuir la vanidad y reconocer en el duelo un recordatorio de nuestro tiempo en la tierra y de que no somos infalibles, ni eternos, es tiempo de revisión, al igual que tiempo de despedida. Son especialmente importantes para la religión judía los primeros siete días donde supuestamente el alma ronda en la casa o en los alrededores y se acostumbra a dar paseos cortos en la proximidad de la vivienda para acompañarla. Para cada uno de los rezos del día, en la mañana y en la tarde, se debe contar con un "minian", que es un número mínimo de personas hebreas que deben estar juntas para elevar las plegarias a Dios; cuando las familias son cortas, el "minian" se complementa con las personas que regularmente asisten a la sinagoga. Esos rezos pueden hacerse dentro del mismo templo o eventualmente en la casa del difunto o de un familiar.

La urna es sencilla, la más elemental madera, barata, sin ornamentos y permanece todo el tiempo tapada con un manto negro con la estrella de David bordada en su parte superior, colocada en el piso en señal de que ya descansa el cuerpo en la tierra, a donde debe volver. Vi hace poco en un entierro la práctica de una costumbre anteriormente prohibida por normas sanitarias, que consiste en enterrar el cuerpo sin la urna: impresiona; al final sólo materia en espera de la resurrección del alma, ya no somos ni energía, ni estructura, al final son restos los que se entierran o se creman en el caso de los católicos.

Cada vez más cremaciones, más cortos los velorios, antes se exigían veinticuatro horas desde el fallecimiento al entierro para estar seguros del fin, se exhibía con la mejor ropa el occiso y lo más parecido a su semblante en vida, ahora no hay donde velarlo porque no hay ni urnas, si se solicita una cremación los hornos dan cupo para los días posteriores con un recinto para velorios por menos de una hora si lo dan, antes de una misa a cuerpo presente sin exposición del cadáver, previo a la cremación. Cada vez se envían menos coronas, carísimas para cuando hay tiempo, y horarios ajustados para los velorios por la inseguridad y conveniencia. Antes los velorios eran en las casas, duraban veinticuatro horas y nunca se dejaba de acompañar el cuerpo. Se ha creado confusión por la revelación, por parte de la iglesia, de prohibir el esparcimiento de las cenizas del difunto. Hijos, ¿qué decirles? los ancestros descansan en paz en su morada final, ¿qué nos tocará? ni eso se puede planificar, pero si se puede me creman y colocan mis cenizas en el cementerio del Este y sobre mi lápida un pequeño recordatorio a tener en mente en sus evocaciones, no muy dispersas por si resucitamos, ni muy solas para acompañarnos al resucitar.

¡Por cierto!, vi la película Coco, una película de dibujos animados de Pixar y Disney que narra la historia de un joven de doce años que vive en un área rural de México al que le acontecen mil situaciones en la celebración del día de los muertos y me inventé el concepto de la re-muerte con el olvido ¡espero no remorirme!

¡Con cuánto dolor se despide a los seres queridos! ¡Con cuánta alegría se recibe a los recién nacidos y se celebran sus sacramentos! ¡Con cuánto miedo y desconfianza se aceptan los cambios y las injusticias!

Las religiones ayudan y Dios, el mismo para todas, es el sustento intangible que da fuerzas, apoya y resguarda del destino personal que nos toca vivir y lo que estamos viviendo requiere de toda esta ayuda.

Al final se acaba la vida y nada terrenal puede acompañarte, no hay fortuna, ni poder que cambie tu destino, no hay amor que te haga indispensable ni religión que te haga sobrevivir al carrusel que te toca en tu vida.

Capítulo VIII

Decía Lois Wyse:
"Los nietos son los puntos que conectan las líneas de generación a generación."

ABUELOS

"Para los abuelos, los hijos de sus hijos son su mejor conexión con el futuro. Los nietos hacen que los abuelos estén felices y satisfechos con los logros de sus vidas y les dan esperanzas de que el futuro sea aún mejor incluso si no lo atestiguan". En algún lado lo leí y es una gran verdad.

Camila y Fortunato son los nombres de mis dos nietos y eran también los nombres de los abuelos de mi *Esposo*. Camila y Fortunato, los abuelos, nacieron en Tetuán, en un país del Magreb conocido actualmente como Marruecos. Los judíos que allá llegaron provenían en parte de la migración posterior a la destrucción del segundo Templo en Jerusalén en el año 70 D.C. y a la perdida en el 73 D.C. de la última posición judía en Masada. Otra parte de ese éxodo provenía de la península ibérica a consecuencia del decreto de la Alambra de 1492 cuando los judíos fueron expulsados de los reinos de España y Portugal por no convertirse al catolicismo, cosa que le ocurrió a los antecesores del apellido en mi familia y a los portadores de ciento cincuenta apellidos más que ahora el gobierno español está reinsertando y reconociendo como ciudadanos españoles.

169

Por más de 500 años en Marruecos convivían, por un lado, tres religiones y, por el otro, dos protectorados. El respeto por pensar diferente privaba sobre los valores heredados. Cada comunidad se gobernaba a sí misma y el derecho canónico, el halajá judío y la sharia musulmana, dictaba las leyes a sus afectos. Los dos protectorados eran el de Francia y el de España. Para los años cuarenta en Marruecos cohabitaban con la población general 250.000 judíos que llevaban una vida muy rica en costumbres y con tradiciones respetadas por los no judíos, en un ambiente agradable y pacífico en su día a día.

Fortunato, el abuelo de mi Esposo (Mesoh en hebreo) había nacido en 1896 y Camila, la abuela, en 1904; ella era hija de una familia adinerada y él de una familia muy trabajadora. Ambos, portadores de unas sólidas bases sociales y religiosas, se casaron en 1924 y se mudaron de Tetuán a Oujda o Uxda (en castellano), ya que en esa época el comercio de tejidos al que se dedicaban era más próspero que en España, siendo Tetuán parte del protectorado español. Casi todos los judíos eran comerciantes y el abuelo no era la excepción, comercializaba telas traídas de la India y en su casa se guardaban metros y metros, rollos y rollos de seda, algodones, bordados, satinados y, luego, poliéster para vender principalmente a los lugareños.

El matrimonio de Fortunato y Camila fue un matrimonio acordado entre familias (Fortunato y Camila eran primos lejanos) y tuvieron tres hijos: Guerson, el mayor, nació el 3 de noviembre de 1926. Su hermano Marcos nació el 19 abril de 1928 y Jaime, el menor, nació el 31 de enero de 1936.

Los tres hermanos nacieron en Oujda y desde pequeños, en los ratos libres, acompañaban a su padre, a sus visitas para ofrecer los tejidos y a los depósitos donde se guardaban, con la misma disposición con la que lo acompañaban cada día a la Sinagoga; estudiaron en el liceo francés de Oujda, el segundo de los hermanos estudió junto al padre del actual Rey de Marruecos, con quien trabó amistad en esos tiempos. Cuando comencé las averiguaciones sobre la concesión de la nacionalidad española por ser descendientes de judíos sefardíes, el primero en recibirme fue un primo lejano de mi *Esposo*, Elías Melul, que actuaba como cónsul honorario de Marruecos en Venezuela. Don Elías Melul fue pionero y gran orientador en el proceso de obtención de las nacionalidades española y portuguesa a los miembros de la comunidad judía de Venezuela y fue el enlace de la extensa comunidad marroquí en Venezuela desde que, en 2009, se trasladara la embajada a Santo Domingo.

Los tres hermanos crecieron apegados a las tradiciones religiosas trasmitidas ejemplarmente por las figuras de Camila y Fortunato. La abuela cocinaba los mejores manjares tradicionales y el abuelo les enseñaba su credo, para concelebrar en familia todas las festividades judías.

En 1939, cuando estalló la segunda guerra mundial, apresaron a Fortunato por sospecha de ser un espía Nazi, ¡él! judío y practicante. Su hijo mayor tenía catorce años y siempre recuerda cuando corrió a la estación a despedirse de su padre que partió entre dos gendarmes con rumbo desconocido. No tuvieron noticias de él durante las dos semanas siguientes y Camila enfermó con una neumonía muy grave que casi acabó con su vida, durante esa corta pero obligada ausencia se anunciaba el antisemitismo tocando la puerta.

Con Fortunato trabajaba un musulmán, Vojalí, asistente fiel que demostró su devoción por su amo, su jefe y su amigo durante los días en que Fortunato estuvo preso; desapareció con él y se sentó sin comer y con poco dormir a las puertas de la prisión hasta que lo soltaron. Así era la relación de musulmanes y judíos

Al finalizar la guerra, ya con el abuelo Fortunato en casa, Marruecos fue ocupado por los norteamericanos durante un tiempo, pensaron que había pasado lo peor, los americanos confiscaron y ocuparon la casa familiar de Oujda, en los mejores términos posibles y como estaban ahí cada día, los muchachos practicaron el inglés que ya habían aprendido en el liceo y entablaron especial amistad con el coronel Williamson y con el General Mark Wayne Clark, quien, parece ser, fue muy afectuoso con los jóvenes. Este teniente consentía particularmente a mi suegro, le subía a los tanques de guerra y le daba chucherías. Cada vez que se reencontraba la familia, recordaban esos momentos con nostalgia y melancolía.

Los padres y abuelos del señor Marcos, que habían gozado de una adecuada estabilidad económica durante la que fuera la infancia de mi hoy suegro antes de las guerras mundiales, pasaron grandes dificultades durante y después de las mismas; la peor de ellas, el rechazo público, muy evidente y cruel en los colegios, negándoles el derecho a la educación y a la libertad de culto. Sus tres hijos, muchachos brillantes, estudiosos, sencillos, de enérgicos principios, eran fuertemente rechazados por un grave "defecto" para aquel momento histórico: eran judíos.

Las leyes antisemitas implantadas tímidamente ahuyentaron primero a los jóvenes y luego a los adultos, quedando hoy día menos de cinco mil judíos en Marruecos.

Tuvieron que separarse, no había alternativa. El mayor, Guerson, que estaba adelantado, continúa sus estudios de medicina, se fue primero a Casablanca protectorado francés y luego a Francia, donde se graduó, se casó, tuvo dos hijos y se quedó a ejercer su carrera de forma definitiva dentro de la especialidad de otorrinolaringología. Marcos (mi suegro) se vino a Venezuela, a La Guaira y el pequeño Jaime se quedó con sus padres en España. Jaime y su esposa Esther, acompañaron a sus padres hasta la muerte, un privilegio más que una carga, añorado de forma personal por su hijo Marcos.

Marcos se marchó a Venezuela en 1946 a trabajar con sus tíos, hermanos de Camila, ya instalados en La Guaira en una compañía llamada BENA CA. Aparentemente el no veía futuro para poder crecer en su país de nacimiento y cuenta su cuñada Esther, que él y su padre chocaban en las propuestas para administrar el negocio de telas que los mantenía. El señor Marcos se vino a Venezuela en barco y partió desde Cádiz; la fuerte autoridad paterna casi prefirió la partida de su hijo antes que ceder e innovar, contaba siempre mi suegro, quien se embarcó con muy poca plata, en la tercera clase de un gran trasatlántico y en un sorteo realizado a los pasajeros resultó premiado con su traslado a primera clase.

En La Guaira lo recibió su tío Benarroch, que tenía una tienda de muebles en el mismo puerto, que se llamaba Bena C.A, en analogía al diminutivo de su apellido. Comenzó a trabajar en el negocio, como cobrador por barrios y cerros de la Guaira, todo lo que trabajaba lo ahorraba y escasos lujos se daba; así fue hasta su muerte, su vida la dedicó por entero a su familia, a enviarle a sus padres lo que requirieran cuando estaban vivos y darle a su esposa y a sus hijos lo necesario y mucho más.

Pasados los primeros años conoció a la hermana de la novia de su tío y se enamoró de quien fuera mi suegra, por su parte fue amor a primera vista, ella era una muchacha bellísima, de gustos sencillos, más bien tímida, y muy pero muy joven; por el contrario, a ella, él le pareció un vejestorio, un musiú, como se le decía a los extranjeros y tardó realmente en sucumbir ante las múltiples peticiones de noviazgo por parte de él; se llevaban diez años, y se casaron cuando ella contaba dieciséis años y por fin decide dar el sí, ella era católica, poco practicante y eso contrariaba a los padres de mi suegro quienes, en principio, negaron la aprobación de la boda; entre sus temores contaban con la posibilidad de la discontinuidad de su fe, en la distancia era difícil explicar que eso no pasaría ya que mi suegra estaba dispuesta a convertirse.

A pesar de la negativa de sus padres, mis suegros se casan, apoyados por el tío que se casaba con la otra hermana y era su único familiar en este lejano país. Ambas hermanas inicialmente no se convirtieron para el matrimonio, posteriormente si lo hicieron y ambas criaron a sus hijos cobijados por esa religión, en ambos casos, tomaron por propio su nuevo credo, lo trasmitieron con franqueza a sus hijos, cumplieron sus preceptos y observaron sus fiestas y costumbres; mi suegra aprendió montones de recetas complicadas y tradicionales, hizo del templo su sitio de refugio, prendió las velitas del shabat a la hora esperada, asistió a la sinagoga para las fiestas y a los rezos de los viernes, empeñada en tener un hogar hebreo respetable y agradable para su amado esposo y sus más amados hijos.

Lentamente fue convenciendo a sus suegros de la sinceridad de sus actos y de su amor y ellos la aceptaron y la quisieron como a una verdadera hija. Por eso dicen que el tiempo lo cura todo.

Mi suegro fue mejorando su posición económica a fuerza de constancia, tenacidad, perseverancia y dedicación hasta convertirse en socio de su tío en el negocio.

Mejorada la situación financiera, volvió a reencontrarse con su familia, ese primer encuentro, después de casados, reconfortó a todos y desaparecieron los temores de la distancia y el pasado para ser sustituidos por la gratificación de haber tomado una decisión acertada en su momento.

La familia de mi *Esposo* viajaba hasta por seis meses a España a estar con los abuelos; mi *Esposo* siempre cuenta cómo su vida trascurría entre Barcelona, en España y Caracas; cuenta sus largos veraneos con los primos, sus anécdotas con la familia unida, las mesas llenas de muchachos, los paseos al mercado con el abuelo, las clases en la casa para mantener el nivel de escolaridad al volver a Venezuela y sobre todo los cuentos de las tremenduras en el trasatlántico en que navegaban. Más de una vez mi suegro se trajo a sus padres a pasar largas temporadas con ellos en Venezuela, venían por un mes y podían quedarse un año; trató mi suegro de darles comodidades y cariño a sus padres ya envejecidos, una de las veces que los trasladó estuvieron casi tres años en el país, recuperando tiempo perdido, multiplicando las satisfacciones.

Privilegiados fueron los nietos que sí pudieron compartir con sus abuelos. El abuelo Fortunato y mi *Esposo* establecieron lazos de acero, el nieto mayor, el primogénito, tuvo el honor de contar con su abuelo para la preparación de su Bar-mitzvá, a todas partes juntos, a los eventos religiosos o al abasto, daba igual, eran una llave.

Para el abuelo ir al mercado era un placer reconocido: en Venezuela se volvía loco por el aguacate y amaba el plátano, podía comerlo de cualquier forma y durante cada día que duraba su visita al país, para la abuela compraba mangos por los que ella alucinaba, fascinación y pecado tomando en cuenta las cifras de azúcar que manejaban. Si estaban en Barcelona España, se iban abuelo y nieto al mercado de las Ramblas y el abuelo lo enseñaba a escoger los melocotones, las cerezas y cualquier otro producto que se les hubiera encargado. Tiempo valioso de gratificaciones mutuas, aparentemente insuficiente para mi suegro, quien cuando murieron sus padres optó por el luto interno eterno que sólo tenía desahogo en la religión y en las visitas de sus nietos.

Mi suegra debió haber entendido un poco más mi condición de no judía, pero no fue así. Ella se opuso al principio, apoyando a su marido y trató de convencer y de hacer entender a mi católica abuelita Columba que era muy difícil que nuestro noviazgo llegara a matrimonio. Mi abuela, creo yo, no conocía otra religión y no entendía eso de ser judío y ni se molestó en preocuparse por ello, creo que nunca le importó conocer más de lo que ya sabía. Además, a ella la religión la había engañado lo suficiente como para que, aún aferrada de forma salvaje a los principios que le habían enseñado, rodeada de imágenes e implorante de Dios, supiera que ella no era quién para juzgar a otros. A ella sólo le importaba que el joven, como le decía a mi futuro *Esposo* y a todos mis amigos, le parecía un buen muchacho.

Siempre me extrañó esa actitud de mi suegra. Ella, que pasó las mismas limitaciones por las que yo pasaba en ese momento, no fue al principio copartícipe de que se repitiera la historia, nunca pude preguntarle la razón, no me atreví y menos cuando el tiempo se encargó de borrar nuestras diferencias y convertir nuestra relación en un excelente vínculo de respeto, afecto y respaldo.

Ella a lo largo de su vida se identificó como judía y captó de forma franca las costumbres y tradiciones que su esposo y la religión le presentaban, observando el papel pasivo femenino que la religión impone de forma imperativa. Yo cuestiono demasiado, acepto poco y menos si es impositivo y por otra parte no puedo renegar de lo que un día me enseñaron, por eso aprendí a respetar las creencias de los demás, a no cuestionarlos, pero ahondé también en mis creencias. Y ahora, quien lo diría, yo más judía que ella desde antes de nacer.

Las guerras, las separaciones y las persecuciones no amilanaron en su culto a la familia Chocrón; hasta a mis nietos les ha sido transferido el mismo, a pesar de las conversiones y las mezclas.

Volviendo a Fortunato y Camila. En Marruecos ven partir a dos de sus hijos: a Marcos hacia Venezuela en 1946 y a Guerson, de Casablanca a Paris en 1947.

En junio de <u>1948</u>, con el estallido de la <u>Guerra de Independencia de Israel</u>, tuvieron lugar numerosos altercados antijudíos en las ciudades de <u>Oujda</u> y <u>Djerada</u>. Cuarenta y cuatro judíos fueron asesinados y esta vez el sultán Mohamed V no pudo engavetar las órdenes superiores con leyes antisemitas que, entre otras cosas, prohibían a los judíos tener funciones públicas en el gobierno. En <u>1949</u>, 18.000 judíos emigraron a Israel, un fenómeno de éxodo que solo estaba comenzando.

Durante el tercer año de su carrera, hacia 1947, el hijo mayor, tuvo la suerte de conocer al Professeur Maduro en París, un referente histórico en la medicina de la época, decidiendo continuar los estudios bajo su tutela. El hecho de no ser francés dificultaba enormemente las posibilidades de estudiar en París, él lo logró y al graduarse volvió a Casablanca.

Durante sus estudios en París, acudía tres veces por semana a clases de disección y ahí visitaba con frecuencia un pequeño café, situado muy cerca de la Nonciature (La Nunciatura) donde había un nuncio apostólico italiano que trabajaba ahí. Guerson y otros amigos suyos entablaron conversación con él, se llamaba Juan; durante los años de carrera mantuvieron una cercana amistad y al culminarla siguieron manteniéndola por correspondencia hasta que perdieron el contacto. Muchos años más tarde, en 1953 le llegó un correo personal invitándolo al nombramiento en el Vaticano de su amigo Juan, Juan XXIII, pero lamentablemente no pudo asistir. El Papa sabía que

Guerson era hebreo y tenían gran diferencia de edad (45 años), aun así, fueron bastante cercanos. En 1963 recibió de nuevo una carta del Vaticano esta vez invitándolo al funeral de Su Santidad y en esa ocasión sí acudió.

Durante sus años de carrera en París, volvía con relativa frecuencia a Oujda para ver a sus padres y hermano. Estaba especialmente unido a su hermano pequeño, Jaime. Cada vez que él debía regresar a París, Jaime se escondía para llorar. Sabía que debía quedarse sólo de nuevo, sólo con sus padres de fuerte carácter y sin sus hermanos.

En 1957 se casó en Orán (Argelia) en un matrimonio de conveniencia con una prima lejana, de padres muy adinerados: Mercedes/Marcelle, a ella le gustaba que le llamaran Marcelle, y, de hecho, todo el mundo así lo hacía.

Obtuvo su primer trabajo como médico en Casablanca, instaló allí su propio gabinete. Su padre le proporcionó el dinero para poder llevar a cabo su proyecto. Casablanca era parte del de protectorado francés y ahí había más futuro profesional que en Oujda. Marcelle no estaba a gusto en Casablanca hasta tal punto que quiso divorciarse, quedó embarazada de Daniel y el matrimonio se mantuvo. Daniel nació el 1 de septiembre de 1959, en Casablanca.

En 1960, los acontecimientos en Marruecos empeoraron. Fortunato y Camila seguían en Oujda, y cada vez era más difícil los encuentros de los hermanos. Marcos en Venezuela desde 1947 y Guerson en Casablanca, a 850 Km.

Guerson, Marcelle y el pequeño Daniel (1 año) viajaron finalmente a París, a finales de 1960, cuando la situación de los judíos en Marruecos se tornó insostenible. La gran mayoría de los judíos partían a Israel y muchos se vinieron a Venezuela conformando la segunda diáspora importante de judíos sefardíes a este país. Se instalaron en Caracas, principalmente en San Bernardino, la población judía alcanzó un máximo de 45.000 personas para 1967.

Los padres de Marcelle y sus hermanos vivían en París. Al subirse al avión rumbo a París, anunciaron que el avión no iba a despegar por un problema técnico. Guerson pensó que el problema técnico era él. Pero finalmente quedó en falsa alarma y pudieron salir de Marruecos. Al tiempo, pidió a Jaime que vendiera todas las pertenencias que tenía todavía en Casablanca, incluso su coche, un Renault Dauphine.

Jaime y sus padres todavía en Oujda, Jaime, con mucho temor y sólo, viajó entonces a Casablanca; recordaba incluso cómo destornilló la placa del gabinete médico de Guerson y cómo se tuvo que deshacer de todos los instrumentos y medicamentos. Cuando preguntaban por él, Jaime decía que desconocía su paradero, tuvo miedo de que lo apresaran o lo retuvieran en Casablanca donde la persecución contra los judíos era despiadada, pero pudo volver a Oujda con sus padres después de desmantelar el consultorio de su hermano.

En febrero de 1960 Guerson debe volver a Marruecos para colaborar como médico tras el terrible terremoto que azotó a Argelia donde murieron más de doce mil personas.

De 1954 a 1962 tuvo lugar la guerra de Argelia y los acontecimientos se precipitaron en Marruecos. Fortunato y Camila tenían familia en Málaga (Andalucía) y querían irse para allá con Jaime ya que en Marruecos se estaba viviendo muy mal. Poco después, Fortunato, Camila y Jaime se vieron obligados a dejar Oujda, habían entrado con metralletas en su casa. Se marcharon a Barcelona, con una mano delante y otra detrás, 1963-64.

Se instalaron los tres, primero en el Hotel Covadonga de la Diagonal (tocando La Plaça Francesc Macià, en aquella época Calvo Sotelo); luego se mudaron de alquiler en un apartamento de la Calle Loreto, tocando la Diagonal y posteriormente compraron el apartamento de la Calle Urgel (Comte d'Urgell en catalán), número 259.

En 1967 Guerson fue trasladado a Israel para prestar sus servicios como cirujano en la guerra de los 6 días (5 al 10 de junio de 1967).

Solicitó la nacionalidad francesa y la obtuvo en 1965, lo que le ayudó enormemente. Nunca tuvo ni solicitó la nacionalidad española ya que sólo iba a Barcelona para ver a sus padres y a su hermano. Muchos años más tarde, cuando ya se jubiló, decidió instalarse en Barcelona con su segunda esposa, Armelle, con la que se casó el 6 de diciembre de 1991, en París. La muerte de Jaime para Guerson supuso un hachazo muy fuerte. Siempre se lamentó de que su hermano muriera de un cáncer, asunto en el que era especialista...

La relación entre Guerson, Jaime y Marcos, durante muchos años fue telefónica y esporádica debido a la lejanía geográfica.

En 1960 Marcos regresa a Casablanca con su hijo primogénito, mi *Esposo* y con la señora Rosita, el encuentro fue increíble y la presencia de su primer nieto aminora la desconfianza, y los recelos especialmente de la abuela Camila. A petición del abuelo Fortunato mi suegra se convierte al judaísmo y se casan por la religión en ese viaje.

Desde 1964 instalados los abuelos en Barcelona los hermanos vuelven a reencontrarse y desde ahí, cada año, cada año en las vacaciones del mes de agosto los abuelos, sus hijos, las esposas y los nietos estaban juntos; comenzaron también a visitar los abuelos a Venezuela.

Cuenta Sonia, una de las hijas de Jaime, que en una oportunidad los tres hermanos se reunieron en Barcelona para visitar las tumbas de sus padres: Fortunato y Camila, enterrados en el recinto hebreo del Cementerio de Collserola y ella los acompañó en un taxi que pacientemente esperó la suma de remembranzas relatadas por más de dos horas. Era así siempre que los tres hermanos se veían.

De este círculo de vida voy sacando conclusiones. En 1492 cuando los Reyes Católicos lanzaron su edicto un antepasado aceptó la conversión e incluso fue bautizado por los mismos Reyes cambiando el Senior por Coronel. Él se dedicó a usar sus influencias y expiar sus penas dando salvoconductos a judíos que se negaban a convertirse, entre ellos probablemente el primero sería su mismo hermano que sí

179

mantuvo el apellido Senior y se fue a Constantinopla, de allí a Holanda y luego a Curazao para entrar a Venezuela por Coro en la época de la independencia y de mucha xenofobia.

Otros de los que seguramente lograrían un salvoconducto serían los Chocrón que fueron a instalarse en Marruecos donde nacieron Fortunato y Camila, que mandaron a su hijo Marcos a una diáspora más populosa, más establecida y, a diferencia de la mutación religiosa de mi bisabuelo en Coro en el siglo XIX, ya con la libertad de cultos en el siglo XX y la apertura hacia los extranjeros mi suegro pudo establecerse y trasmitir sus principios a las generaciones descendientes sin limitaciones ni presiones.

A Sigismundo Senior, mi bisabuelo, que, aunque murió como judío y vivió como judío, le fue imposible criar a sus descendientes dentro de sus creencias. En ambos casos se trataba de sobrevivir a guerras, a desapegos, a discriminación y a migraciones de la mejor manera posible.

Fortunato y Camila tuvieron que dejar partir del hogar a dos de sus tres hijos, solo el más pequeño Jaime, el benjamín, los acompañó siempre, jamás consideró la posibilidad de estar lejos, en la distancia sus dos hermanos los protegían con la garantía que a su vez él cuidaba de ambos padres y mantenían el centro de la familia, que cambiaba de epicentro según sus mudanzas en Barcelona, España. Siempre se cuenta que Jaime comentaba que no pasó ni un día de su vida sin visitar a sus padres, aún después de casado y aconsejaba a sus hijos y sobrinos incluir en su rutina al menos una llamada diaria a la casa paterna. Esto lo lograron gracias a las esposas que consiguieron: Rosita y Esther. Esther trabajaba en la única sinagoga de Barcelona. Don Fortunato fiel practicante, al mudarse a España con su esposa e hijo menor y parte de la familia de Camila, se instala cerca de la sinagoga y quien les hace la inscripción oficial y los recibe en ella es la tía Esther. La imagino tal como es ahorita: desenvuelta, suspicaz, servicial, amable y además bella con la edad perfecta para Jaime. Se casaron y fue la nuera que se convirtió en la hija hembra que no tuvieron. Mi suegra fue también otra hija para ellos, pero la distancia impedía una relación más profunda.

Mi suegra se casó muy joven resultando ser el modelo de una buena esposa judía, sumisa a su marido, dedicada a sus hijos, apegada a las tradiciones, servicial con sus suegros y aprendió a hacer la comida sefardí: adafina, ensalada cosha, cuscus, huevitos rellenos, pescado en colorado y pare de contar.

Es su hermana Olga su protectora y la que le presenta a su musiú; casada primero por lo civil en La Guaira y luego al convertirse en Marruecos por primera vez al judaísmo, a petición de sus suegros y, tras dos años de casada por la ley, es cuando ratifica el sí por la religión judía en presencia de la familia de su esposo. Posteriormente debió reconvertirse con sus hijos en Venezuela por haberse perdido la constancia del primer acto en Oujda, de donde salen Fortunato y Camila intempestivamente. Recuerdo a casi todas sus hermanas, la vida no las mantuvo muy unidas, sin embargo, cuando mi suegra es diagnosticada con una enfermedad terminal fue Magaly quien, con una entrega más que fraternal, acompañó, consoló y ayudó a la señora Rosita hasta su partida, pasando poco tiempo para que fuera a acompañarla también en el más allá.

He oído y visto mil formas y maneras de enfrentar la enfermedad mortal: periodos de aceptación y fases de rebeldía, de duelos apresurados y de desconocimiento de las realidades, los que más impactan son los que relegan el mal y aceptan el destino, silencian quejas y dolores, no preguntan ni emiten juicios, porque esos que se van en silencio y se llevan sus penas a otro mundo no entendieron lo que era la muerte.

Se lleva en los genes, se huye de las verdades, y terminas aislado, incomunicado, agradecido de lo transitado, pero con un inhumano frío partiéndote el corazón.

Ella amó a sus suegros y a su esposo y nada cuestionó para darles a sus hijos la estabilidad de ser una minoría y el orgullo de pertenencia a una comunidad tan cuestionada. Legó lealtad, felicidad, unión, tradiciones y conceptos religiosos a sus bien amados hijos y a sus antes endurecidos suegros, con los que convivió cada verano y recibió en su casa como integrantes meritorios, traspasó a sus nietos un cariño sin

181

condiciones y, aunque no conociera a sus bisnietos, siempre estará su imagen en la memoria de los que la conocimos para perpetuarla.

En la oportunidad de uno de los viajes de Fortunato y Camila a Venezuela, cuando un mes se convirtió en tres años, Camila revive sus memorias: tres varones chiquiticos correteando en su entorno, recuerda la estabilidad económica de aquel entonces, en Marruecos, cuando Fortunato un hombre bueno y trabajador enseñaba a sus hijos con ejemplo en una rutina añorada de risas y juegos.

Recordaba a sus párvulos en la casa de Marruecos, y se relataba continuamente cuando estaban reunidos una historia casi imposible de visualizar, bastante aleccionadora: había una nana que ayudaba a Camila en la crianza de los tres hermanos, algo mayor que la misma abuela, que asistía también con las comidas de la familia. En una oportunidad, mi suegro, por pura guasa le propinó una zancadilla y la sajená, (servidumbre en jaquetía, dialecto de los judíos marroquíes) cayó estrepitosamente al suelo, trataron de disculparlo y justificarlo como un accidente siendo esto imposible por las risas nerviosas del autor y los presentes, decidiendo el señor Fortunato, amigo de casi todo Marruecos, inclusive del alcalde, dejar preso por una noche en una segura celda a su hijo mediano. A Doña Camila le pareció exagerado el castigo, a los muchachos la lección recibida los apesadumbró por siempre, ¡aprendieron!

Mi *Esposo* y su abuelo, ambos del mismo nombre, igual al de mi nieto, caminaban juntos a la sinagoga y en ese compartir con el abuelo tocayo, con la admiración de la jerarquía aprendió de su religión y respetó sus principios con aún más seguridad que la que sus padres le habían trasmitido. Y así cinco generaciones con Fortunato mi nieto, en distintas situaciones, con diferentes Fortunatos, pero siempre respetando las costumbres heredadas:

A la mesa del shabat con el abuelo en la cabecera cuando los abuelos de mi *Esposo* andaban por Venezuela y realizaban la bendición del pan y el vino; es costumbre que la mujer encienda las velas al comenzar el Shabat los viernes en la noche, así lo harían Camila y Rosita y los niños con su kipá, caminando a la sinagoga de Maripérez en Caracas cerquita de la casa de Plaza Venezuela donde vivían mis suegros, dos o tres calles seguras llenas de hebreos sin miedo en el país que los había acogido respetando entre otras cosas su deambular, el descanso de ese día y la oración.

El abuelo Fortunato a la cabecera en Purín en Marruecos, los tres hijos disfrazados, es la festividad más alegre del calendario judío. En Purín se festeja que el pueblo judío en su totalidad se salvó del exterminio en las manos de los persas bajo el dominio del Rey Ajashverosh (Asuero). La forma de festejar Purín es enviando regalos a los amigos, escuchando la lectura de la Meguila, donando a los pobres y con un banquete de abundante bebida y comida; el abuelo patrocinaba un comedor público en su pueblo y ese día se servía la gran comilona, la comida era supervisada por Camila que normalmente solo cocinaba para su casa, ese día lo hacía para muchos más.

El abuelo Marcos viviendo en los Chorros, sus tres hijos y sus seis nietos. Rosita encendía las velitas antes del atardecer luego de haber puesto la mesa y cocinado para la ocasión en los Shabat o en las tres fiestas de peregrinaje de los judíos: Pésaj (Pascua) Shavuot (fiesta de verano) y Sucot (fiestas de la cabaña), ahí nos sentábamos los catorce Chocron a la mesa, el saludo al recibir a los hombres de la sinagoga era "jag sameaj", son fiestas alegres que celebran la libertad.
En Pesaj conmemorando la liberación física del cautiverio en Egipto; en Sucot, rememorando las vicisitudes de Israel durante su deambular por el desierto y la precariedad de sus condiciones materiales se simboliza por el precepto de morar en una cabaña provisoria o sucá, luego de la salida de la esclavitud en Egipto y en Shabuot solemnizando la entrega de la Torá por parte de Dios a Moisés, en el Monte Sinaí.

En Pesaj el seder intenta recapitular la experiencia histórica y motivar a los más jóvenes en la usanza, tiene algunos elementos característicos: las hierbas amargas (maror) y el agua salada que simbolizan las condiciones de esclavitud; la matzá o pan sin levadura que simboliza la premura de la partida de Egipto; el jaroset (mezcla de ciruelas, dátiles, nueces, canela y vino en un mortero) supuestamente representa

183

metafóricamente la preparación usada para hacer ladrillos para la construcción casas y templos de las ciudades.

En Barcelona y muchas veces por muchos años, se reunían para las fiestas hebreas mayores de Rosh Hashaná (año nuevo) y Yom Kipur (día del perdón) Fortunato, Camila, sus tres hijos, sus tres nueras, los tres Fortunatos primogénitos (el de Guerson, el de Marcos y el de Jaime) sus otros nietos y una larga lista de primos y tíos.

Los hombres en la sinagoga hasta oír el Shofar (cuerno de carnero) marcando el primer día la formación del ser humano y del año lunar y las mujeres en casa preparando el seder o banquete familiar con los alimentos simbólicos para recordar la importancia de esta fecha: granada, las granadas se dice que tienen 613 semillas, el mismo número que las mitzvot de la Torá; frijoles, Camila realizaba muchas veces un plato de adafina, frijoles cocinados lentamente, esto o cualquier tipo de granos se preparaban podía ser cuscús, para figurar bendiciones bendiciones y buena suerte; miel, por un año dulce; manzana por un año bueno; puerro para diezmar los enemigos y la cabeza de un cordero o un pescado para que siempre seamos cabeza y no cola.

En Yom Kipur o día del ayuno, la situación era diferente, los mayores y sanos, indistintamente del sexo, se preparaban para los ocho días del inicio del año a expiar culpas con ayuno y oración, una cena liviana despedía de la casa familiar al atardecer del día sagrado a los hombres, veinticuatro horas de ayuno absoluto y al atardecer del día después, al salir la primera estrella se esperaba a los que estaban en los rezos para romper el ayuno primero con panecillos, café y agua y luego de asentado el estómago una cena familiar sencilla y gratificante por el deber cumplido, ese día elegantemente trajeados con zapatos cómodos.

Ahora por Janucá, Fortu mi *Esposo*, Fortu, mi nieto y mis dos hijos encienden por ocho noches en forma progresiva, en un candelabro de nueve brazos, las velitas que conmemoran la persistencia de la llama que iluminó el templo cuando se recuperó la independencia judía de manos de los macabeos y a mi nieto le ponen su kipá y tratan de incorporarlo a esta celebración judaica, a él le encanta, son dos añitos, hay que convencerlo por ahora de que las velitas no se apagan y no son de cumpleaños.

Tengo dos hijos varones, de herencia judía por sus dos abuelos, es decir el padre de mi *Esposo* y el abuelo de mi *Papá*, coincidencias de las que hace 30 años no estábamos conscientes. Ambos abuelos tuvieron vidas diferentes y les llegó un mensaje diferente y ahorita todo parece indicar que esas vidas, en el pasado, fueron iguales y tienen concomitancias innumerables.

Dos apellidos judíos y sefardíes y mis nietos se llaman como los abuelos Chocrón, cerrando o continuando el círculo de vida, que, debido a la migración a la que nos forzó este mal gobierno, nos permitió rescatar por ley, el antecedente judío sefardí también por parte mía.

Camila y Fortunato, mis nietos, llevan sus nombres uno por tradición, ya que los hebreos toman el nombre de sus abuelos para sus hijos y el de Camila por una preciosa casualidad, al ser el mismo de la abuela de su abuelo.

Casi todas las fiestas hebreas implantadas en el calendario lunar coinciden con las celebraciones cristianas celebradas en el calendario solar. Jesucristo celebraba Pesaj la noche de su última cena y la Navidad coincide con Janucá generalmente, ambas en diciembre y mi *Papá*, mi *Mamá*, mis tres *Hermano*s, muchos invitados y yo, también celebrábamos las fiestas religiosas, no siendo la cena la acción principal, sino la asistencia a misa y la comunión la forma como se conmemoran esas fechas en la religión católica, es la celebración de los sacramentos lo que se solemniza y se festeja.

Diría sin embargo que en mi familia el 24 de diciembre, es un día muy importante en la conmemoración del nacimiento de Jesús, la parentela se reúne, antes se iba a la misa de medianoche o se seguía desde los televisores la misa desde la Iglesia de la Natividad en Belén y se realizaban cenas con platos típicos y se repartían muchos regalos, tratamos de hacer lo mismo ahora, pero con tanta dispersión, nada es igual.

En ambos casos lo importante es la familia junta argumentando sus costumbres, testimoniando lo pasado y lo aprendido, reiterando sus compromisos con los que se fueron, con los que vienen y con uno mismo...

Han pasado más de quinientos años, he tenido que investigar, leer, averiguar y comprender las similitudes y coincidencias, detalles tan insignificantes como un nombre, hasta tan trascendental como la selección de la religión que se trasmitirá a los recién nombrados: Camila y Fortunato.

En el año 2011 tuve la oportunidad de viajar a Israel y entender un poco lo integrado de las religiones monoteístas especialmente judía y católica y lo irreal de las interpretaciones que dan los cultos de acuerdo a las circunstancias. Mi viaje a Israel con mi *Esposo* y un primo de mi *Esposo* (judíos ambos) lo realizábamos con la idea de buscar algún negocio para montar acá en Venezuela, revisamos varias proposiciones: desde muy costosas, como era un equipo de ultrasonido adaptado a un resonador magnético para realizar ablaciones a tumores intrauterinos y metástasis óseas, hasta propuestas absurdas como la de un charlatán con pócimas para la tos que se presentó al hotel donde nos alojábamos con un maletín negro y viejo. Nada fue viable, pero compensamos el viaje con una excursión por Israel denominada "los pasos de Jesús" que representó para nosotros una gran enseñanza y una prodigiosa vivencia.

El estado de Israel se consolidó en 1948 y atrae a judíos dispersos por el mundo desde el año 70 de la era cristiana cuando ocurrió la destrucción del segundo templo de Israel, pero, aun siendo un estado próspero y marcadamente religioso, no existe un confort que permita aislar los murmullos de coterráneos de otras religiones y extremistas doctrinarios que condicionan un permanente alistamiento ante ciertas situaciones y en ciertos territorios. Cierto que Jerusalén ha sido la capital del mundo judío desde hace más de tres mil años, cierto que

Jesucristo era judío y nació en Belén y murió en Jerusalén y es por tanto también el centro de las religiones cristianas, pero hay armenios y musulmanes que también veneran la ciudad y la coexistencia de monumentos de las tres religiones y de otras más pequeñas como la Bahajis la hacen interesante para muchos y propia e incompartible para otros. El idioma oficial es el hebreo y como los judíos y no judíos hispanohablantes no siempre dominan ese lenguaje no todos los sefardíes de estas generaciones tienen deseos de ser parte de esa historia, para mí fue un poco decepcionante como cristiana, entendible como judía, extraña como católica y muy educativa como ser humano.

Comenzando con los musulmanes, el monumento más importante de Jerusalén es la Cúpula de la Roca, que no es propiamente una mezquita, la tiene al lado, pero según su religión desde ese monte ascendió Mahoma a los cielos y la edificaron en el año 688 de la era cristiana, sobre el sagrado Monte del Templo, lugar donde Abrahám estuvo a punto de sacrificar a su hijo Isaac, donde existía una Sinagoga y donde estaría la primera piedra utilizada para la construcción del mundo, allí exactamente, cimentaron su nuevo y casi principal centro de adoración a Dios, después de la Meca, los musulmanes.

El tour judeocristiano partiría de Belén a 8 Km al sur de Jerusalén y bien separado por la barrera fronteriza israelí y bien custodiados por su ejército, un poco incomodas las apreciaciones de los participantes respecto al conflicto árabe israelí en el autobús donde nos trasladábamos, sobre todo siendo la cuna de tres religiones y lejos de buscar coincidencias y tolerancia se ha sembrado odio y resistencia.

Para cristianos, consideremos que hay al menos ochenta y tres religiones cristianas, es precisamente el lugar donde se encuentra la gruta de la Natividad, cinco templos conforman el complejo: La Basílica de la Natividad y la gruta donde nació Nuestro Señor Jesucristo son comunes a los ochenta y tres credos y al lado, entrando por una pequeña puerta surge la Iglesia de Santa Catalina, lugar desde el que se proyecta al mundo católico la misa de gallos cada 24 de diciembre.

En la biblia se habla de Belén en el Antiguo Testamento como la cuna del Rey David y según las profecías se mencionaba que allí sería donde nacería el Mesías.

Visitamos luego el monte de los Olivos, en la distancia un cementerio judío con más de 200.000 tumbas, ya que según el libro de Zacarías allí será el lugar donde al final de los tiempos, Dios, comenzará a redimir a los muertos, según la Biblia ahí se retiraba Jesús a orar y, según los Hechos de los apóstoles, es el sitio donde Jesús asciende a los cielos luego de la resurrección.

En una construcción situada en la cima del monte Sion en Jerusalén, se encuentra el Cenáculo, lugar en el cual se realizó la última cena de Jesús, en la época de Pesaj, con el uso del pan de ácimos, de donde viene la hostia de la consagración, ese edificio fue mezquita, iglesia y sinagoga y en el piso inferior alberga la tumba del Rey David, según las tradiciones orales.

En el museo de Israel la lógica y la maqueta, permiten conceptualizar y entender el Vía crucis o camino de la cruz de Nuestro Señor de la misma manera que lo recreamos en las iglesias cada Semana Santa, pero la realidad es que salvo la Iglesia del Santo Sepulcro casi todas las estaciones están escasamente señaladas en un mercado lleno de gente gritando y ofreciendo mercancía de cualquiera de las religiones, el que vende un rosario vende estrellas de David y dijes para el mal de ojo.

El tercer día nos dirigimos al Mar Muerto, en pleno desierto, entre Israel y Jordania, con una salinidad superior a 288% quitando la posibilidad a ningún ser vivo para vivir en esas aguas, pero si para flotar en su superficie cómodamente.

A orillas del Mar Muerto se encontraron, los Rollos de Qumrán, una colección de al menos ochocientos escritos en hebreo y arameo sobre pergaminos correspondientes al periodo comprendido desde el año 150 antes de la era cristiana hasta el año 70 de la era cristiana, cuando fue destruido el segundo templo y se habla de originarse de una comunidad judía tipo esenio, una de las cuatro comunidades judías existentes y a la cual se supone pertenecería Jesús, las otras tres: saduceos, fariseos y

189

zelotas. En el sitio puede verse a rabinos traduciendo las escrituras y la mayoría de los pergaminos se encuentran en el museo de Israel.

Ese mismo día fuimos a Masada también a orillas del Mar Muerto, construida por Herodes ante la amenaza de Egipto, la fortaleza contaba con un ingenioso sistema de almacenamiento de agua y las piedras y murallas conformaban un verdadero fuerte de defensa que, según los historiadores, fue quebrantada por los romanos con una gran rampa en el año 73 A.C, cuando estaba ocupada por el último bastión de hebreos que prefirieron morir en ese lugar antes que ser asesinados por los romanos.

Cerca de seiscientos años desde el edicto de la Alhambra, un edicto de la Iglesia Católica que daba cuatro meses a los judíos para salir de España o recibir el bautismo. Salieron los judíos más pobres hacía Marruecos, los más religiosos hacia la Europa circundante, los más clarividentes hacia lo desconocido y se quedaron los que tenían más bienes de fortuna y, de alguna manera, los más acomodaticios y ahora aquí andamos en Venezuela no con un edicto, sino con un modo impuesto de vida desconocido, hurgando en la oportunidad de la ley de España para recuperar la nacionalidad que de una u otra manera se ha defendido del olvido, la cultura de nuestros ancestros de una u otra forma se ha mantenido, documentado y enriquecido desde el siglo XV, a pesar de las migraciones y las separaciones, y así parece que seguirá siendo.

Leí en alguna parte una historia sobre un mensaje dejado en el portal de una casa antes de inmigrar:

Ante un pollo desplumado y degollado un cartel que decía "estos son los que dejaron la marcha para el final", del cuello de un segundo palomo desplumado pero sano "estos son los que partieron a mediano plazo" y por último un tercer palomo con plumas y buena salud "estos son los primeros que se fueron".

¡Estamos desplumados!!!

Ejemplares antepasados que trabajaron para dejar una herencia, una enseñanza, un buen recuerdo y bonitas historias, vivieron y partieron y debemos tenerlos siempre presentes...

Capítulo IX

Decía Simón Bolívar:
"Moral y Luces son nuestras primera necesidades"

MORAL Y LUCES

En Democracia había votaciones universales, secretas y transparentes no como las convocadas por la mamarrachada de CNE (Consejo Nacional Electoral) con unas señoras poco representativas al mando. Había mil clases de Formación Moral y Cívica en el bachillerato; un año entero para entender cómo funcionaba el país y sus organizaciones socioeconómicas y geopolíticas y ahora, de un sólo golpe, nada es como era, nada existe y si existe no es verdad, o le cambiaron el nombre.

Moral es sinónimo de ética, principios, valores, probidad, decencia, escrúpulos, rectitud, respeto, pureza, confianza, honor, conciencia, decoro, lealtad, civilidad, virtud y vergüenza.

Luces es educación, herramientas de estudio, escolaridad, sapiencia, sabiduría, razón, habilidad, talento, maestría, formación, superación, claridad, juicio, urbanidad, socialización, progreso, avance y desarrollo.

Se buscaba al incluir en los pensum de los colegios y liceos esta asignatura, contribuir en la formación de ciudadanos ejemplares conocedores de los ordenamientos, derechos y deberes del país al que pertenecen, entendiendo que cada individuo es parte de un todo que debe coexistir armónicamente con su entorno.

Para Bolívar la construcción de una gran sociedad debía reposar sobre los pilares de la moral y la buena educación y no depender nunca de las veleidades de sus gobernantes. El nivel de corrupción (tanto público como privado), unido al desconocimiento del marco legal, fueron el caldo de cultivo para la destrucción de su país; el país que soñó, hace casi doscientos años en el Congreso de Angostura, en 1819, el padre de esa imperecedera frase con la que abre este capítulo.

Como Bolívar hubo, y hay, otros soñadores con brillantes aportes y perdurables expresiones; una de ellas, la cantante Joan Báez que en la letra de sus canciones señalaba "si no peleas para acabar con la corrupción y la podredumbre, acabarás formando parte de ella".

Pequeños y grandes corruptos, abuso de poder, tráfico de influencias, sobornos y extorsión, son elementos que obstaculizan la posibilidad de salir de esta pesadilla. Y esa degradación de nuestros valores morales y éticos, del respeto a las normas, se percibe a todos los niveles, desde las más humildes familias hasta connotadas personas que hacen alarde de riqueza y ostentación.

Un día cualquiera recibí a una muchacha más o menos de mí misma edad —treinta y cinco años a lo sumo, aunque quizás ya no tan muchachas ninguna de las dos— para entrevistarla para el trabajo de doméstica en mi casa.

Una vez conté la historia de las criadas, que luego pasaron a llamarse mujeres de servicio y ahora son domésticas. Algunas son maravillosas, las hay que cocinan rico, que limpian muy bien, que planchan excelente, pero de las que se comprometen realmente con la familia, no muchas. Ahora las trabajadoras del hogar sólo se afanan por días, muchos cambios desde las criadas que trabajaban por casa, comida y algunas veces educación, hasta las de hoy día.

El gremio ha evolucionado mucho, las exigencias de su parte se han multiplicado, por un lado, este digno oficio va ganando prestigio y se va tecnificando y por otro, va aumentando la desconfianza entre las partes por la cantidad de experiencias negativas y por la descomposición social que nos está envolviendo, especialmente en algunos países como el nuestro donde la ilegalidad comanda las prestaciones y la poca paga ya no compensa los sacrificios de quienes, con el fin de trabajar en una casa, emigraron una vez a Venezuela para mandar un dinerito a sus hogares. Ahora ocurre lo contrario.

Luz llego a mi casa referida por la señora que trabajaba en el apartamento de una vecina, en el año 1993 quizás. Mis hijos de siete y dos años respectivamente, crecían bajo nuestra tutela, sin posibilidad de pagar una ayuda fija, apoyados en la familia y equilibrando las labores del hogar, la crianza de los niños y los estudios de postgrado.

Grave, grave, las dos últimas contrataciones: una joven peruana que me robó e hizo fiestas en mi casa y en mi cuarto, con una parejita, igual de joven y chiquito que ella, y una señora mayor, gorda, cuadrada como una nevera, con un carácter demasiado estricto para un pequeñín que con su poco hablar gritaba ¡Dina, no! ¡¡Dina, no!!

Luz se sentó a conversar conmigo: educación básica, sabía leer lo elemental y escribir sin reglas de ortografía. Me contó de su vida, había huido de un matrimonio "estable" con un hombre que la irrespetó conquistando a alguna conocida de ella y a varias desconocidas. Se marchó con cuatro hijos al hombro a casa de su mamá y madre de ocho hermanos más, donde ya no alcanzaba para alimentar todas las bocas ubicadas bajo un mismo techo y no se producía ni para soñar lograrlo. Por los caminos verdes se vino de Colombia a Venezuela a casa de una hermana con sus dos hijos mayores y dejó a los pequeños, de las mismas edades de mis hijos, en la casa con su mamá, en Cartagena.

Su sueño era tener su propia casa, estudios para sus hijos, traerse a los más pequeños y en ese momento, ser venezolana. En Colombia las guerrillas amenazaban la seguridad y la devaluación se comía los sueldos y los ahorros. Tenía caderas amplias, cintura estrecha, la nariz ancha con una verruga que ensombrecía la dulzura de su cara y, sobre todo, una resignación que abarcaba su existencia. Le quitamos rápido esa verruga, comenzó a trabajar en la casa, combinó recetas colombianas con platos venezolanos, mezcló recetas de mi familia con las de ella y terminó cocinando glorioso: el mejor asado negro, los más ricos bollos pelones, las mejores arepitas dulces abombadas y la más maravillosa torta de plátano. Tenía sazón para la comida por sencilla que fuera, instaló la presencia diaria del arroz blanco como contorno y el hábito del café varias veces al día; negrito, calientico y azucarado.

La contraté y no me equivoqué en mi apreciación inicial. La ayudé a traerse a sus hijos y a educarlos, la traté de ayudar también para que se comprara su casita, pero no se pudo, cuando estaba más cerquita de un retiro compensatorio empezaron a pasarle factura la fatalidad y la pobreza en el país. Los primeros años se encontró una pareja, entre dos la carga era menos pesada, se trajo a sus chiquillos y los pusimos a estudiar. En la semana estaba en la casa y los fines de semana en su casa, en la semana con mis hijos y los fines de semana con los de ella. Su pareja adoptó a sus muchachos y fungió de padre, cuidándolos con la ayuda de la única hembra, que ya era lo suficientemente mayor como para encargarse de sus hermanitos. Iban al colegio, el grande era muy buen alumno y el pequeño muy diestro con las manos, ayudaban a su papá en el taller mecánico donde trabajaban y dibujaban sueños.

Ella no vio qué pasó realmente porque estaba cuidando a mis hijos y tenía una estructura familiar que creía suficiente, esperándola cada semana, no tenía tampoco las herramientas para evaluar cómo progresaban sus hijos en el colegio por el escaso tiempo compartido y la escasa posibilidad de comunicación efectiva con ellos le cegó la realidad. Las pruebas de ello se hicieron evidentes cuando tuvo que irse sola con sus dos hijos menores a una casa que ahora debía pagar ella; el esposo con el que nunca se casó, no fue fiel de lunes a viernes y cada vez que se "tomaba unos palos" buscaba compañía, hasta que se acostumbró a otra compañía. Ella, a pesar de lo difícil de asumir sola la situación, intentó perdonarlo, pero no lo logró.

El mayor de los hijos se fue con una mujer mayor que él y se veían esporádicamente; la hembra, desde los quince años, comenzó a tener hijos producto de la falta de supervisión y la ausencia de figura directiva en el hogar.

La calidad del tipo de vivienda descendió cuando tuvieron que mudarse, pero descendió aún más el nivel del vecindario. Mientras el tercer hijo estudió hasta que culminó su bachillerato, el menor solo le daba sustos con los amiguitos que se gastaba; cada vez iba menos al colegio y de los trabajos salía rapidito, tenía poca paciencia, soñaba, como los cochinitos del cuento, con tener dinero para ayudar a su mamá y la envolvía en ensoñaciones y promesas con besos y abrazos que, por ser de su hijo menor, Luz agradecía. El pequeño aprendió a ocultar cosas para que su mamá no se preocupara y a inventar historias para que pensara que todo iba bien, pero parece que no fue así, las malas compañías lo tenían viviendo una vida doble y un día, por el supuesto robo a mano armada de un bolso a un joven transeúnte, la vida comenzó un castigo que facturó muy alto.

El arma era de juguete, el de la camionetica donde escaparon él y el amigo promotor del costoso desafío, los entregó a la policía y por mala suerte y falta de dinero para pagar la justicia que en Venezuela tenía tiempo corrompiéndose, en una sola noche fue condenado a cuatro años de prisión, así de soponcio. Cuando nos enteramos nada pudimos hacer, ya la sentencia estaba dictada, a lo sumo tocaba esperar la disminución de la pena a la mitad, como ocurrió después, para nada… Uno de los factores que supuestamente fue determinante para la condena residió en la agresividad para sustraer el bolso:

— ¡El bolso o te quiebro! —relató el aterrado asaltado, que además no sabía que el arma era un juguete...

Si de calvarios se trata, la cárcel es en Venezuela el peor de los calvarios para el condenado y para la madre o la esposa o los hijos. Si de sentencias se trata, en las cárceles de Venezuela quedas forzado a ser

195

un paria, no hay posibilidades de rehabilitación, el sistema te envuelve y si no eres parte del sistema, es todavía peor, como fue el caso.

La cárcel quedaba a cuatro horas de Caracas y las visitas eran una vez a la semana. Lo que ella vio y oyó la fue mellando y hasta el tono de voz le cambió a mi pobre Luz. La peripecia semanal para llegar con algo de comida y ropa limpia era devastadora, desde las cinco de la mañana salía de su casa a sortear autobuses y busetas, ella, que muchas veces se iba a su casa en taxi o la mandaban a buscar por miedo a cambiar su esquema de movilización; ni el metro sabía utilizar y le tocó padecer dos años de tortuoso desplazamiento, solita la mayoría de las veces, pocas con algunos de sus hijos y eventualmente con amigos o amigas de su hijo.

No tenía descanso, solo los sábados libres y los usaba para cocinarle a los hijos y comprar lo que debía llevar a la visita dominical. Él le contaba horrores de su situación, veía la miseria, la promiscuidad, la suciedad y la precariedad del recinto, pero seguía ocultando lo que podía y le contaba cosas buenas, planes para realizar cuando saliera. Advertía que para sobrevivir había que pagar de inmediato, la comida, alguna bebida, los cigarrillos y lo más costoso, la integridad. A veces no alcanzaba lo que ella le llevaba y debíamos salir corriendo a comprar tarjetas de teléfono y pasarle los códigos para salvarlo de la exposición a perros, o a una paliza. ¿Que mejoraría con ese castigo si más bien lo que se aprendía era cómo sobrevivir con malas mañas? y si no hay instrumentos, arriesgarse a delinquir es la única alternativa; nadie quiere un ex presidiario cerca, duda de sus intenciones.

Los "pranes" son los verdaderos directores de las cárceles bolivarianas, manejan a custodios y presos a su antojo, son criminales de alta peligrosidad y desde las cárceles con solo una llamada telefónica mantienen a la población en jaque con secuestros y amenazas.

Al final de los dos años, contaba Luz, se integró a un grupo de evangélicos que trataba de captar adeptos y conseguían cierto respeto para sus seguidores. Así consiguió en este caso, por buena conducta, la disminución de la pena, la excarcelación.

Pero eran dos, su hijo ex convicto y el amigo quedó preso y eso imposibilitaba la desconexión de sus destinos. La mamá del amigo no era como Luz y probablemente de lo que conseguía el hijo de Luz, compartía con su amigo, se protegían ambos, se acompañaban. Hasta que quedó uno afuera y otro adentro y no fue bueno para ninguno. El que salió no tuvo vida, quedó sometido a presentaciones periódicas en la cárcel que quedaba a dos horas de su casa, terminó víctima del ocio, y del desprecio y rechazo de quienes lo juzgaban, aún más por parte de los que eran amigos de su amigo, porque veían en su libertad, injusticia para con el que quedaba en prisión.

Luz era calladita, respetuosa. La tristeza fue cambiando su semblante y su coquetería; igual pasaba días sin comer, llorando, como épocas engordando y comiendo lo que se le atravesara, aunque le cayera mal, igual se lo comía. Luz era de poco quejarse, pero había cambiado tanto, que desde la mañana y con lágrimas en los ojos contaba lo que su muchachito estaba pasando y eso no cambió cuando excarcelaron al hijo, cada día tenía una historia: una era la de la noche del perro, decían por teléfono que si no buscaba y les pasaba un saldo de tarjetas telefónicas, le soltaban a los perros que un grupo de presos tenía en la cárcel –una vez camufló su tobillo a su mamá en la visita del fin de semana para que no viera el daño–; otra vez llamaron para alertar que lo habían acuchillado, había sido una herida superficial pero igual lo habían agredido.

Luz reunió lo que no tenía y lo mandó a Colombia. Conflictivo en verdad no era, quizás lo que pasaba era que los sueños y las pretensiones o las cuentas que sacaba no daban con lo que le pagaban y terminaba juntándose con otros que le ofrecían atajos para sus metas. Un día por fin le dieron un trabajo cortando vidrios y se cortó una mano al punto que no le permitió seguir en ese puesto, y entonces, con una excusa válida, se devolvió a Caracas, donde era un prófugo porque más nunca compareció ante la ley. Como si eso fuera poco, resulta que en su barrio le tenían una "culebra" (como se dice en Venezuela cuando hay ajustes pendientes entre dos personas o entre dos bandos), suponemos que orquestada por un "amigo", un preso, desde la cárcel.

Así, lo poquito de tranquilidad que tuvo Luz con él estando en Colombia, finalizó.

Por otra parte, el sueño de la casita se esfumó tras miles de intentos de conseguir algo del gobierno y miles de devaluaciones que convertían en polvo lo que ganaba. Una metáfora casi literal pues los billetes en Venezuela cuestan más hacerlos, que lo que con ellos pueden comprarse, solo la gasolina mantiene relación con el valor del papel moneda y aquí se regala la gasolina, también literalmente hablando.

Con su hijo cerca de nuevo creyó que todo iría bien, pero eso no fue lo que ocurrió. Pasó por tres hospitalizaciones, a las que ingresó con cédula falsa, por ser fugitivo, dos fueron producto de agresiones con arma blanca y una por un disparo de arma de fuego que entró en sedal en la espalda, afortunadamente sin dañar ningún órgano; en cada caso justificó los hechos con la inseguridad y mala suerte y creó sus evasivas: "fue la policía buscando a otro" o "fue alguien de otra banda encontrándolo a él" y así iba… como realmente la inseguridad y los tiroteos en los alrededores de su casa se habían vuelto tan cotidianos como los ajustes de bandas y las redadas de la policía matando indiscriminadamente que ya eran pan de cada día, nada sorprendía.
Durante todo ese tiempo en mi casa no faltaba, como parte de cualquier comida, el relato de alguna trágica situación: muertos en la puerta de su casa, supuestos secuestrados en la casa vecina, gritos de auxilio, venta de drogas, paleros haciendo rituales esotéricos al ladito de donde vivía con un hijo responsable, la esposa de su hijo y su nieta; estaban cada vez más asustados, con urgencia de mudarse sin poder hacerlo y con miedo de quedar en medio de algún cruce de cuentas por cobrar, como desgraciadamente ocurrió.

El desenlace sucedió un sábado, estando ella en su casa, luego de un abrazo y un apurruño de su hijo que acababa de ser papá. El último cruce de palabras fue un:

– Mamá, te quiero más que a nadie y voy a sacarte de aquí

– Vete directo a tu casa, no vayas a tomar por ahí –respondió ella

No fue a su casa, fue por la calle que su mamá le dijo que no tomara. Ella oyó los disparos y corrió porque oyó el nombre de su hijo, lo vio en el suelo con dos tiros en la cabeza y dejó de ser, para convertirse en un ánima. Lo veló, lo enterró y lo lloró. Volvió a ser feliz el día que supo que no tenía cuentas con la justicia y no supo dónde estaba el amigo que aún seguía preso. Se fue para Colombia y se llevó a sus hijos y a sus nietos, sin tener casa. ¿Cómo la ayudo?

¿Cómo se imparten valores a distancia? ¿Cómo se imparten valores sin ejemplo? ¿Cómo se imparten valores sin tener cubiertas las necesidades básicas? ¿Cómo se imparten con esta descomposición social? No lo sé, pero tampoco sé cómo en las clases sociales que sí tienen cubiertas las necesidades básicas, que sí han recibido educación y que sí tienen una estructura familiar estable, las oportunidades de dinero fácil y atajos hacia la meta han hecho que muchachitos de muy buena familia, de fortunas y desafueros no heredados, sean los verdaderos delincuentes que han acabado con el país.

Unos asaltan por no haber tenido oportunidad de poseer y otros, teniendo todo, roban no sólo dinero sino la moralidad entera de la colectividad. En Venezuela se habla de enchufados al referirse a los que tienen contactos con alguien del gobierno y les asignan dólares preferenciales, invierten una alícuota en la exportación o proyecto, dan comisiones en la moneda extranjera, abren cuentas bien lejos del país con lo que les queda y cambian unos pocos dolaritos al precio de la moneda en mercado negro, para vivir bien. ¡Facilito pues!

Sobre eso tengo un cuento buenísimo que me contó una amiga que es vecina de una prima y de fuentes fidedignas: Una quinta bonita, grande y acogedora, con pocos años de construcción, fue comprada por una pareja de abuelos que se enamoraron de ella especialmente por el patio, perfecto para los almuerzos de los domingos, con un jardín bien poblado de bromelias y orquídeas que complementaron con dos hamacas colgadas de chaguaramos y un bello pastor alemán. Los abuelos, jóvenes como yo hoy día, sesentones pues, pasaban los días en la construcción y un día ofrecieron una gran inauguración en la que los carros de familiares y amigos ocuparon todos los puestos de la calle y zonas aledañas. No habían pasado muchos días cuando un accidente cerebro vascular afectó a la señora y, al ser la casa de dos pisos y conocer ellos tan poco el vecindario, decidieron alquilarla y volver a su vieja y más pequeña morada. Llegó la dictadura mientras ellos alquilaban la casita, desfilaron por ahí embajadores, miembros de cuerpos diplomáticos, gerentes de trasnacionales, luego pasó tiempo desocupada y después llegaron algunos militares, cada uno con las particularidades de sus costumbres.

Se vendió la quinta y la compró una pareja recién casada por un precio astronómico y remodelaron hasta las cuerdas de las hamacas: mármol de Carrara para los pisos, espacatos variopintos que recubrieron muros y paredes, fuentes ornamentales con esculturas helénicas, baños de revista y cocina de concurso, piscina en el patio, pantalla de cine en el solar y los artefactos, muebles y lámparas llegaban casi que con transportistas de guantes blancos. La inauguraron antes de remodelar y con mucha bulla llenaron la calle, haciéndose sentir por toda la urbanización. Tenían montones de obreros trabajando, había dólar preferencial, sin respeto de las normas en el manejo de los escombros y sin medir los daños a terceros.

A la casa iba al principio la pareja, luego ella iba sola y después iba ella con su familia, así supimos que se habían divorciado, pero ella igual decidió mudarse y ocupó la casa con un exceso de servidumbre como por dos años. En uno de sus viajes al exterior llegaron unos militares con orden de expropiación, alertaron a la propietaria, que no volvió al país y una nueva familia ocupó la vivienda con la misma servidumbre, los mismos muebles y hasta los regalos de boda de la pareja anterior, como si nada... Eso sí, las cosas personales se las devolvieron a través de un tercero en sendas bolsas negras de basura...

La familia es la base fundamental de la sociedad, eso fue lo que aprendimos en la escuela y en nuestros hogares, pero ya nadie quiere un compromiso. La religión, sinónimo de fe, creencias y deberes ¡no se cumple!, ¡no se cree!

Es tanta la globalización que es difícil creer. Cuando dejas de convivir con tus iguales para sentarte cada día con un sistema diferente de vida en cada individuo que tropiezas, quizás te parezca fácil de aceptar la diversidad, pero el tiempo te dirá que mientras más parecido sea a tu pasado, más posibilidades de éxito tendrás en el futuro.

Lo que aprendimos en el colegio hasta hace doce años ya no existe. A la democracia, sistema ideal de gobierno, la destruyeron, y como con cada cosa se aprende algo, aprendimos que socialismo y dictadura no son modelos sostenibles.

Los símbolos patrios eran tres: un Escudo Nacional que ahora tiene al caballo en una posición diferente; una bandera que ahora porta una estrella de más y nos tocó aprender que "las siete provincias que unidas declararon la independencia" ahora son ocho; y el Himno Nacional, con música de Vicente Salías y letra de Juan José Landaeta, que el día menos pensado puede ser modificado por cualquiera o por la Asamblea Nacional Constituyente a conveniencia.

Los tres colores de la Bandera que aparecen en el Escudo Nacional, se ratificaron desde que ésta fuera izada por primera vez en la Vela de Coro el 3 de agosto de 1806: nos enseñaron que el amarillo representaba las riquezas simbolizadas en el oro. El azul representa nuestro mar Caribe, que cubre las costas venezolanas y que nos separa de España, ese mar que, con el edicto de expulsión de los judíos y luego con la colonización, con la dictadura de Franco, con las guerras mundiales, trajo a muchos españoles y ahora los lleva de vuelta. Finalmente, el rojo, la sangre que derramarían nuestros libertadores. Bueno eso es lo que nos enseñaron, la versión oficial, aunque otros afirman que esa bandera tiene los tres colores primarios adoptados por la masonería de la que Francisco de Miranda era maestro reconocido en Londres, en la Cartagena española y fundamentalmente en Francia, donde llegó a ser general de sus ejércitos de la Revolución. Hoy esta bandera se crece con cada ser que sigue dando su vida por la nueva libertad y se ensombrece cuando la usan gobernantes desprestigiados que han generalizado la corrupción, el abuso y el irrespeto a los Derechos Humanos más elementales.

201

Teníamos tres poderes: el Ejecutivo, que pasó un largo período de alternancia aunque a veces con las mismas caras; el Legislativo, que antes creaba las leyes producto de debates entre las diferentes tendencias ideológicas y que ahora quedó dividido en dos tras una flagrante violación a la Constitución por parte de la dictadura (Asamblea Nacional elegida por el pueblo y Asamblea Nacional Constituyente impuesta por el Ejecutivo); por último el Judicial ahora representado en la figura de un Tribunal Supremo ilegal y otro TSJ, legítimo, en supuesto desacato, perseguido y en el exilio.

Tenemos también dos fiscales generales y en este paralelismo, en abril de 2018, el Tribunal Supremo en el exilio, nombrado por la Asamblea Nacional que eligió el pueblo, aceptó la acusación contra Maduro y la solicitud de la Fiscal General perseguida por el régimen, de procesar al presidente por corrupción y ¿qué pasó? nada ¡por ahora! ya que la legitimidad, la Constitución y la presión internacional están trabajando.

Teníamos la imagen de un Simón Bolívar que fue inmortalizada fielmente por los mejores pintores y retratistas de su época y al que, después de ser exhumado con la excusa de una investigación sobre su supuesto asesinato, ordenada por Chávez –teoría inventada por el chavismo a pesar de que era conocido que el Libertador murió de tuberculosis–, fue cambiada su imagen oficial mediante una manipulación de su fisionomía a la de un rostro vulgar y corriente.

Teníamos poderes públicos e instituciones independientes y hoy tenemos una Constitución mil veces violada.

En 1961 mi tío Jesús María Casal Montbrún suscribía la promulgación de la anterior Constitución (1961) como diputado del extinto Congreso Nacional y hoy día su hijo, mi primo Jesús María Casal Hernández (constitucionalista, abogado, profesor y ex Decano de la Universidad Católica Andrés Bello), esperanzado trata de hacer cumplir la Constitución de 1999 que, con sus bemoles, es coherente y acertada, por lo que mantiene, en memoria de su padre y en el suyo propio, el respeto a la Carta Magna como guía para salir de este desafuero y restablecerla después de las múltiples violaciones en su contra.

Después de las elecciones y estando temporalmente fuera del país, escribió un artículo que creo vale la pena perpetuar por lo sólido y racional para resumir la situación política:

JESÚS M. CASAL H.

28/05/2018 05:00 am (MADRID, ESPAÑA)

Algunos consideran que el pasado 20 de mayo fue una jornada que por su significación política debe ser celebrada. No encuentro, sin embargo, razones para ello. El 20 de mayo el oficialismo demostró que está dispuesto a llegar hasta el final en la ruta antidemocrática que abrió con la convocatoria de la espuria Asamblea Nacional Constituyente. El abultamiento de los datos de participación, que entonces fue cometido, volvió a hacerse presente en esta última fecha y, lo que es más grave, ya se asume con normalidad que se realicen supuestas elecciones sin árbitro confiable, con líderes fundamentales de la oposición inconstitucionalmente inhabilitados, y con manejo clientelar desvergonzado de programas sociales, que han sido tecnificados para acrecentar la capacidad de subyugar a quienes los necesitan porque la destrucción de la economía venezolana por el mismo gobierno no deja alternativas. Ahora se pretende llevar adelante una gestión de gobierno sin legitimidad, soportada solo en una legalidad autoritaria que asfixia a la Constitución y a la Democracia.

Del lado opositor, la construcción de una unidad nacional entre las fuerzas que se oponen al régimen autoritario sigue siendo un gran desafío. Una unidad de objetivos y de estrategias de lucha, que después de una amplia deliberación entre posturas discrepantes y de su definición mayoritaria, sean adoptados por todos como propios, sin perjuicio de las visiones políticas específicas y diferenciantes que cada organización conserve en los temas no comprendidos por la plataforma común.

Desde el gobierno se habla nuevamente de diálogo, cuando éste se ha convertido en un término hueco o, peor aún, lleno de la connotación de usar las palabras para ocultar el pensamiento y engañar. El país sigue requiriendo un diálogo y negociación genuinos, pero esto presupondría cumplir condiciones que están siendo obviadas. Nicolás Maduro no puede ser el convocante y conductor del diálogo, porque está en el

203

centro del cuestionamiento de la legitimidad democrática del régimen que encabeza, de la persecución política y de las acusaciones de graves violaciones a derechos humanos. Instancias como el Vaticano, por medio de la Nunciatura Apostólica o de la Conferencia Episcopal Venezolana, o como las universidades, podrían hacer un llamado al diálogo y actuar como facilitadoras, el cual tendría que abarcar los asuntos más acuciantes de la realidad política, social y económica de Venezuela.

Con fijación de reglas

En cuanto a lo primero, estimo debería acordarse, como ha sido planteado por muchos sectores nacionales y por la comunidad internacional, la celebración de las elecciones presidenciales correspondientes al periodo que se inicia en 2019, previa renovación del Consejo Nacional Electoral conforme a la Constitución, con fijación de reglas que aseguren la transparencia, confiabilidad e imparcialidad de los procesos electorales. Esto implica la recuperación funcional de la Asamblea Nacional como órgano medular de la Democracia y, por tanto, la supresión de la arbitraria declaratoria de desacato emanada del Tribunal Supremo de Justicia. Además, debería cesar la persecución política y deberían ser liberadas todas las personas detenidas como consecuencia de la represión oficial. En el ámbito económico y social, es urgente tomar medidas que permitan enfrentar y mitigar en corto plazo la crisis en materia alimentaria y de atención a la salud, con cooperación internacional, y han de sentarse bases para la recuperación del aparato productivo y la estabilización macroeconómica y monetaria. Una negociación bien llevada serviría, adicionalmente, para abordar temas constitucionales pendientes como la conformación de un Poder Judicial plenamente ajustado a la exigencia de independencia, y de un Poder Ciudadano cónsono con los parámetros constitucionales, así como la reinstitucionalización de la Fuerza Armada Nacional, para ajustarla del todo a las disposiciones constitucionales, rescatando la dignidad de la profesión militar.

Las conversaciones

Nada de esto podrá lograrse si no se coloca en las manos de un tercero la promoción de las conversaciones que conduzcan, en primer lugar, a la definición común de los actores y del marco de la negociación, con apoyo técnico, siendo aquí muy importante el que pueda proporcionar la Organización de las Naciones Unidas. Luego habría que acordar las pautas a las que el diálogo quedaría sometido y se pasaría a la consideración de los temas correspondientes.

Hace una semana estuve con un perseguido político que me contaba los procedimientos que lleva a cabo este régimen para amilanar y neutralizar a los que piensan diferente y recordé cómo, estando yo chiquita, visitaba en el cuartel San Carlos o en el Hospital Militar, a mi tío. Recordé cómo quedaba su casa después de los allanamientos y cómo lo despedí cuando pasó al exilio, con mi tía y su hijo pequeñito, por pensar diferente (aún en democracia y con inmunidad parlamentaria), a los pocos meses de haber firmado aquella Constitución del 61 (pertenecía al Movimiento de Izquierda Revolucionaria MIR un partido escindido de Acción Democrática que no reconocía el pacto de Punto Fijo).

Recientemente y de forma arbitraria, el 2 de febrero de 2018, la policía política, detuvo a sus ochenta y cuatro años al Dr. Enrique Aristegueta Gramko, abogado, historiador y político, incansable luchador por la democracia y parte activa de la Junta de Gobierno que encaminó al país al caer la dictadura de Pérez Jiménez -de la que ya les hablé- en los años cincuenta. Por presión internacional fue rápidamente puesto en libertad y ratificó que solo la muerte detendría su lucha por devolverle al país, por segunda vez en su vida, un camino democrático. En la dictadura actual no hay indiferentes ni vidas paralelas, todos y cada uno de los venezolanos hemos sido afectados de alguna manera.

La Rotunda, en época del dictador Pérez Jiménez; el cuartel San Carlos, en democracia. Decenas de insuficientes cárceles en el país y ahora, El Helicoide y "La Tumba", dos símbolos de la violación a los derechos humanos de los que disienten. El Helicoide, una estructura soñada para el progreso como hotel, centro comercial y lugar de esparcimiento que se condenó como sede de organismos gubernamentales desde 1989; funciona, en la inconclusa obra, el SEBIN (Servicio Bolivariano de Inteligencia Nacional), y ahí están recluidos una gran parte de los presos políticos que mantiene este

205

régimen, coexistiendo en precarias condiciones junto a presos comunes, sometidos a permanentes castigos de aislamiento y constantes torturas. "La Tumba", un sótano ubicado 5 pisos bajo tierra en un edificio en Plaza Venezuela en el que funciona la sede administrativa del SEBIN, en donde los detenidos –presos políticos civiles y militares– son confinados en un espacio de 2x3 metros, con cámaras y micrófonos en cada una de las celdas, sometidos a aislamiento y a la llamada tortura blanca que busca el quiebre psíquico de sus víctimas y que en La Tumba significa, entre otras cosas, estar las 24 horas del día bajo la luz incandescente de bombillos.

Supuestamente hoy, liberarán a algunos presos políticos. ¡Falso! le cambian la medida a una de casa por cárcel, les ponen un bozal para que no emitan opiniones y si no, los obligan a salir del país, desterrados, como prófugos, como criminales. Salieron ultrajados sus cuerpos y abatidas sus mentes, pero dejando claro el clamor que el General Vivas trasmitió: "Muera la Tiranía, Viva la Libertad".

Parecieron raras las excarcelaciones, escogidas a dedo pocos días antes de que la OEA remita a la Oficina de la Fiscal de la Corte Penal Internacional su sugerencia de iniciar una investigación a raíz del *Informe de la Secretaría General de la Organización de Estados Americanos y del Panel de Expertos Internacionales e Independientes sobre la posible comisión de crímenes de lesa humanidad*, en el que se concluye que "existe fundamento suficiente … para considerar que los actos a los que se ha visto sometida la población civil de Venezuela, que se remontan por lo menos al 12 de febrero de 2014, constituyen crímenes de lesa humanidad de conformidad con lo que establece el artículo 7 del Estatuto de Roma de la Corte Penal Internacional, incluyendo los crímenes de asesinato, encarcelación, tortura, violación y otras formas de violencia sexual, persecución y desapariciones forzadas", que se suman a ejecuciones extrajudiciales y la negativa de aceptar la ayuda humanitaria para paliar el hambre y la falta de medicinas que está mermando la población; a chavistas y no chavistas que claramente, en las elecciones inventadas y fraudulentas del pasado 20 de mayo, dejaron claro que ya no apoyan la gestión de sus gobernantes.

Quizás esa reacción abrumadoramente mayoritaria del electorado venezolano de dejar vacíos los centros de votación ante la fraudulenta convocatoria de Maduro indica que al pueblo venezolano le quedan reflejos democráticos impartidos en aquella época donde la Moral y Cívica formaba parte de su cultura ciudadana.

Era la Moral y Cívica que se enseñaba en los colegios, las fechas patrias se conmemoraban con desfiles por el Paseo los Próceres de unas representativas Fuerzas Armadas al servicio del país, los cadetes con uniformes elegantes sobresalían de su entorno donde fuesen. Ahora parece existir solo la Guardia Nacional Bolivariana que dejó de ser ejemplar, unos pobres muchachos adoctrinados mal conducidos por dirigentes que sirven a unos pocos, con intereses diferentes a los de la mayoría de la población.

El último desfile o parapeto de desfile se llevaba a cabo en la Avenida Bolívar el cuatro de agosto del 2018, y supuestamente unos drones cargados de explosivos manejados desde Colombia o alguna otra ridiculez, según la versión oficial, pretendieron perpetrar un magnicidio, fallaron, pero se evidenció y se retrasmitió la huida y dispersión de los militares de nuestras fuerzas bolivarianas que corrieron por sus vidas, no por su patria, ni por su presidente en respuesta a una detonación. ¡Pumm!

En la época de Pérez Jiménez, otro tipo de dictadura, la infraestructura, construcciones y los adelantos marcaron su mandato y los desfiles incluían no solo a las Fuerzas Armadas sino a todas las instituciones escolares. Mi *Mamá* siempre cuenta que en 1954 el desfile del día de la Independencia, 5 de Julio, ella era la que llevaba la batuta en la banda del colegio La Consolación. Narra la emoción de marchar por las principales calles y avenidas de Caracas, el desfile pasaba cerca de la quinta Milelba, en San Bernardino y a los quince años, en ese destacado puesto mi *Mamá* sobresalía y acaparaba atenciones. Hoy día los desfiles dan lástima y solemnizan una cantidad de fechas que no se saben de donde salieron incluyendo la remembranza del fallecimiento del expresidente Chávez (no se ha confirmado nunca que fuera ese día).

207

Se buscaba, al incluir en los pensum de los colegios y liceos esta asignatura de Moral y Cívica, contribuir en la formación de ciudadanos ejemplares conocedores de los ordenamientos, derechos y deberes en el país al que pertenecen, siendo cada individuo parte de un todo que debe coexistir armónicamente con su entorno.

Por eso a los que se van porque no pueden seguir viviendo en Venezuela les digo: hagan todo con amor a la honestidad, no busquen atajos. "La conciencia tranquila es la mejor de las almohadas", dice mi cuñado (aunque no sé si la frase es de él).

El exilio es una prueba más de la vida; a enfrentarlo con serenidad, ánimo, fe, valor; a aceptarlo con beneplácito de la realidad, firmeza, integridad, constancia, optimismo, honor, moral y luces... pues este eterno carrusel tiene múltiples estaciones.

Mientras hay quienes hoy salen de Venezuela, hay también quienes aquí arribaron producto de un exilio propio y aquí deciden quedarse; es el caso, por ejemplo, de mi amigo Luis Trincado, que habiendo nacido fuera de nuestras fronteras, y pudiendo repatriarse, está decidido a no marcharse pues conoció el país que fuimos y lo lucha de vuelta para sus dos hijos. Les comparto su testimonio:

Cuando Milena me pidió que aportase mi testimonio como hijo de exiliados y me montase en su carrusel, no me dio tiempo ni siquiera a elegir la figura en la que me iba a encaramar, ya que el tiovivo multicolor que ella misma diseñó, estaba en pleno movimiento. Acepté de buen grado subirme al artilugio sin reclamar espacio alguno en particular ya que el viaje al que fui invitado es de esos que los que amamos la vida no queremos eludir. Me encuentro a gusto a pesar de que hay cierto hacinamiento debido a un gentío variopinto, ecléctico, multifacético unido por lazos entrañables que Milena ha ido tejiendo y desmadejando en un caótico vaivén que es el fiel reflejo de una vida llena de gente hermosa, sencilla, luchadora, optimista y emprendedora.

Conocí a Milena por su primer libro, "Detrás de la fachada" y sus historias no podían sino serme familiares por razones que demuestran que los seres humanos terminamos siendo afines aún sin proponérnoslo.

Como ella, nací en 1958, sólo que en un punto geográfico algo distante, Bilbao, en ese País Vasco que recorre mis venas y anima mi espíritu.

Pronto mis padres, Peter y Amaya, decidieron cruzar el Atlántico y probar vida en Libertad. Porque si algún sinónimo podía tener Venezuela en aquellos inicios de los años 60, para unos vascos republicanos que conocieron el horror de la dictadura franquista, ese era Libertad.

De Miracielos a Hospital, Edificio Mavi, fue nuestra primera dirección en una Caracas hermosa, pujante, llena de vida y color, de gente de todas las razas y credos, de mucho respeto y buena educación. Una Caracas donde nacerían al poco tiempo mi hermano Pedro y mi hermana Sonia. Plaza La Concordia, Escuela Emilio Pimentel, Basílica Santa Teresa, Torres del Silencio, Balneario de Naiguatá, piscina del IND en La Vega, mudanza tras el terremoto de 1967 a El Marqués, Colegio San Agustín, fueron mis puntos referenciales básicos y la vida quiso que mi secundaria transcurriera en el País Vasco de Francia, de la que soy bachiller y mis estudios de Sociología en la aburguesada y encantadora Burdeos, puerto y aeropuerto de entrada a la Metrópoli para la Francia caribeña martiniquesa, guadalupeña y de la Guayana francesa.

El retorno a Venezuela y optar por su nacionalidad fue una sola cosa. Regresé de Francia para emprender mi matrimonio con esta tierra que se portó de maravilla con mis padres, donde los vi felices, donde nunca fueron discriminados por ser extranjeros, donde mi madre, Amaya, se dedicó al negocio de la decoración con buen éxito y mi padre, Peter, a la docencia y el magisterio especializado en la educación para adultos a la que apostaba como un apostolado, con un infinito amor por su oficio de enseñar a la gente trabajadora lo mucho que sabía.

Esa Venezuela que no elegí para nacer pero sí para echar raíces junto a mi criollísima compañera Ivonne y mis dos hermosos hijos Araní la mayor y Josu el peque.

No pierdo mis tradiciones y mi cultura vasca milenaria, no podría porque es mi esencia vital y la nostalgia la atenúo sintonizando por internet esas radios populares de los pequeños pueblitos del País Vasco de Francia como Xiberoko Botza que aún conservan ese idioma ancestral, el euskera, que nos caracteriza. El asistir al Centro Vasco de Caracas o de Naguanagua, cuando puedo, me conectan a mi tribu originaria, pero ¿saben qué nostalgia sería incapaz de superar? La nostalgia por Venezuela si algún día, producto de la persecución política y del abismal deterioro de nuestra calidad de vida, decidiese migrar.

Así que me aferro a mi tenacidad de vascovenezolano, a mi determinación de seguir luchando, a no rendirme. Decidí compaginar mi oficio en las artes gráficas con el ejercicio de la lucha política y social en tiempos de Dictadura, es un riesgo que asumo naturalmente, sin alardes, con humildad. Con un enorme respeto hacia todos los que decidieron irse de este país, es una decisión dolorosa que entiendo y acepto, pero la mía es quedarme para darle la mano a todos los que aquí permanecen queriendo recuperarla, rescatarla de las maléficas garras que la tienen secuestrada. Es lo menos que puedo hacer en honor a mis viejos que aquí tuvieron su patria nueva, padres cuyas cenizas esparcimos de retorno en ese mar Cantábrico de Euskadi. Es que siento un deber hacia una Venezuela con la que me casé por decisión propia y soberanísima: acompañarla en la enfermedad, así como la acompañé en sus mejores tiempos. Sé que nuestra Venezuela se recuperará, resurgirá de sus cenizas y aquí estaremos para recibir, con los brazos abiertos, el retorno de esa magnífica y hermosa diáspora que nos ayudará a reconstruirla para la Prosperidad. ¡Venezuela volverá a ser Libertad!

Luis Trincado. Agosto 2018

Capítulo X

Decía Edvard Munch, pintor:
"La enfermedad, la locura y la muerte eran los ángeles negros que vigilaban mi cuna"

LOCURA, ENFERMEDAD Y MUERTE

Tres padecimientos individuales que involucran al entorno casi tanto como a los agraviados. Tres temores personales de los que podemos ser víctimas cuando el desencadenante es colectivo, en riesgo sigiloso de romper nuestro equilibrio.

En Venezuela los acontecimientos del 2017 han conformado un verdadero desafío de estabilidad emocional, cabalgan en una batalla psicológica contra nuestra integridad, esperando patear nuestras esperanzas y aplastarnos a su merced. Decepción y Esperanza, Frustración y Confusión, Despedida y Sosiego, Participación y Apatía, Constitucionalidad e Imposición, Culpables y Victimas, Héroes y Mártires, Fraude y Legalidad; enfrentadas todas ellas atentan contra nuestra salud mental, una guerra de sobresaltos, sensaciones, hechos y turbaciones que definitivamente nos están volviendo locos, nos van a enfermar no solo de la psique, sino que estamos abriendo la puerta al daño orgánico a la enfermedad y a la muerte.

Escribí una vez sobre la esquizofrenia a raíz de un tío afectado por ese mal. Su esposa se fue con él a los cielos hace poco tiempo, a consecuencia de un cáncer que la minó rápidamente, aunque para ella ni pasaba ni le pesaba y aceptó, como todo en su vida, con frases de aliento y actitud positiva.

Supongo que lo más difícil que a mi abuela le tocó vivir, como madre, fue ver a su hijo tan pequeño enfermo. Ya había asimilado su propio divorcio, se sorprendió incluso por su negativa a firmarlo antes, llegó realmente a acostumbrarse a estar sola y, de repente, empezó a notar cosas raras en su hijo mayor, el tremendo e intranquilo, el que corría de aquí para allá y cursaba sexto grado. Comenzaron a llamarla del colegio. Supuso, como siempre ocurría, que la causa eran problemas de conducta; pero no, esta vez había un problema realmente grave. El director del colegio donde estudiaba mi tío Rafael le comunicó su preocupación y extrañeza ante la actitud de su hijo que se negaba a entrar a clase, no llevaba cuadernos ni libros y no estaba haciendo las tareas. Las pocas veces que entraba a clases cuestionaba las exposiciones de los maestros con planteamientos absurdos que llamaban la atención y entorpecía la clase; en los últimos exámenes había reprobado y había una total indiferencia por sus notas, además existían detallitos como una mirada de soslayo al espejo, primero, una mirada perdida al rato, un largo silencio en un niño que tanto hablaba, luego miradas más largas y gesticuladas frente al espejo y si preguntabas:

– Hijo, ¿qué tanto te ves en ese espejo? –Él, con otra pregunta te respondía:

– ¿Mamá verdad que estoy pareciéndome cada día más a mi papá?

Probablemente te sorprendería su insistencia, pero siendo varón, sin figura paterna presente y sabiendo de la fama extra- muros de su papá, lo justificarías y le responderías: "Sí, mi amor igualito".

No quería ir al colegio y comenzó a instalarse en mi abuela la duda ante una realidad desconocida por ella. No dormía bien y la semilla de un mal presagio se hizo palpable; empezó a comer menos, a verse más en el espejo, a aislarse del mundo real, ya era seguro que algo andaba mal. Eran pequeños detalles, inconstantes al principio, luego repetitivos, que sólo ella veía, y que los demás menguaban con esas frases tan triviales: "¡Son cosas de muchacho!" y el confirmaba con frases rebuscadas: "¡Voy a ser famoso como mi papá", "en la luna vive gente, ¿verdad?", "anoche parecía haber mucho movimiento", "vamos a la esquina a buscar un refresco", siendo ya media noche. "Voy a dormirme temprano para concentrarme en mis meditaciones" pasando la noche en vela. Cada día más incoherencias, frases sin sentido; el carácter comenzó a cambiarle, las ojeras se fueron dibujando, perdía peso, estaba totalmente irritable; si alguien lo contradecía le gritaba o lo agredía verbalmente con amenazas desproporcionas y absurdas: "¡Mi equipo de rayo láser desintegrará tus pensamientos!" "¡Deja que busque a mis amigos a ver si puedes con ellos!", cuando no tenía amigos.

Empezó a tener manías y la angustia de mi abuela se hizo manifiesta, ya era evidente que había un problema mental, ya era evidente el diagnóstico, pero no bastó su seguridad, hubo que esperar a que las crisis fueran incontrolables para ponerle nombre y apellido a la enfermedad.

Comenzó a sentir que lo perseguían y que querían hacerle daño, comenzó a oír a los vecinos hablando mal de él y se puso sumamente agresivo; uno de esos días, donde rebosan las justificaciones, rompió con su puño la ventana de una vitrina en la calle, lo llamaban loco, él sangraba y gritaba cosas absurdas, se justificaba diciendo que era un mandato, que no hablaran más de él, que no lo mataran; se cortó, pero no dejaba de gritar que lo dejaran en paz, que él no era, que lo habían mandado.

Abuelita, tratabas desesperadamente de hacerlo entrar en razón, pero era inútil, más gritaba y más se molestaba ante la imposibilidad de que tú vieras y oyeras lo que él veía y oía.

Diagnóstico: esquizofrenia paranoide; pronóstico: sombrío. Se llevaron a tu hijo por primera vez con una camisa de fuerza; fue triste y

213

desgarrador, dos enfermeros bien morenos, gordos y feos, con franca indiferencia lo agarraron, lo inyectaron y luego ya dormido lo amarraron, como en las películas. No sería la única vez.

Lamentablemente requirió hospitalización y tratamiento inicial con electroshock, te prometieron mejoría y tuviste esperanza, supongo.

Tenía reprimida tanta angustia que al menos reconocer que su intuición era válida y dejar de buscar fantasmas en la evidente realidad, le daba algo de ánimos. Pero nada le quitaba el dolor de los hechos ni la imagen de las escenas vividas ni le consolaba, ni mucho menos le respondía tantas dudas. Así ocurre con casi todas las enfermedades mentales, el individuo que las padece no tiene capacidad de raciocinio para identificar los cambios en su persona y los cercanos justifican en el stress, la edad, la situación actual dejando pasar el tiempo sin buscar ayuda profesional. Actualmente en Venezuela hasta esa ayuda de especialistas está viciada y condicionada por referencias de igualdad de testimonio en ese ejercicio médico–paciente, todos tienen depresión y todo el mundo padece de insomnio y de irritabilidad y no se busca, o no se investiga el trasfondo de ese dictamen por falta de tiempo, por falta de dinero o por falta de experiencia, viendo la misma medicación para amas de casa desesperadas, que para personas en situación de duelo, para los mayores y los ancianos, para los psicóticos y los neuróticos. Es lo que hay, lo que se consigue; y si alguien tiene la posibilidad de traerla de afuera sin que la confisquen en la aduana, puede ser un poquito más selectiva.

Cuánto miedo a comentar las verdades que sentías y conocías, a que tus peores suposiciones se confirmaran, a asumir responsabilidades en el hecho. Así me siento yo abuela, viviendo realidades parecidas en el umbral de la vejez de familiares muy cercanos, a las puertas de la muerte de parientes jóvenes muy queridos, justificando soledades cuando ya nadie está acompañado.

No era rebeldía, ni era maldad, no fue tu error y no tenías la culpa. Las cosas las hiciste lo mejor que pudiste; la verdad era que él estaba enfermo y a pesar de que los brotes de la esquizofrenia pueden aislarse o disminuir con el tiempo, aquella situación preconizaba una afección irreversible, controlable, pero no curable y lo peor, la sociedad no estaba preparada para ello y los medicamentos que se usaban tenían más efectos secundarios que positivos. Se trató de buscar la causa y no se encontró respuesta. Se dice hoy en día que el componente hereditario es el principal factor de riesgo más no la causa en sí, eso unido a crisis traumáticas o de stress, multiplica las posibilidades de aparición; tampoco se descarta un componente hormonal de este flagelo que se presenta predominantemente en la adolescencia. Poco podías tú controlar los aspectos hereditarios ¿o era normal tener un tío durmiendo en una urna? y menos las circunstancias de vida, tenía apenas trece años y su desarrollo había sido normal salvo por la falta de imagen paterna y el divorcio y nada de eso fue tu culpa. No Columba, no podías cambiar las cosas, debías simplemente aceptarlas.

Un día cualquiera un ser muy cercano empieza a desconocer los cambios personales que le ocurren ignorando como tú misma hiciste abuelita, que algo anda mal, defendiéndose de fantasmas inexistentes, culpando probablemente a su círculo más íntimo de su suerte, negando su desinterés, ajeno a todo lo que le rodea, enterrándose en silencios inexplicables y dejándose dominar por la irracionalidad de no reconocerse y no poder concientizar que necesita ayuda, como también la necesitan los que rodean al afectado, convirtiéndose las tragedias individuales en colectivas si no aprendemos a manejarlas y a aceptarlas.

Mi tío, desde joven se sintió perseguido por el "espiritismo fijo", figura centinela que constantemente lo embestía, lo acosaba, planificaba su muerte y no le daba descanso, hasta una nueva hospitalización y una parcial recuperación. Cuando estaba bien, era otra cosa, conversaba, colaboraba con la abuela, salía solo y conocía gente, era muy buen mozo y él lo sabía; era piropeador y enamoradizo como buen poeta, mucha gente lo quería y quería a Columba, lo buscaban para pasear y distraerlo. En una de esas salidas a casa de Petra Sarmiento, antigua empleada de la casa, conoció a Drucila y se enamoró perdidamente; fue una eficaz receta. Mejoró su actitud ante la vida, se responsabilizó en la toma de su tratamiento, elevó su autoestima, se preocupaba por su ropa y su apariencia, comenzó a escribir poemas de amor; antes eran

215

poemas dedicados a la madre, a la familia, a la loca de la calle o al árbol y aunque nadie se lo esperaba fue correspondido por esa muchacha alegre y emprendedora que supo ver el alma del hombre atrapada en la cárcel de su diagnóstico.

Mi abuela comenzó a preocuparse, no veía con buenos ojos esa relación, intuía ocultas intenciones, su sobreprotección le hacía parecerle inadmisible que alguien pudiera interesarse en su hijo enfermo. Pensó que la conquista era una arribista que sólo perseguía los bienes de fortuna y se opuso a esos amores, se enardecía cada vez que sonaba el teléfono y mi tío corría emocionado a atender a su amada, para tener la misma conversación varias veces por día. Indiferentes, inmaduros, enamorados y desafiantes se confabularon en un futuro juntos "hasta que la muerte los separe", como efectivamente ocurrió. Se casaron en secreto, bueno casi en secreto pues mi abuela lo supo el día del matrimonio y no hay palabras para describir la que se armó, ya era demasiado tarde. Impotente, furiosa, indignada, lloró amargamente por la brutal emboscada y pensó mil maneras de imponerse. Nada logró, el amor materno sucumbió ante la posibilidad de un poco de felicidad en la dura existencia de su hijo.

Comenzó una relación suegra/nuera que fue moldeándose positivamente con el pasar del tiempo y la llegada de una bebé; esa desconfianza inicial se fue disipando con el paso de los años, con la admiración que su esposa consiguió al demostrar la sinceridad de sus sentimientos y asumir por siempre la responsabilidad de la enfermedad de mi tío, sin quejas, sino con alegría; primero le dio mucho amor al punto de que engendraron una hija, una niña sana que coronaba como en cualquier hogar la felicidad familiar. Se resignó a vivir de su trabajo y de la pensión de la suegra sin pedir nunca nada, sin exigir, sin reprochar y sin ni siquiera dudar de la decisión tomada.

Y así fue por más de treinta años, unidos en la enfermedad y el infortunio, siempre fieles, aun cuando Columba murió y no hubo más ayuda económica; cuando se lo llevaron nuevamente con camisa de fuerza, cuando tuvo que ir a visitarlo en los hospitales psiquiátricos, cuando los momentos de lucidez eran imperceptibles y su cuerpo se consumió quedando reducido a un pellejito que cubría un esqueleto andante; así quiso Drucila a mi tío. Siempre lo defendió, lo acompañó, lo amó sinceramente y le entregó al menos, una razón para subsistir y contrarrestar el infierno de estar perseguido por "el espiritismo fijo" durante toda su existencia. Aprendió a entenderlo sin molestarlo, a hablarle de forma clara, a entender sus delirios y sobre todas las cosas, a darle todos los días sus medicamentos; aprendió a vivir sola al lado de él y lo más importante, a ser feliz o al menos parecer feliz. ¡Ahí te equivocaste Columba! y sé que en vida rectificaste porque sólo la ayuda de un ángel minimizaría el efecto catastrófico de la enfermedad de mi tío y Dios te lo mandó en la figura de tu nuera que, adicionalmente quiso a todos en la familia y te cuidó a ti como una hija más hasta tus últimos días de vida.

Mi tío Rafael tuvo dos grandes pasiones adicionales a su esposa; el primero su interés por componer poesías y el segundo su entusiasmo y afición a las peleas de gallo. Respecto a la poesía, una vez que aprendió a escribir a máquina descubrió una posibilidad de expresión; a pesar de cometer infinidad de errores ortográficos y de la incoherencia de algunas de sus frases pudo recopilar material suficiente para empeñarse en publicarlo. Se presentó ante la sociedad de poetas que lo recibió como miembro activo y a su libro se le puso por título "El Inicio" dejando claramente expresado que no tenía experiencia. El contenido de sus poesías era valioso y de agradable lectura. Le escribió a su padre, al maestro, al borracho de la esquina, al limpiabotas, a su hija, a sus hermanos, a su primera bicicleta, al amor de su vida (su esposa) y les escribió a sus gallos.

Y así siguió escribiendo, coincidiendo, repitiendo palabras; encontró la forma de vaciar sus ideas al mundo que le rodeaba, decir sus verdades y dejar en el papel constancia de su esfuerzo. Cada poema era un tratado psicológico de la interpretación de la vida, increíblemente valioso en su superficialidad y perfectamente leíbles por su contenido.

Sobre su otra pasión, se dedicaba a los gallos que tenía en el criadero de la casa. Cuando incursionó en las peleas de gallos inhaló motivación y presionó igual que cuando publicó su libro para que le compraran un gallo de pelea. Le puso por nombre Marañón y se consagró a pulir y

217

cuidar su espuela, arma de ataque y defensa en tan peculiar actividad, condenada por muchos y apoyada por pocos debido a su agresividad y resultados. En la pelea uno de los dos gallos puede morir. El gallo de mi tío era negro y esbelto, ganó unas cuantas peleas; cuando perdía, mi tío llegaba cabizbajo y preocupado, le curaba y hasta que no lo veía otra vez erguido no descansaba. Pedía plata para apostar a todos los de la casa; si perdía el gallo adiós inversión, si ganaba lo gastaba en cigarros y chucherías para él, pero los de la casa nunca recibíamos nada. No nos importaba realmente, él era amado, querido y verlo bien, contento e ilusionado eran nuestros mejores dividendos; así vivió y así murió.

Ahora sesenta años después, se siguen detectando desconexiones cerebro-corporales y existe un temor oculto a que la mal llamada locura se manifieste en cualquiera de cualquier manera: en los niños que nacen y se llaman "diferentes" o "especiales", en los mayores que presentan demencias variopintas y precoces y en las miles de patologías degenerativas que dan nombre y apellido a sutiles síntomas escondidos en una pérdida de memoria, en una indiferencia al entorno, en la ausencia de filtro para expresarse, en aislamiento y retracción; síntomas ocultos en luminosas señales de pérdida del autocontrol que el entorno argumenta para no definir el dictamen temido.

Hasta hace poco existían excelentes tratamientos en mi país y los trastornos psicóticos podían ser controlados integrando a sus portadores al medio que los rodeaba. Ahora, las perturbaciones neuróticas y limítrofes de personalidad ganan terreno y desincorporan a individuos con trayectorias impecables a un limbo de incomprensión, autoengaño, miedo, decisiones erradas, remordimientos y culpa, que castigan tanto como las enfermedades orgánicas. Una tragedia mayor y particular es la conciencia de un diagnóstico fatal y la dificultad de asimilar lo que individualmente es incontrolable.

Me cansé, como médico, de ser la portadora de noticias difíciles de asimilar que traían de cola un cambio abrupto sobre la inercia con que llevamos la vida.

Hace ya seis años atendí la petición de dos de *mis Hermanos* de revisar los exámenes hechos por más de un año y dar una segunda opinión a mi vecina y amiga de Maracay, María Gabriela. Doce años menor que yo, fue una de mis tantas alumnas de clases particulares que impartía en mis tiempos libres a compañeras del colegio durante mi bachillerato y a conocidas de la urbanización; en el caso particular de ella, le daba clases de todas las materias del pensum oficial de la secundaria, incluida religión; floja mi Gaby para estudiar, pero brillante para actuar, pensar, sobrevivir y morir.

Gaby salía con un amigo de *mi Hermano*, fueron ellos quienes me pidieron que la viera; esa misma noche me buscaron por la casa, me llevaron a la clínica y luego de saludos habituales y remembranzas de nuestras conexiones, me contó Gaby: "amiga no aguanto mi dolor de cuello, aquí están todos los estudios que me han hecho y acá — señalando un gran bolsa—todos los medicamentos que me han mandado; revisé y comenté la posibilidad de diagnóstico que al día siguiente confirmaría la biopsia. Un tumor gigantesco en el cuello en la base del cráneo destruía dos cuerpos vertebrales y amenazaba con infiltrar la médula. Fue posible operarlo, estaba localizado, pero se había perdido un año. Gaby en su preoperatorio solo se angustiaba por no quedar torcida ya que para ella eso sería más tormentoso que morir. Según ella "la gente de Maracay es tan chismosa que ni de vaina me expondré". Las células cancerígenas eran de un tumor de niños, Rabdomiosarcoma, el mismo que tuvo Hugo Chávez; pronóstico sombrío, no había metástasis al principio, pero la posibilidad amenazante de que apareciera imponía quimio y radioterapia.

Durante cuatro años se intentó de todo: inmunoterapia, quimioterapia, se le cayó todo el cabello y las pestañas, se le llenaba la boca de llagas, la ponía a vomitar y la neutralizaba por dos o tres días cada vez que se le aplicaba; terapia térmica en Colombia y radioterapia, entre otras cosas y se seguía intentando por dos motivos: su posición optimista y los controles que indicaban que la enfermedad estaba en remisión. Con sus días buenos y malos trabajó sin descanso para contrarrestar los requerimientos económicos, se esforzó por dejar a sus hijas terminar sus carreras universitarias, negándose el placer de

219

tenerlas cerca, se reía de sí misma y sus desventuras; ejemplo, los paréntesis que se imponía para meter en la nevera la peluca cuando hacía calor o las noches en compañía, cuando encontraba una pestaña postiza sobre su almohada y salía corriendo a colocársela antes de que el acompañante se fijara en el desperfecto.

¡Gaby, cuánto hablamos querida amiga! Brindamos por cada control negativo de tu enfermedad y llorábamos por cada recaída. Un día decidiste parar la lucha, cuando aparecieron las lesiones en tus pulmones y te avocaste a sobrevivir y mantenerte al margen de la sentencia. Elegantísima, el glamour, ante todo, pero cada día respirabas menos y te fijaste como límite casar a tu hija mayor; solo pudiste acompañarla en el civil, ya para el eclesiástico, que pediste no se suspendiera, no estabas de cuerpo presente aunque el vendaval que irrumpió en la iglesia al momento de los votos matrimoniales, con parpadeo de luces, batida de puerta y lluvia torrencial, tenía nombre y apellido: GABY.

Tu mamá y tus hijas siempre a tu lado; viviendo por una parte la confirmación de las leyes de vida, por la otra la incomprensión de su interrupción y nos convertimos en familia. Un día le pregunté cómo resumiría su vida escribiendo esto para mí, para ella y para todos:

"Aquí estoy tratando de enviarte algo para el Carrusel hermoso que completará tu bello recuento de estas vidas a veces difíciles como la mía, pues te comenté que había estado siempre, siempre debatiéndome entre la sensatez y los sentimientos y que al final siempre triunfaron los sentimientos ...muchas veces luchando contra todo y todos ... muy contenta por haber escuchado al corazón y teniendo como música de fondo algunas lágrimas e himnos de vida con letras hermosas de canciones que me ayudaban a seguir adelante...

Cuando tenía veinte añitos tarareaba feliz "Contigo aprendí" del gran maestro Armando Manzanero y cuando a los veinte años de matrimonio bonito, abruptamente me quedé sin pareja, otra gran canción tomo el primer lugar en mi alma...se llamaba Sobreviviré y así mismo fue...sobreviví con mis tres hijos y dos años más tarde la sensatez y los sentimientos entraron de nuevo en guerra pues me enamore de casi un imposible... dificilísimo el decidir de nuevo entre esos dos sentimientos tan antagónicos: SENSATEZ y SENTIMIENTOS y una vez más pudo el corazón con toda la sensatez que busqué y rebusqué......y de nuevo una canción sublime que quizá pueda mostrar mucho de esa gran lucha conmigo, que recuerdo y llevaré siempre en mi corazón: "A mi manera" de Frank Sinatra ....

A mi manera reconstruí mi vida valorando letras de canciones que marcaban mi día a día... "Como un rayito de luna", y "Eres como una espinita" Ciertas y dolorosas en su contenido, pero valió la pena tanta insensatez: heme aquí viviendo ya otra vez "A mi manera" con el recuerdo imperecedero de todo lo vivido.... feliz bisabuela de tres diablillos y a veces solita con mi libro de vida repleto de momentos hermosos y leyendo con un gusto tremendo que alguien quiera sentir el Carrusel de una vida larga cómo va la mía.... con pérdidas infinitas como la partida de una hija y de un compañero a destiempo".

Gaby tu partida me dejó muchas enseñanzas, impotencia y frustración; no podía hacer nada para cambiar lo que sabía iba ocurrir desde que vi las imágenes de la lesión, eso me indujo a dejar la primera fila en diagnóstico para retirarme al anonimato de hacer diagnósticos sin facciones, desde la barrera, dando a otros la responsabilidad de trasmitir las sentencias, no podía soportarlo.

Cerca, muy cerca, el cáncer merodea, su intrusión no da tregua y el proceso que representa su camino lo tendría que volver a andar para acompañar a mi cuñado, después a una prima....

Alancito, hermanito de mi vida, días antes de tu cumpleaños número cuarenta y nueve recibíamos la noticia de una tumoración creciendo en tu hígado que te llevaría unos días después de tu cincuenta cumpleaños; cuatro días de agonía y un año de expectación. Luchaste dignamente contra la nefasta enfermedad y nos aleccionaste: paciencia, resignación y fe en cada uno de los días en que calladamente esperabas un milagro. A tu lado, con la lealtad de seres sobrehumanos, te acompañó tu esposa en silencio y centró su vida en complacerte. Tus hijos, con la impotencia del cuestionado designio paralizaron sus vidas para estar junto a ti. Tus hermanos, cuñados, primos y sobrinos, tratamos infructuosamente de apoyarte en tus disposiciones, pero fue tú hermano el depositario de la ciega confianza en la decisión a tomar en cada paso de tu intratable enfermedad. Si hubo un milagro, recibiste

221

todos los tratamientos posibles, viviste junto a tus seres amados cada día de sobrevida, no tuviste clínicas aparatosas, compartiste con tu familia, tus hijos, tus hermanos, tus sobrinos: día del padre y tu cincuenta cumpleaños. Sacaste fuerzas de donde no tenías para trasmitir un bello recuerdo y después que tus suegros te bendijeran y llegaran a acompañar a tu esposa, después de pasar el Shabat, decidiste dejar de intentarlo y sucumbiste.

Solo cuatro días duró tu agonía corporal, nunca sabremos de tu agonía interna; cuatro días de despedida a cuerpo presente, te fuiste con tu mami, con tu papi y nos dejaste involuntariamente con la rebeldía por tu ausencia, lo incomprensible de lo ocurrido y la difícil tarea de seguir por ti, sin ti.

¿Cómo sigue la madre sin un hijo, la esposa sin el marido o los hijos sin sus padres?...

Así lo resumió mi sobrino de diecinueve años el día que develaron la lápida de mí cuñado en Miami, representando a su madre ausente con la visa anulada y a su hermana:

"Primero quisiera agradecer a todas las personas que se tomaron el tiempo hoy de venir hasta acá, demuestra muchísimo y que sepan que lo apreciamos porque en los momentos difíciles son cuando uno ve a quien tiene alrededor y no pudiese pedirle más a ninguno.

Lamentablemente mi mamá no pudo estar con nosotros hoy, pero nos sentimos reconfortados sabiendo que tenemos tanta gente a nuestro lado que nos quiere y nos apoya también allá en Caracas.
Estas palabras quiero que sean como la vida que llevó mi papá: cortas, sencillas, pero con un significado e impacto tremendo.

De Alan está de más decir que dejó un nombre muy alto, una reputación impecable y una esposa e hijos que se van a dedicar el resto de su vida a intentar alcanzar el ejemplo que nos dejó. Él nunca nos dijo cómo había que vivir y comportarse, el dejó que su ejemplo nos lo explicara todo.

Alan nos enseñó que, como todo, uno tiene que luchar en la vida y aunque a veces se pierda y otras se gane, lo importante es la actitud y la sonrisa, porque con eso ya eres ganador.

Las enseñanzas fueron infinitas y los agradecimientos nunca serán suficientes, pero quiero agradecerte por todo lo que hiciste, por saber escoger a mamá y por crear una familia con unos valores que me siento afortunado de tener gracias a ti.

Personalmente, quiero que sepas que, aunque a veces me veas luchando algunos días, nunca me voy a rendir. Trabajo cada día para saber que sigues orgulloso de mí y, por si no me ves, que sepas que nos viene una gran conversación como las que siempre tuvimos y tanto extraño. Quiero que estés donde estés, mantengas esa sonrisa y tranquilidad que te caracterizaba y que sepas cuido a mamá y Dayana por sobre todas las cosas SIEMPRE JUNTOS PA".

Así como Saúl escribió a su papi y Teresita escribe a su hija, así yo alguna vez escribí a los cielos para que le llegara a mi padre y ese clamor fue apreciado por terceros, buscando respuestas a una incertidumbre conocida:

Dicen que el ser humano. No muere sino se olvida…
Vive en los recuerdos y en los corazones

¿Porque no se habla de los muertos?
Si su ausencia se soporta
Gracias a esa presencia
Que el espíritu atesora

¿Porque no se brinda por los muertos?
Si los momentos felices y alegres
Solo son posibles, por la simiente
Que a lo largo de una vida
Crearon los seres queridos

¿Por que no celebramos el cumpleaños de los muertos?
Si ese día y cada año
Buscábamos manifestarle
Todo el aprecio y cariño

A esos maravillosos seres, tan queridos el Ayer
Aun más queridos el Hoy

¿Porqué y porqué y porqué?
Alguien que tanto encarnó
Nos deja solos un día
Cargados de sentimientos
Que se van acumulando
Al no poder compartirlos

Nos sobran horas en vela, en las noches
Transformando en oraciones
El beso o el abrazo que no dimos
Y las palabras que no dijimos...

La resignación nos arropa con prestancia
El tiempo nos condena a continuar
La idea de un reencuentro y un solo Dios
Nos permite tolerancia...
Para no gritar, la infinita falta
De un ser, para nosotros, de tanta importancia

Ser que nos dio la vida
O nos alumbró un camino
Que con todos sus defectos
Nos apoyó en los proyectos
Y nos marcó el porvenir...

¿Donde están? ¿están en paz?
¿Sufren por lo que ven?
¿O siguen conservando el optimismo?

Asfixiados por la vida
Buscando la respuesta
A lo inexplicable de la situación
Brindo por lo que vivimos
Y celebro tu cumpleaños

Confiada que allá en los cielos

Con alegría estés viendo
Los frutos de tu presencia

Y solo puedo pedir
A los que están en la tierra
Que ofrezcan una oración
Un tiempo de reflexión
Celebren sus cumpleaños
Y hablen mucho de sus muertos…

Soledades reales la de un enfermo en su pesadumbre, un loco en su confusión y un anciano en su senectud.

Cuando vamos envejeciendo vamos desapegándonos del contenido del viaje y enfrentamos una realidad segura, donde el deterioro corporal se subyuga a la experiencia y al recuerdo, siendo grave la incompatibilidad entre lo que se quiere y lo que se puede.
Soledades reales la de mentes aisladas imposibilitadas de comunicarse o involucrarse en cuerpos plenos, que resisten la reclusión pasiva de su espíritu.

Soledades reales la del exilio involuntario, la del preso, la del expatriado, la del huérfano, la del desadaptado, la del abandonado y la del vacío íntimo.

Soledades contra las que no podemos luchar, designios incontrolables que nos marcan irreversiblemente versus soledades contra las que podemos luchar y superar dependiendo de nuestra actitud y nuestra paciencia y que pueden resultar maleables y temporales, si decidimos que así debe ser.

Capítulo XI

Decía Benjamín Franklin:
"Un hermano puede no ser un buen amigo pero un verdadero amigo siempre será
un hermano"

GEOGRAFÍA Y TRADICIONES

El Árbol más bonito… se llama Amistad, NUESTRA AMISTAD

En Venezuela, en Maracay…
La Ciudad Jardín
Más en el aire que en la tierra
Ha crecido el árbol más bello del mundo

Las raíces profundas, clavadas en esa tierra
Llegaron en brotes de lejanos lugares
De Croacia, Italia, Galicia
De Marruecos, Cuba y desde este mismo país…

El árbol más bello del mundo tiene en sus raíces
vivencias, recuerdos, tristezas y alegrías

Subterráneas, individuales y entrelazadas
aportando requerimientos y nutrientes que se conjugan en su tronco
aportando estabilidad y fortaleza al árbol más bello del mundo

El árbol más bello del mundo ya no cambia con los años
Se mantiene orgulloso y elegante ante el paso de los días
un tronco grueso y potente de corteza resistente
lleno de cicatrices que confiesan su historia

su aspecto es desafiante, su fortaleza infinita
y cuentan los que lo ven, que su corazón palpita
Cada anillo que ha agregado para alcanzar su grosor
ha aportado y dado origen a su magnífico esplendor.

El árbol más bello, tiene fabulosos retoños
Que forman una copa que se abre hacia el cielo
Sin límites ni ataduras, espejo fiel del entramado de las raíces

Está lleno de flores de colores variados y tamaños diversos
Cada flor una bendición, cada flor
una esperanza...

Les narraré a continuación como comenzó esta historia:

A los ocho años de edad ya contaba al menos con cinco mudanzas de casa y millones de viajes por las carreteras de mi país. Recién mudada a Maracay, estado Aragua ya habíamos vivido (con mis padres), primeramente, en Buenos Aires, Argentina; posteriormente al llegar a Venezuela estuvimos en Morón, pueblo del Estado Carabobo, originalmente en una quintica y luego en un tráiler o remolque a orilla de la playa –que eran algunos sitios destinados como morada a los trabajadores de la industria petroquímica, lugar donde trabajaba mi *Papá*. De ahí, en dos oportunidades y en diferentes moradas nos mudamos a Valencia, capital del estado Carabobo, para luego estar por dos años en el hogar de mi abuela en Caracas. Así que con ocho añitos venía siempre desde el interior del país a Caracas para pasar todos los fines de semana en casa de mi abuela.

Nos instalamos en Maracay cuando ya éramos cinco en la familia, en una quinta grande, con jardín y perro: Apache, que murió por una sobre ingestión de saltapericos después de alguna navidad. Era un barrio clase media, bonito, codeándose los propietarios de casas como esa, con los de casas aún más grandes con terrenos inmensos y con los de casas chiquitas sin terreno alguno. Éramos socios del club del Círculo Militar de la ciudad y ahí en su piscina navegábamos con un botecito inflable y en sus parques jugábamos al escondite, a la candelita

227

y a la ere paralizada; del Barrio Sucre que era como se llamaba la zona donde vivíamos a un moderno edificio frente a la gran maestranza de Maracay, hoy maestranza Cesar Girón.

La maestranza diseñada por Carlos Raúl Villanueva está inspirada en la Plaza de Toros de la Real maestranza de Caballería de Sevilla, aunque dicen que se parece solo el interior de la misma, fue construida bajo el Mandato de Juan Vicente Gómez, quien gobernaba desde Maracay e inaugurada en 1933. Para entonces, nosotros vimos desde nuestro balcón del piso trece del edificio vecino, a famosos toreros conformando carteles destacados internacionales como el caso de Cesar Girón, Tomás Campuzano, Palomo Linares y el Cordobés. Los veíamos con un telescopio que descansaba en una repisa empotrada en el balcón y nos preparábamos en cada corrida para ser público alejado, pero partícipe de cada evento. La pasión por los toros de mi padre la hereda su único hijo varón quien vestía un traje de luces amarillo desde los tres años y jugaba con banderillas como si fueran carritos; el furor, la locura y el frenesí por la tauromaquia siguen guiando la check list de su vida, ya ha toreado, conocido plazas de toros, acompañado toreros y nos ha llevado a todos a compartir ese amor por esta fiesta como conté en la experiencia en Sevilla.

Cesar Girón, aragüeño de humilde origen quien naciera el mismo año que se inaugurara la plaza, vistió de gala al coso muchas veces y el orgullo de este ilustre torero de Choroní, se perpetúa atildando y dando nombre a la maestranza.

Mis vecinos del piso superior compartían, desde su balcón, ser público de galería con nosotros. Era una familia de Yugoslavos que luego fueron de Croacia en 1990 cuando Yugoslavia se fragmentó en seis países: Croacia, Serbia, Montenegro, Eslovenia, Macedonia y Bosnia; sus padres habían literalmente huido de su país durante la guerra, habiendo escapado de la cárcel el señor Martins, padre de mis vecinos; de Yugoslavia fue a Chile acompañado por su osada y valiente esposa, en un mano a mano migratorio y satisfactorio por fronteras y bosques, que debió revivir cuando enviudara y quedara sola en un país que cada día se parecía más al país de donde tuvo que huir. Branka, como muchos migrantes que encontraron en este país su estabilidad y fundaron familias venezolanas, no puede creer en el ocaso de su existencia, ya sin fuerzas para volver a empezar, la repetición de unas circunstancias ya superadas.

El mayor de los hijos de mis vecinos vivió por muchos años con su mamá, cuando la guerra de poder dentro de las fracciones de Yugoslavia y la arremetida contra Croacia fue brutal, Branka dio refugio a la hija de una compatriota, ya graduada de médico, sin ningún papel que lo demostrara en su casa en Caracas. Se casó con su hijo mayor, se fueron a Canadá donde los recibieron con los brazos abiertos y la esposa decidió un cambio total de vida y una nueva carrera, estudió arquitectura, añoraba la Croacia de su juventud y al establecerse la paz y la democracia decidió retornar, pero todo había cambiado tanto que salieron de Croacia nuevamente donde vivieron por tres años. No volvieron a Venezuela donde se conocieron y donde está su mamá, se fueron nuevamente a Canadá ya adaptados al primer mundo y desadaptados de la familia con que crecieron.

Croacia está de moda, su fútbol la situó en el escenario internacional, rumbo a la final del mundial Rusia 2018, emergiendo como un rival potenciado con el tortuoso pasado de sus integrantes, algunos crecieron en campos de refugiados de guerra, migraron y debutaron en otros países como jugadores, vieron en su infancia morir familiares y hoy el abrazo de la presidenta a cada jugador y a su afamado director técnico Dalic da la vuelta al mundo. Un país de cuatro millones de habitantes, geografía sorprendente, historia complicada, gracias a su gente y a los que asumieron el reto de marcar la diferencia inundan hoy las redes y los medios de comunicación con un mensaje alentador: "Si se puede".

Al colegio de uniforme, para las chicas vestidos tipo jumper, con camisa blanca debajo, de algodón; uno de diario, otro de gala, medias a la rodilla, zapatos con correíta en el ante pie, que ya ni los venden y en bachillerato nos permitían mocasines. Colegio de monjas de hábitos negros, signo de consagración y pobreza, cofias con velo del mismo color; toda la congregación vestía igual, así estuvieran en el invierno de

España o en Maracay, ciudad venezolana con altas temperaturas y veranos perpetuos. En España emergió la orden, fundada por la Madre María Rosa Molas Valvé, quien nació en Reus, Tarragona, cerquita de donde fui a trabajar en el verano y donde fue el atentado de Cambrills en días pasados. Fue beatificada y posteriormente canonizada en 1988 y la orden aún tiene colegios dentro y fuera de España, pero ahora visten de beige, con telas más frescas, vestidos más cortos y cofias más cómodas. Los varones pantalón azul marino, camisas blancas, ni soñar con un blue jeans, ni chemises. Las chicas jugábamos vóley ball y los chicos futbol y en los juegos eran los únicos momentos en que los chicos podían entrar al colegio de las chicas y viceversa; también podíamos compartir en intercambios culturales, competencias de matemática intercolegiales y en la Sociedad Bolivariana de la ciudad. Colegio de varones, colegio de señoritas.

A muchos de los chicos del colegio San José, entre esos mi vecino, los enseñé a bailar la música de la Billos y de Los Melódicos, oídas en un tocadiscos y en las primeras grabadoras de cassettes, las dos orquestas más famosas del momento, años setenta; no todos aprendieron, siguen aleteando como gallinas los brazos y sin mover las caderas. El punto de encuentro los pasillos del edificio Calicanto, luego las calles delante de las casas, más tarde salidas en la ciudad y después paseos a las playas cercanas. a Paco, mi papá le prestaba el carro aún sin licencia, para que nos llevara al Bowling. Fanáticos del béisbol porque Pepita, mi mejor amiga de la infancia era prima de David Concepción, excelente jugador, de origen humilde de Choroní quien fuera al estrellato de las Grandes Ligas enarbolando el nombre del país y la bandera tricolor, como Cesar Girón, fuera de nuestras fronteras. Choroní es un pueblo costero de uno de los veintitrés estados de Venezuela, a dos horas de Maracay por una carretera tortuosa y peligrosa nunca bien solidificada. Hace días fue noticia por un deslave que cobró la vida de unos pasajeros que veían con asombro y probablemente molestia la crecida de un río que cruzaba la carretera y no permitía paso de vehículos y de la nada fueron arrastrados por la inesperada corriente, en su contemplación no pensaron que ese inconveniente en vez de retrasarlos les podría quitar la vida, como efectivamente ocurrió.

Teníamos trece años y nuestros amigos quince y nos infiltramos falsificando la edad, en el Ateneo, un pequeño teatro vecino al edificio Calicanto, a ver Las Fresas de la Amargura de Stuart Hagmann, nos sentíamos rebeldes y retadores; ya más grandecitos íbamos al autocine y a veces, más los varones que nosotras, íbamos a casa de uno del grupo de los chicos desde donde se veía la gran pantalla del cine auto. Ya no existen autocines en el país, esa modalidad cedió sus terrenos para proyectos más modernos. Revisando la lectura de estas páginas me asombro de que por causa de la pandemia 2020, los autocines se volverán a poner de moda.

Con los años nos mudamos de nuevo, en la misma ciudad, para una casa donde nació mi *Hermanita*, una quinta grande en la mejor urbanización de Maracay, Cantarrana. Éramos ahora cuatro *Hermanos* y teníamos muchos vecinos jóvenes, de nuestras edades, había amigos para grandes y chiquitos y con estos, los amigos del edificio y los del colegio formábamos grupos para crecer juntos compartiendo tiempo y diversiones acordes a la edad y localización geográfica donde crecíamos, lejos de la capital.

Con las chicas del colegio compartíamos las travesuras internas con los profesores y con otras compañeras, ni soñar en bullying o acoso escolar; éramos un grupito de ocho. En La Consolación había las dos ramas del bachillerato, ciencias y humanidades; no todos los colegios tenían humanidades. No es que se escogiera el tipo de bachillerato a estudiar por lo que te gustara era por lo que no te gustara y por tus facilidades o no a las tres marías (matemáticas, física y química). En humanidades solo había matemática básica, no había ni física, ni química.

A algunas de las chicas nuevas del colegio, incorporadas de otros colegios que no impartían humanidades, las conocíamos del Club; cuando me mudé a Cantarrana, la urbanización mejor ranqueada de Maracay, dejamos de ir al club Círculo militar para formar parte del recién inaugurado Country Club en los jardines del campo de golf del hotel más prestigioso de la ciudad, con una piscina gigantesca. Al principio el club ofrecía tenis, golf, caballerizas, salones de juego para cartas y dominó, parque infantil y el restaurant de Pino donde, domingo a domingo, comíamos invariablemente milanesa de pollo a la suiza y/o a la parmesana, chicharrón de pollo, el bufet de los domingos y pastas o pizzas; luego vino la piscina dentro del club, nunca tan grande como la del hotel vecino, más exclusiva; salones de reuniones donde cada fin de mes, como mínimo, había fiestas con orquestas bailables de la línea de merengues y salsa.

Tenía el Hotel Maracay el segundo teatro más grande de la Ciudad Jardín, el primero era el Teatro de la Opera y mi *Mamá* fue su directora, pero eso fue después; en el teatro pasaban cine y en las rampas de entrada patinábamos los diciembres, con patines de hierro, de cuatro ruedas la mayoría marca Winchester y que la adaptación del tamaño se hacía con una llave que colgábamos del cuello con un cuerito para no perderla. El teatro quedaba a metros de la casa de Cantarrana siendo fácil ir patinando desde la casa o a pie; una tarde a la semana íbamos al cine del teatro y luego al club y todos los domingos por igual ahí estábamos: la familia, los de la cuadra, las del colegio y los que practicaban los toros coleados, que eran mayores que nosotros y eran los imposibles…

De las cosas que recuerdo es que nunca sentí pasión por los toros coleados, una estructura metálica o de troncos llamadas talanqueras, servían de barrera y asiento del público de los eventos, dentro los jinetes que se veían súper atractivos montados en elegantes caballos, se pavoneaban por la manga de coleo que tenía el club con sus blue jeans sucios llenos de tierra, sus camisas a cuadros y sus botas puntiagudas con espuelas brillantes y lujosas. Los toros coleados son definitivamente hoy día más que una actividad llanera de arreo de ganado, como comentara Don Rómulo Gallegos en su famoso libro Doña Bárbara, una competencia muy popular y premiada. Un deporte western que mide la agilidad de los jinetes persiguiendo reses y manadas dentro de una cancha como antes se acostumbraba por los llanos centrales para dominar a toros y becerros por necesidad de los hacendados y del trabajo en hatos que no tenían cercas en los linderos, al neutralizar bestias indómitas o recoger el ganado que pastaba en áreas comunes y separarlos según la marca de la ganadería.

Yo tendría menos de veinte años cuando en la manga de coleo del Club se organizaban tardes de toros coleados, exhibición de destrezas de coleadores, desfile de belleza de las mujeres y jóvenes del Country, aficionadas al deporte o a los deportistas. Comentaba que no me llamaba mucho la atención la dinámica, tierra y barrial en los pisos, polvo arenoso por los aires y la visión de una estela peligrosa de fusión del coleador con la cola del caballo para derribarlo.

¿Coincidencia?, ¿casualidad? mi *Hijo Mayor* me salió aficionado y destacado no solo en esta categoría sino en cada una de las modalidades y variaciones que los deportes western han implantado como evolución de los trabajos en los ranchos; campeón de Team penning, un estilo de arreo conformado por un equipo de tres jinetes que en noventa segundos deben separar y llevar a un corral a tres reses de un rebaño de treinta, identificadas con el mismo número, el trabajo en equipo es clave en el triunfo y cada jinete puede participar en un número limitado de equipos; el conoció a su actual esposa participando en un circuito nacional, en una justa en las ferias de estado Táchira, San Cristóbal; ella era parte de los jueces que supervisaban y premiaban la competencia. Mérito para ambos ya que cada competición se realiza por tres días, cada día se inscriben hasta cien equipos, de minuto y medio de participación y reduciéndose el grupo a los team que logran llevar al corral en menos tiempo las reses hasta la premiación de los tres mejores, eterno como me parecían los toros coleados, pero la compatibilidad de un juez y un competidor es halagadora y gratificante para entender el placer y la pasión que genera ese dominio del caballo y ese arte del montador.

Otro deporte Western que se practica son los barriles, postes y el tradicional rodeo americano. La pasión de mi *Hijo Mayor* por los caballos fue genética vino con su ADN; en las caballerizas del club de Maracay se montaba en unas bestias inmensas sin temor ni desconfianza, cada vez que pudo fue a campamentos y trabajó de caballerizo bañando y dando de comer a los caballos, se montó en

233

muchos animales raquíticos y famélicos de las carreteras del Junquito como quien maniobra sobre un pura sangre y en lo que pudo y conoció la posibilidad de fusionarse con este bendecido animal, apartó los convencionalismos y se consagró a esta actividad. No tendría dos años cuando se empeñó en tener un caballito plástico, blanco, azul y naranja que fabricaba Chicco y vendían en una tienda en Margarita, tanto dio que se lo compramos y lo llamó Aticaticá, lo alimentó de palitos de pino que recogía del suelo en los jardines de la clínica de la Trinidad donde yo trabajaba y que llevaba por puños a la casa; sus cartas a Santa en Navidad incluían sombreros vaqueros y botas desde que pudo expresar su voluntad y amarraba su caballito de juguete a la pata de la cama cada noche antes de irse a dormir.

Todos en Maracay íbamos a Ocumare, otra playa del litoral Aragüeño, más accesible su carretera que la de Choroní y con más disponibilidad habitacional. Nos veíamos en el malecón cada noche, una especie de recuento para ver y dejarse ver y saber quiénes estábamos; en el día íbamos a Cata y a Catica, otras de las playas Costeras de Aragua, preciosas. Cata es una bahía imponente de oleaje fuerte y Catica, calmo, ambas llenas de palmeras, de finísima arenas y aguas cristalinas, a quince minutos de Ocumare, cuyas playas no eran adecuadas para bañistas. Mi *Hermano* recordaba cómo cada fin de semana, con solo quince años, colgaba su morral en la espalda y pedía cola en la entrada a la carretera, se paraba en la alcabala y cualquiera que pasaba le daba un aventón, esto no generaba ningún tipo de riesgo y seguro conseguía apenas llegara quien le ofreciera alojamiento para el fin de semana, en esas costas se armaban campamentos y uno caminaba de punta a punta toda la extensión de la bahía, con compañía o en busca de ella.

Debo acotar que ninguno, especialmente dentro de los varones se esmeraban por "parecer" o cuidar su aspecto constitucional in extremo, probablemente seguían modas: botas anchas en los pantalones y pelos largos, cinturones en la cintura y zapatos de plataforma que vestían por igual a gordos y flacos y ellos, no eran muy flacos que digamos, mis amigos, digo. Privaba en ellos que no todo era la fachada, mis brillantes chicos, demasiado especiales, incondicionales, eternos con corazones brillantes, puros y valiosos como los diamantes; me encanta que, así como los vi crecer, los veo ahora madurar, envejecer con otra moda y distinto afán, con compañeras estupendas, familias prodigiosas, leyendo, pintando, cultivando flores, añorando a los ausentes, manteniendo presentes a los que están en el cielo, reencontrándonos en cada alegría y cada tristeza.

Hablábamos por teléfonos fijos, con cables pegados a la pared, no existía el Sushi y comíamos helado en Crema Paraíso, tomábamos Toddy, la mejor bebida achocolatada, comíamos Carlton que se parece al Kit Kat de ahora, la Savoy fabricaba el mejor chocolate del mundo; en el colegio hacíamos fila y guardábamos distancia para entrar a los salones en las mañanas, antes de oírse el himno nacional obligatorio, la Tv no tenía control remoto y no existían los teléfonos celulares; celebrábamos sencillamente los quince años y hacíamos picoteos, un picó de fondo para poner discos, después llegaron las minitecas para ponernos a bailar hasta quedar bañados de sudor. Esta generación bailó en pareja, parejo; ya más grandes íbamos a Jackie O la única discoteca de Maracay y a City Hall y Mau Mau, las de Caracas. Comíamos pizzas en un sitio en la Barraca, pastas en el hotel Bermúdez y paella en la paella Valenciana, en Maracay.

Los chicos del San José y los que conocí desde mi primaria, todos ellos triunfantes, habían quedado seleccionados en la Simón Bolívar, universidad prestigiosa de la capital. Todos a la Simón, los chicos, por excelencia, por ingenieros, por futuro y ahí nuevas amistades, nuevas relaciones, nuevas coincidencias, más anillos para el tronco.

Y así íbamos las chicas del colegio con eventos especiales dentro y fuera del currículo del año, verbenas súper originales; una vez implementamos una casa de brujas, con bolas adivinadoras, cuerpos descabezados y cabezas sobre las mesas y lo más impresionante un pasillo oscuro con pastas frías de cortinas, donde se debía pasar agachados; las gaitas y los aguinaldos cada diciembre en cada recreo pasitos básicos de baile y la rochela al cantar y coordinar al unísono los movimientos, actos de línea religiosa como en mayo el mes de la virgen

235

o los actos de fin de curso y los pases de año y fuera del cole: la cuadra, el club y las vacaciones...

Yo era brillante en mis estudios, me llamaban cerebrito; antes no sabía que me decían así, me he ido enterando con el tiempo, la mejor de ciencias, mientras que Merbel era la mejor de humanidades. Nunca presenté un examen final, eximía, que era el término utilizado para los que no tenían que estudiar tooooda la materia a final de año por llevar promedio superior a dieciséis o a diecinueve puntos, según el año. No era tan nerd, yo diría que, hasta algo popular, aunque no era el prototipo de una chica que hace voltear miradas, más bien era una gordita con una cara linda, decían, y se burlaban de mí cuando me incluían en aventuras arriesgadas, como colearnos en el club "Casa Italia" por un embaulamiento. Yo también me reía de lo boba que era o cuando iba a fiestas de menores que fumaban y tomaban y me decían ¿qué dirá la madre Eulalia? —La directora del Colegio que me veía impoluta y sin pecado, como posible candidata a formar parte de la congregación—. Me casé con un judío y mis hijos son judíos ¡ups!, ¿qué diría la madre Eulalia?

Daba clases gratis a todas mis compañeras del salón que iban a presentar exámenes finales y las dejaba se copiaran de mis exámenes y también di clases particulares, que sí cobraba, a vecinos y referidos en la urbanización. Era un taco en física y matemáticas, clases impartidas por el guapo del profesor Taylardat, amor platónico de todas las bachilleres que suspirábamos a su paso y esposo de la profesora que daba dibujo técnico, materia que yo odiaba porque se me corría la tinta china en el papel cebolla. A nuestro guapo profesor lo nombraron padrino de confirmación de la mitad de las confirmadas por el obispo en un acto bianual a los dieciséis años de edad de las bachilleras y era el padrino de todas las promociones a lo sumo con otro profesor de co-padrino.

La mayoría de los educadores eran las mismas monjas, en primaria solo monjas, luego en bachillerato seglares y monjas, varias de ellas nos dejaron impronta. La más estricta la madre Fuensanta era la coordinadora del bachillerato y la acuseta número uno, se reunía con los representantes para zapear malos comportamientos; pobre no sería fácil, porque era habitual escaparse del colegio, en una época donde nada pasaba y se armaban esos zaperocos cuando ella se daba cuenta. También la retaban, las otras yo no, con el largo de la falda, las chuletas con notas para el examen y las caras maquilladas o las uñas pintadas.

La madre Concepción con su piano y la organización de actos corales y bailes.

Mi adorada madre Pilar, la administradora, cobraba personalmente a cada padre, era la sonrisa en la puerta del colegio siempre con un chiste a mano y un consejo a flor de piel, comprensiva con las excusas de retraso del pago de las mensualidades y justa con las verdaderas realidades de las alumnas. La madre Pilar era mi favorita y yo con ella tengo dos cuentos exclusivos: a las monjas las trasladaban dentro de la congregación a los diferentes colegios pertenecientes a la orden —en Venezuela, España o donde estuviera la congregación— y cuando yo fui a casarme por el rito judío con mi *Esposo*, con todas las dudas religiosas que tenía y el proceso de conversión encima, siendo ya médico y viviendo en Caracas, me fui al colegio a buscar no sé qué sería; supongo que quizás una garantía de que no iba a ser excomulgada, ya que el concilio Vaticano no aprobaba aún los matrimonios mixtos. Me encontré además a la ya presentada madre Eulalia como directora del colegio de Caracas, a la pequeña gran madre Pilar en el cuarto de administración. El cariño con que fui recibida fue indescriptible y los consejos permanentes. Me comentó sobre un solo Dios y mi obligación de educar a mis hijos en la fe cristiana, me recordó que Jesús era judío y que en el colegio había niños judíos estudiando.

Un día, años después, se convirtió en mi paciente y casi más difícil que lo que había sido decirle que me casaba con un judío fue decirle que ella iba a morir, que tenía cáncer y debía recibir quimioterapia y radioterapia y al igual que antes de mi boda, sin mitigar su dulce sonrisa, ese metro y medio de persona me dijo que para morir era para lo que más se había preparado en la vida, tenía grabada la música que debía ponerse en su funeral para el esperado y grandioso encuentro con su Dios. Sobrevivió dos años a lo sumo, lejos, con su familia allá en

España en un pequeño pueblo de La Rioja y cumpliendo con su promesa de siempre tenerme en sus oraciones y avisarme cuando muriera; un día cualquiera recibí una llamada de sus familiares para decirme que había partido, en paz y feliz, con mi recuerdo en su corazón.

Por ser cerebrito tenía el honor de portar bandas de condecoración en cada entrega de notas, medallas en cada fin de curso y tuve el honor de dar el discurso de graduación; primero, en el acto de fin de graduación de bachillerato y luego en 1984 en el Aula Magna en el acto de graduación de médicos.

A mi *Hermana* de la universidad, la conocí el primer día de clases de la carrera de medicina en un filtro que se cursaba en Sebucán, una edificación que preexistió como un sanatorio donde se impartían materias básicas que nada tenían que ver con la carrera de medicina, para reducir el número de aspirantes de más de mil aceptados a menos de cuatrocientos, divididos en las dos escuelas de medicina: Vargas y Razzeti; una de ellas física, materia que yo amaba y ella detestaba; me presenté, le dije hola soy Arocha, ¿vengo de Maracay y tú?, buscamos coincidencias y aparte de tener la primera letra del apellido iguales, su mamá, su papá y mi *Papá* eran de Coro. De la universidad cuenta que yo le llenaba los exámenes de física y por eso pasó el filtro de Sebucán, ojalá no se lance de alcalde éste secretillo expuesto, aunque en Venezuela lo obviarían.

Con mis amigas del cole fui de viaje a Disney con quince años y con los amigos de la cuadra nos íbamos a Morrocoy, el fascinante y único parque nacional de Falcón, ahora estamos planeando volver a Disney solas, las chicas, a celebrar sesenta años de vida y más de cuarenta de amistad, cada una en un carrusel diferente. Después del grado separadamente seguimos nuestros caminos, la universidad, los maridos y los hijos nos mantenían distantes; ahora con los nidos vacíos y las familias afectadas por la ola migratoria, las distancias se acortan y la necesidad de ratificar los maravillosos momentos compartidos nos va llevando de a poquito a ser más de las que fuimos.

Para el año 1970, a Maracay le decían ciudad jardín con un paseo de más de diez kilómetros con una rambla sombreada por milenarios samanes en la parte central de la avenida principal. Salíamos del colegio que quedaba en el centro de la urbe y una hora después llegábamos a las urbanizaciones y casas donde vivíamos, uniformadas y cansadas; no había problemas de inseguridad, íbamos conversando vicisitudes de señoritas y algunas veces nos parábamos por un bocadillo en una panadería que pertenecía a la familia de alguna del grupete, íbamos todas con el mismo destino final a estudiar o a pasar la tarde en casa de alguna o cada quien iba a su casa para encontrarnos luego en el club, hacer exposiciones o cada quien a su rutina. En esas conversas hablábamos de los novios prohibidos y los permitidos, de los amores platónicos y de los reales, de lo que queríamos del futuro y de si íbamos a ser premio Nobel o Susanitas de las de Mafalda y hoy que veo la avenida destrozada cuando voy a Maracay, quedando solo la sombra de los samanes para el recuerdo, veo que hubo de todo en esa promoción: matrimonios apenas nos graduamos, profesionales exitosas, carreras incompletas, matrimonios sólidos, divorcios relámpagos, amantes, viudez, abuelas, homosexualidad y orfandad.

En común, descendencia para contarles vivencias únicas de jóvenes despreocupadas de la política, sin inseguridades sociales, conformes con nuestras experiencias limitadas en el interior del país, con nuestros viajes a las playas del país, sin competencias por lujos, pero con garantías de estabilidad.

Era hoy nuestro tiempo de cosechar frutos en el terruño que nos cobijó. Pocas siguieron en Maracay, quedan algunas que la existencia las ha cercado, otras entregando la vida a padres enfermos y dejando volar a hijos con sus alas propias; hay quienes aún siguen en sus perímetros estancadas y ajenas a lo que pasa más allá de los límites de sus fachadas, probablemente con dramas personales inexplicables para los que deciden seguir avanzando y van desde la responsabilidad y compromiso de acompañar a un ser querido hasta la parálisis por todos los miedos que fuera del hogar acechan.

El colegio pasó a tener horario corrido y eso significó un gran contratiempo para otra gran amiga, era más difícil escaparse con el novio cuando en la puerta del colegio la dejaba su mamá para el turno de la tarde, su hoy marido la buscaba en moto para que lo acompañara a sus clases de equitación, casi siempre la descubría la madre Fuensanta y llamaba a la mamá, que se hacía la loca y la alcahueteaba de la única forma que podía que era no decírselo a su furioso papá.

Para mi *Hermana* y para mí los planes y programas eran similares: cine, bowling, playas, club, campamentos, etc. En el caso de mi *Hermano* desde pequeño incursionó y practicó en cuanta actividad o deporte pudiera realizarse, con dos premisas: el uniforme y los aditamentos más apropiados para competir por ser el mejor y ganar el premio. Para jugar el tenis se le compró la raqueta Arthur Ashe de carbono, para la patineta las ruedas de criptónita, los palos de golf de acero con varillas de grafito, uniformes de karate con bandas multicolores, el bate de aluminio con el guante Rawlings para el béisbol y por supuesto, diversas tallas de trajes de luces que cambió luego por capas y botas de vino taurinas. Así creciendo y variando además sus estudios a los que le prestaba mucha atención. Mi *Hermanita*, aún de coche, se manifestaba sólo cuando iba a dormir, que no dormía porque lloraba y lloraba; había que pasearla para luego dormirla en una hamaca. Posteriormente, impuesta la distancia con sus hermanos grandes y un padrastro al lado de su mami, se ingenió con cuatro amigas una hermandad paralela.

En un viaje a Choroní, para cuando tendría aproximadamente doce años y con mis muñecas en la maleta, me encantaba jugar con muñecas, tuve mi primera conquista, si es que puede llamarse así. Andábamos con unos amigos, dos hermanas mayores, dos menores y dos varones. Las mayores como medio retardadas, las menores precoces; dos familias con madres que compartían mil intereses comunes, con padres que trabajaban juntos en la Faber, que era la fábrica de lápices *mongol*, el más famoso lápiz en Venezuela y el mundo y de colores Colorama. Uno de esos días oímos que, en un campamento levantado cerca de la casa de playa, estaba un sobrino de la familia dueña de la casa, mayor que nosotras, que se escaparía para conocerme y compartir;

probablemente iría con amigos para que fuéramos más. En ese momento las muñecas se convirtieron en un estorbo para las dos hermanas mayores y el primer día las escondimos con la intención de recuperarlas cuando se fueran ellos. Vendrían a jugar con nosotros juegos de mesa o de jardín. ¿Saben lo que hicieron las hermanas pequeñas? amenazarnos con revelar nuestro secreto si no les regalábamos todas las muñecas, sin derecho a devolución, –porque el que da y quita el diablo lo visita– y no nos quedó otro camino que entregárselas para evitar quedar en evidencia ante las supuestas conquistas.

Mi *Papá* trabajaba como antes dije en la Eberhard Faber siendo el gerente de relaciones industriales y entre los productos de la empresa el lápiz marca mongol número dos, era el lápiz oficial nacional; por el contrario, sus colores Colorama no eran los más reconocidos siendo la marca Prismacolor superior. Si había otros lápices u otras marcas ni idea y pasaron años para tener más de sesenta colores, cuando la competencia ofrecía cajas de ciento cincuenta. El cargo de mi *Papá* era importante al punto que podía hacernos lápices con nuestros nombres. Una vez que estuve de candidata para la presidencia del centro de estudiantes y gané, mi papi me hizo unos lápices en mongol número 2 que decían mi nombre seguido de presidenta, ¡qué éxito!

El estado Aragua, el estado Falcón y Caracas, la Capital de Venezuela, han sido de todo el territorio nacional, mis tres referencias habitacionales. Coro es la capital del estado Falcón y ahí nació mi Padre, origen de mi familia paterna, cuna de mis antepasados. Como antes comenté en el estado Falcón se izó por primera vez la bandera nacional, por su capital entraron los primeros judíos a Venezuela provenientes de las islas neerlandesas a formalizar un intercambio comercial y para eso se fundó la casa Senior, que realizaba con las islas y Europa, comercio de pieles de chivo, del tanino del árbol de dividí y de café. Dos veces fueron expulsados los judíos de Coro por edictos de gobiernos federales, pero a la tercera llegaron para quedarse. Con cierta reticencia y la condición de no imponer su religión, convertidos en masónicos lograron integrarse a la comunidad profundamente católica de la ciudad.

241

Yo me pregunto, por ejemplo, ¿Cómo se casaron mis bisabuelos?, él tan judío que así murió y ella tan católica que no solo vivió dedicada a su religión, sino que trasmitió la religión a hijos y nietos, supongo que con una dispensa; casualidad o causalidad que cincuenta años después yo repitiera las mismas circunstancias, sin posibilidad de dispensa, y treinta años después a mis hijos le tocara un corre corre donde no sabemos ni por dónde se casaron, sin contar con las eventualidades que en su momento les tocaron a mis suegros.

En Coro están los médanos, arena que danza al ritmo de los vientos moldeando siluetas en el sin fin de su extensión, desde Coro bordeando la carretera del istmo a la península de Paraguaná, las costas más bendecidas del Caribe, desde el parque nacional Morrocoy, referencia ampliamente conocida a nivel mundial, hasta las calmas aguas de Adicora, centro de práctica de Skysurf.

Una vez al año toda la familia, amigos y primos nos íbamos para el estado Falcón llegando a casas prestadas, que en vez de camas tenían unas literas con jergón metálico y colchoneta arriba. El calor era horrible pero la brisa y algunos ventiladores compensaban algo. Muchas literas pocos baños, jardines para correr y jugar al escondite, sol mar y arena. Cero lujos, las diversiones partían del grupo con que se viajaba, podían ser primos o parejas con sus familias, amigos de mis padres y luego amigos míos. Jugábamos pokino o monopolio y mi *Mamá* tocaba guitarra y cantábamos: "Sombra en los médanos" (bajo el clarol de la luna, sobre las tibias arenas) y bailábamos al ritmo de "Juan José" (me da pena verte cómo te han desgraciado). También se contaban cuentos e historias, prendíamos fogatas, realizábamos excursiones y veíamos las estrellas del cielo y la luna en el firmamento. En Falcón los cielos están menos contaminados, y se pueden observar millones de estrellas y destellos constantes de estrellas fugaces que imponían pedir un deseo. Cocinar para tantos era parte de las actividades diarias, comer, recoger y volver a cocinar para la próxima comida. Jugar ajedrez, damas, ludo y dominó, siempre dominó. No son solo playas y médanos que ya es bastante decir, para un país con tantas riquezas naturales.

Coro su capital, declarada Patrimonio Nacional de la Humanidad por la Unesco en 1993, tiene en su casco central edificaciones antañas con colorido tropical y fuertes azules resaltan monumentos inestimables; al recorrer sus calles empedradas se tropieza uno con la historia de Venezuela y también con la historia de los judíos que entraron por Falcón. El Museo de arte de Coro, Casa de los Senior (mis antepasados), Casa de las ventanas de Hierro, Iglesia San Francisco y la Cruz de San Clemente sobreviven con la influencia española como sello en la que fuera la primera capital de Venezuela. Externamente al casco central espera por ser reconocido también por la Unesco el cementerio judío de Coro.

Cuentan las leyendas que la muerte prematura de una niña obligó a sus padres a adquirir en 1832 un lote de tierras cercano a la ciudad para enterrar a su hija Hana, destacando actualmente en el cementerio la sección del Rincón de los Ángeles con tumbas de niños decoradas con esculturas, hecho inusual en la religión judía que prohíbe las imágenes siendo esto signo de asimilación de la primera migración sefardí de la cultura de la ciudad. También se cuenta que por esos mismos años una viuda joven adquirió el terreno para enterrar a su esposo; en ambos casos han pasado casi doscientos años con una última remodelación en 1970 como para estar seguros de cuál fue la primera lápida. Son 182 monumentos funerarios variando de la simplicidad acostumbrada en los cementerios hebreos hasta la exageración de ornamentos en las esculturas.

De Caracas es la familia de mi madre. Ahí nacimos mis *Hermanos* y yo, también mi *Mamá* y ahí estaba la quinta Milelba. En esa ciudad estudié medicina, me casé y tuve a mis hijos. Caracas era llamada la sucursal del cielo con el Ávila imponente y a sus pies el valle donde españoles dejaron estelas en sus casas de techos rojos, en sus plazas, iglesias y en cada niño que nació con sangre ibérica en sus venas.

La Guaira muy cerca de Caracas es el puerto principal de entrada y salida al país. Ahí quedaba el tomógrafo y por ahí entró mi suegro desde España como uno de tantos judíos que huían del antisemitismo y de la guerra desde Marruecos, a formar una diáspora posterior a la que

243

entró por Coro, pero más consolidada para establecerse y conservar sus valores religiosos como estandarte de vida.

Y por último Maracay la ciudad Jardín de Venezuela, con el parque Henry Pittier, sus bosques y playas como Choroní Cata y Ocumare.

De Caracas a Maracay, ciento ocho kilómetros de autopista; de Caracas a La Guaira cincuenta y nueve, no más de trescientos kilómetros cuadrados enmarcan la escenografía del 90% de mi vida; si añadimos Coro hay un poquito más. En ese perímetro se pasaba por los Teques y por la Colonia Tovar, en el primero había una gran hacienda llamada Barataria. La recuerdo con su casa de madera y su crujiente escalera, frondosos árboles que jugaban a hacer sombras misteriosas en las noches de poca luz, su primera entrada bordeada de lirios morados, calas rojas y amarillas con amapolas blancas; recuerdo que tenía un tanque que usábamos de piscina y posteriormente, cuando se recogía café, se secaba este al sol en los restos del estanque; la recuerdo con la moto de los primos y encaramados en el árbol de los siete secretos, subidos en sus ramas, para rezar el santo rosario los viernes santos o planificar actividades secretas, como el árbol. Inolvidables las guerras con bombas de agua, las flores cortadas para llevar a casa, la bebedera en las comidas de los fines de semana, el espacio al aire libre, la libertad, el mundo verde y en familia.

Otra opción en el camino, nos íbamos a la Colonia Tovar en una camioneta roja que tenía mi *Papá*, de esas que tenían un asiento viendo hacia atrás en lo que era la maleta, sin aire acondicionado; llegábamos al Hotel Bergland propiedad de un amigo de mi *Papá*, a él le gustaba este hotel por su vista; llegaba y quedaba inmóvil tomando cervezas mientras nosotros subíamos y bajábamos por todo el pueblo construido por inmigrantes alemanes en 1843 y conocido como el "Pueblo Alemán en Venezuela". Descendíamos caminando una empinada bajada hasta la iglesia, el punto más declive del paisaje, pasábamos por tiendas de velas, se podía ver como las hacían (con originales formas, en variados colores y sabrosos aromas) por locales de venta de relojes con diversos cucús, por tinglados de comida tradicional alemana, cultivada y elaborada en la zona: fresas, moras, duraznos y salchichas, y caminábamos por tiendecitas de artesanía alemana altamente surtidas, para luego iniciar el empinado ascenso, pasando por el cementerio del pueblo, recreándonos con variedad de verduras frutas y vegetales en tarantines típicos de la zona y llegar de nuevo al hotel, del cual mi padre no se había ni movido y nos esperaba con un heterogéneo plato de fiambres, incluida inmensa rodilla de cochino y la misma jarra de cerveza, varias veces atiborrada.

Cómo hubiera disfrutado mi padre con mi *Hijo Menor* y su pasión por la cerveza, acompañándolo en ese camino de crear cerveza artesanal, desde cero hasta un hiper proyecto.

Así eran nuestros planes de esparcimiento cuando éramos unos niños; también podía ser que bajáramos a la Guaira, primero a una casa en Macuto de la abuela, circulábamos por su paseo marítimo al que se conocía como malecón, para luego ir a Puerto Azul, un club de playa que más que yo, la familia de mi *Esposo* lo rellenó de historias y reminiscencias y más que él, mis hijos de pequeños. Puerto Azul con los abuelos, mi *Hijo Mayor* pescando, el *Pequeño* correteando, ambos en la moto de agua, en las temporadas gaiteras, con amigos y sin amigos.

Hasta los cuarenta años no salté el charco, ni conocí a Europa, pero desde que me casé si me empeñé en conocer toda Venezuela y llevarlos a ustedes, generación de relevo, a cada rincón del país que mereciera la pena conocer y esos fueron muchos, tantos, que se impuso nombre a la organización de los viajes: MA* tours, donde trataron de cambiar una vez de agencia y unos tal R-R* tours aparecieron en el panorama, pero nada que ver!

*—Señores, sean bienvenidos, prepárense a disfrutar una nueva aventura de MA*s Tours. No solo nos dirigimos a conocer un país diferente, sino que vamos a hacerlo juntos.*

Para entrar en materia quisiera contarles como hemos llegado hasta aquí:

Nuestra empresa se apoya en la confianza de muchos años de amistad, está conformada no solo por los miembros fundadores que desde los años 70, hace casi

245

cincuenta años, en una localidad del interior del país se insertaron las bases de nuestra compañía, posteriormente múltiples alianzas estratégicas se han realizado en estas décadas, siendo las dos más importantes, la que unió a integrantes de distintos orígenes en una carrera común (la medicina) y la que se logró posteriormente en los predios del Camarata.

Se dice rápido, pero queremos que las nuevas generaciones y los nuevos miembros valoren el esfuerzo hasta hoy realizado para mantener firmes los vínculos entre los asociados y entre progenitores y descendientes.

Ustedes han sido bendecidos con el privilegio de haber podido visitar: Toda la costa venezolana desde las playas de Oriente en la península de Paria y Araya, hasta las de Occidente en la península de Paraguaná.

Bendecidos con viajes extremos, de la profundidad de la cueva del Guácharo, en Monagas, a las sierras nevadas de los páramos andinos. Realizaron las rutas del Cacao en Choroní y en Carúpano, origen claro de los mejores chocolates del mundo.

Han recorrido el Orinoco, el río más grande de Venezuela, desde la fusión con el río Caroní, en un bicolor de ensueño en el estado Bolívar, hasta cuando se derrite en las arenas del Delta para hacerse mar. Se bañaron en sus aguas y remaron por su cauce con uno que otro delfín.

Fueron a visitar los caseríos de los Waraos, grupo indígena proveniente de los Andes Peruanos, en cada caño del Delta, diez a quince palafitos se comunican por puentes, sin paredes, con pisos de palos, y con techos de moriche. Pasearon en Curiara y fueron a pescar pirañas, compartimos con el indio dentro de su sociedad y vimos el gran trabajo que a ellos les toca pasar y a pesar de la miseria defienden su identidad.

En el bosque conocimos el árbol de morichal que suministra las bases para todos los productos que los indios han de usar. Se comieron los gusanos que contienen proteínas.

Conocieron al Chamán que es el médico en la zona y que según las creencias puede restablecer la salud y el equilibrio de manera natural. ¡Quien trato de curarnos con su ciencia antes de escaparnos con nuestras dolencias!

No puedo esperar para comentar la gravedad de la situación de los pueblos indígenas con las políticas del gobierno. Hasta hace cinco años se habían logrado muchos aciertos para incrementar la calidad de vida y la expectativa de la misma en los indios, respetando sus costumbres y principios. La medicatura rural imperativa por el artículo ocho exigido obligatoriamente en Venezuela se realizaba en zonas rurales y caseríos y con los médicos se trasladaban vacunas, medicamentos, suplementos alimentarios y muchas otras medicinas.

Comenzando 2018 oí en una nota de voz a una doctora de Barquisimeto que llevaba ayuda a los Waraos del Delta, relatando que iban a realizar una consulta y la misma no fue permitida, la ayuda de medicinas y comida fue confiscada. Esta colega trasmitía su alarma y desencanto por la falta de colaboración de los organismos del estado y la indiferencia con nuestros hermanos.

Y ahora en el 2020 no paran de llegar noticias en susurros del daño ecológico y criminal en esos pueblos indígenas con la extracción del subsuelo de minerales preciosos por minas de oro, diamantes y coltán .

Bendecidos con más viajes por el territorio nacional: de la Gran Sabana a los Páramos de Trujillo.
Paisajes de película de cine, cascadas de belleza exponencial. Un regalo a todos los sentidos, este gran patrimonio Nacional.

Los llevamos a conocer el Lago de Maracaibo y los médanos en Coro. Los llevamos a los llanos y a las capitales y siempre que se podía a los lugares rurales, con cosas artesanales.

Les enseñamos el país de Norte a Sur y de Este a Oeste.

Se podía hijos míos, las carreteras quizás no eran las mejores del mundo, pero eran seguras, la gente que te encontrabas era solidaria, amistosa, el baluarte y el orgullo en cada monumento, cada destino turístico presentaba un rostro amable y servicial de sus pobladores; eso se acabó, las carreteras son una guillotina y lo que encuentras son rufianes, no hay nada artesanal que comprar pues te esperan más bien a

247

ver que te pueden quitar y Elizabeth Klaine con su guía de posadas dejó sola a Valentina Quintero que continúa esperanzada.

Hay que viajar de día y en grupos, los dos puertos libres de Venezuela (Punto Fijo y Margarita) no tienen mercancía ni para el consumo de sus moradores. La haciendas y hatos, las fábricas y comercios que se veían en la carretera fueron expropiadas, saqueadas o cerradas y adicionalmente como el parque automotor, quedó en el pasado no hay repuestos ni trasporte público. Y ahora, 2020, ni siquiera hay gasolina.

Increíble; se cuenta y no se cree. Quiero a mi Venezuela para llevar a mis nietos y a la generación de los emigrantes obligados, a cada rincón del país con las maravillas naturales, la flora, la fauna y la gente más completa del continente. Quiero que volvamos juntos a la Selva, a la Sabana, a los Médanos, al Llano, a las Montañas Nevadas, a la Colonia Tovar y a casi todas las playas.

Esa es la geografía de un país maravilloso en verso y prosa, recorrida por la historia de una amistad envidiable y ejemplar.

Atrás quedaron los viajes con muchos de ellos por Venezuela y los cruceros con algunos fuera de Venezuela; se fueron a comenzar lejos de nosotros, de sus padres, de sus padrinos, de sus amigos.

Una extraña situación ocurrió en la boda de una ahijada que de chiquita se escondía en los closets de mi casa para que no se la llevaran. Decidió, como siempre dijo, consolidarse en pareja antes de casarse y esperamos por la boda con una presión desacertada, con la idea de que la acompañara su abuelo ese día, para quién era la luz de sus ojos. No podías en la distancia disfrutar más de los preparativos, adicionados con la incertidumbre de la evolución de la enfermedad del abuelo quien, desde el año anterior a tu boda, entraba y salía de hospitalizaciones, gravedades y tratamientos. Su ánimo se mantuvo para poder acompañarte ese gran día, pero sus fuerzas no, aunque conociéndolo planificó todo tal cual sucedió: una de la madrugada terminada la decoración, todos los detalles ultimados, el toldo por si llovía, los centros de mesas, arbolitos de navidad de tu madrina embellecidos por tu tía, la comida a punto, la casa reluciente, tu abuelito feliz. Subió corriendo las escaleras a descansar, se cansó, le bajo la tensión, se calmó y se durmió un rato. Al amanecer le dijo a su amante fiel, su esposa amada, su compañera incondicional: "Mi amor, me duele la barriga, abrázame fuerte" y se marchó...

Él, muy previsivo, había ordenado dos cosas: la primera, que, si algo le pasaba no sólo que no se suspendiera la boda, sino que nadie, ni su amada esposa, lo llorara, las quería bellas, maquilladas y arregladas. No fue fácil complacerlo con los ojos tan hinchados. La segunda, quería a todos sus hijos en la boda, alguno no pensaba asistir, "por motivos personales" —como dice el protocolo— y tuvieron que ir todos a despedir al abuelo y sostener las fuerzas de pasar la velada como si nada pasara ¡Todos! Se intentó la cremación el mismo día, se hubiera tenido que suspender la boda, pero el cementerio puso fecha, cuarenta y ocho horas después, con las que él quedaba en un limbo, como quería, viendo de lejos, pero sin tener que saludar, ni enfluxarse, con ese dolor inmenso que lo acompañaba al mínimo movimiento. Se realizó la boda y fue hermosísima, tú estabas encantadora de amarillo y la única evidencia de ese día quedó en los ojitos hinchados de las fotos y en el corazón arrugado de quienes ahí estuvimos.

La otra cara de la moneda; los que salieron a estudiar. Unos lo hicieron a tiempo para graduarse con honores y conseguir inmediatamente que se lo pelearan las compañías para adosarlo a sus filas, ya está en Nueva York en ascenso cada día. Los de Venezuela no estamos para sustos y uno de ellos nos dio uno muy grande cuando desapareció por más de treinta y seis horas, después de un concierto en New York. Lo enredado del apellido paterno impidió su localización en la cárcel, lo ingresaron con el apellido materno y latino, cuando lo encontraron casi inconsciente, dentro de un auto de lujo en un sitio público. Cómo no había antecedentes, hasta hoy suponemos que le adulteraron los tragos que había comprado con los amigos al principio del concierto.

A los que salieron solo a cursar postgrado la cosa se les puso más difícil pues no los dejan trabajar por ser extranjeros. Al principio había partidas que compensaban el control cambiario y ayudaban en la manutención; como todo, nos fueron quitando las prerrogativas y comenzaron los muchachos a sufrir, además de la soledad en la distancia, las limitaciones económicas. Creo que Chile es uno de los países que aparentemente está dando facilidades a los venezolanos, pero eso significa que no hay planes de retorno a corto plazo y no es justo tanta orfandad para estos padres, que, si no fuera tan fuerte la devaluación y no empezaran a menguar nuestras fuerzas, quizás podríamos acompañarlos más frecuentemente en sus nuevos acomodos.

Otra forma de emigración de los jóvenes es buscando y rebuscando nacionalidades de antepasados o propias.

Esos son mis ahijados, pero he oído mil casos y mil formas de salir del país y reiniciar el disco duro, por ejemplo, la figura del asilo político, los matrimonios por conveniencia para obtener la ciudadanía del consorte, las habilidades extraordinarias y pare usted de contar, lo que pasa es que la salida es solo el principio…

Mis hijos más arriesgados se fueron para emprender proyectos no asalariados en un país al cual no pertenecen; el Mayor ha apostado por los negocios, primero conectados con su amor por los caballos y un deporte poco común y conocido: Team penning, deporte ecuestre de modalidad western que antes comenté; luego con el transporte con camiones y por último relacionado a su segunda pasión: la pesca y/o la mezcla de los tres y el Menor ha apostado por concretar la empresa de cerveza artesanal que bajo el nombre de Coronarias nació en Venezuela y migró, igual que ellos a Tripping Animals Brewery fuera del país donde tenía programado proyectarse.

Recuerdan que comenté que en uno de los viajes venía muy entusiasmada con el certamen Mis Venezuela, pues bien, concursó, no ganó, algo pasó, ella era la más bella, de favorita fue rezagada a un inmerecido cuarto lugar que honró con la prestancia de una verdadera reina y entonces…desencantada y desconcertada rebusco en sus pasaportes y con su portafolio bajo el brazo y su cifra record de seguidores de Instagram, anda por Europa, donde seguro será noticia en las páginas y en las pasarelas de la moda internacional. Ella se fue y reventó un gran escándalo en el certamen que ensombreció un sueño y una referencia internacional de la belleza venezolana con sórdidos paralelismos abusivos de sus directores. Hasta eso!!!

Vienen tiempos en que dejamos de ser individuos y personas para ser padres de hijos que se van e hijos de padres que ya no están, pero nunca dejaremos de ser amigos y de mantenernos juntos riendo y llorando.

Ya nuestros hijos profesionales, o al menos bachilleres; ya no hay niños pequeños ni piñatas, por ahora. Hay médicos, odontólogos, administradores, psicólogos, ingenieros y artistas; hay padres y esposos; emprendedores y deportistas y yo creo que son felices, cerca o lejos, casi todos lejos; adicional a las herramientas que les entregamos y a lo poco o mucho que se llevaron en sus dos maletas, como padres les trasmitimos un legado adicional: *la fortaleza de la amistad y el valor de la familia y las tradiciones.*

Y hablando de tradiciones: los primeros días de diciembre se empezaban a hacer las compras para realizar el popular plato navideño de los venezolanos, se disponía con antelación la fecha para su realización a fin de que pudiera participar el mayor número de personas en su elaboración. En los primeros años de la casa de San Bernardino, evoco a mi abuela, mi tía, sus cuatros hijos, y a uno que otro nieto trabajando, cada uno cumpliendo una función con mucha disposición y entusiasmo. En la casa se hacía todo: la masa, la limpieza de las hojas y el guiso.

Comenzaba más o menos así: se iniciaban los preparativos con la compra de los ingredientes casi siempre en el mercado, por aquello de la frescura de los productos; si no se podía ir al mercado se compraba en el auto mercado de la esquina. Se amanecía con el alba, para encontrar las mejores ofertas y los mejores artículos. Seis de la mañana,

251

sonaba la imaginaria diana o el despertador y unos antes que otros iniciaban el ritual, ya cada quien teniendo su trabajo asignado previamente. El punto de encuentro el patio de atrás al ladito de la cocina. A comenzar: hervir el maíz, triturarlo, amasarlo y sazonarlo con el agua donde se cocinaron las gallinas, cortar los bordes de las hojas de plátano, separar en tamaños estas hojas y lavar hoja por hoja, montar dos ollas: con agua, cebolla, pimentón, ají y sal para cocinar las gallinas y el cochino, y empezar a cortar.

El guiso se montaba primero en un caldero gigante, que conservo y valoro, no solo por su utilidad, sino por ser un símbolo de la tradición de hacer las hallacas en casa de mi abuela; ahí se preparaba el sofrito, las más de doce tazas de cebolla marchitándose en la manteca hirviendo, cambiando de color por el onoto y reduciéndose, mezcladas con los pedacitos de cebollín y ajo porro, primero rebanados y luego separados sus anillos concéntricas: - solo la parte blanca del ajo porro - nos recordaba Columba; marchita la cebolla, se agregaba el pimentón, rojito, en cuadritos casi iguales, unidos en el mismo envase con el resultado de picar un montón de ajíes dulces, casi todos también rojos.

– Es importante el color del guiso –se oía a menudo de la boca de mi abuela, en tanto con cuchara de madera y solo madera, revolvía esporádicamente el sofrito mirando de reojo todo lo que hacían a su alrededor.

Marchito el contenido se agregaba el tomate, con reserva, con el miedo de acidificar el guiso, sin pepitas, en cuadritos; listo el sofrito después de más de treinta tazas de esto o aquello, se pasaba el contenido a una olla más grande, la de la casa era una olla altota azul de peltre que duró años hasta que un hueco se formó en la parte inferior e hizo imposible seguir utilizándola. Ya con el sofrito en la olla se seguía agregando: el vino, la salsa inglesa, los encurtidos, la sal, el azúcar, el caldo de pollo, las alcaparras, el ajo y después el cochino y después la gallina, y revuelve y revuelve en una buena olla y a un fuego apropiado.

Columba al lado de su guiso, era solo ¡su guiso!, los demás lavaban, recogían, trabajaban en los preparativos del día siguiente; de vez en cuando pedía que le probaran el guiso, unas góticas del caldo sacadas con la cuchara de madera, vertidas en cucharitas metálicas, sin tocarse ambas cucharas, ¡sería garrafal! El guiso cada vez más pesado y difícil de revolver, no importaba, una sola persona podía hacerlo y esa era ella; al final se cuajaba el guiso para darle el espesor deseado con bolas del maíz ya molido y se apagaba el fuego. ¡Satisfacción total!, textura apropiada, color provocador, sabor fuerte y cantidad suficiente; se dejaba un rato en la cocina y luego se bajaba para dejarlo enfriar por toda la noche tapado con unos pañitos húmedos. Se llevaba el ollón, a la mesa del comedor donde había buena ventilación, el secreto de la hallaca está en el guiso y el que ha hecho hallacas sabe la cantidad de cuidados que debe tenerse para evitar un desastre al manejarse tantas cantidades.

No faltan ese día los cuentos: "Fulanita perdió un año todo el guiso, porque le puso mucho tomate, por eso yo no le pongo tomate", o "Menganita no usa encurtidos de vinagre, sino de mostaza", o "yo no uso azúcar sino papelón"; pero nada, todos los comentarios que uno oye sin prestar importancia, esa noche mientras el guiso se enfría, se potencian dentro de la cabeza del director del proyecto e impiden un descanso adecuado.

Hoy que yo dirijo mi escuadrón de procesamiento de hallacas, entiendo verdaderamente el compromiso de esa dirección y el miedo al fracaso y yo tampoco duermo; en un minuto pienso que no está bien tapada la olla y bajo a revisar, al siguiente pienso que si se enfría debo meterlo en la nevera y bajo a tocarlo, digo bajo porque mi casa tiene dos pisos, a la media hora sueño que burbujea fermentado y vuelta a bajar y así cualquier excusa para ver y ver el guiso durante toda la noche. No es cuestión de martirizarse, es terror a perder lo ya trabajado.

Día dos: Igualmente a levantarse temprano en la mañana, ¡los que durmieron!, a repasar las hojas previamente lavadas, a reamasar la masa y sazonarla con el caldo de la gallina cuando se sancochó, a poner los adornos de las hallacas en la mesa y comenzar a hacer bolas: redondas y suavizadas con mucho aceite onotado, al llegar a aproximadamente a

253

treinta bolitas, empezar a aplastar, una por una, cada bolita en una hoja, aplastarlas como tocando tambor hasta dejarlas delgaditas, para luego ponerle su cucharada de guiso y sus adornos. Mi abuela le ponía una ciruela pasa, unas pasitas, dos aceitunas, dos tiras de pimentón, unos pedazos de cebolla, y dos almendras peladas y yo seguí por años poniéndole lo mismo; luego mis hijos pequeños comenzaron a quejarse y le quite la ciruela pasa, es la única modificación que le he hecho a la receta original, esa y quitarle el cochino por requerimientos maritales y religiosos.

Los que tenían más experiencia eran los que cerraban la hallaca y el de más alta jerarquía era el que las amarraba y no era fácil subir de escalafón; mi abuela asignaba las tareas: los más inexpertos a aplastar bolitas, otros podían rellenar y poner los adornos, pero amarrar, sólo ella o su hermana Carmelita, luego con el ciclo de la vida tan bien representado en el Rey León y en toda familia, sus hijas podían amarrar y después quedé yo amarrando. Esta tarea es importantísima, si la hallaca no está bien amarrada y bien envuelta, no se cocina adecuadamente, le entra agua y diluye el contenido o se reseca y se cuartea la masa cuando se refrigera, además de lógicamente desamarrarse con facilidad y dificultar el manejo de la hallaca hirviendo.

Las primeras veinte listas, ya el agua hirviendo con su sal y sus hojas de plátano, cuarenta y cinco minutos desde que hierve; vuelta y cuarenta y cinco minutos del otro lado y comenzaban a cocinarse y así cuarenta, sesenta, ochenta, doscientos y hasta doscientos cincuenta hallacas. A mi desde chiquita me encantaba contar, primero las sumaba y luego hacia montoncitos y las multiplicaba, es otra de las manías que conservo, cuento todo: las que están listas, las que hay que voltear, las que ya se amarraron, las bolas que faltan por aplastar, las aceitunas que quedan, lo que sea lo transformó en cuentas hasta que terminamos. A mitad del trabajo, recalculo, para verificar lo que falta o pueda faltar y entramos en crisis; si nos faltaron hojas, que alguien las compre; si hay pocas aceitunas, que alguien vaya al abasto; si falta pabilo "llama a Fulano para que lo traiga", y al final del trabajo reescribo la receta con las sugerencias de lo que faltó o sobró.

Este año salieron doscientas treinta, anoto que el año que viene hay que comprar más hojas, o anoto que la carne se debe pesar limpia. Y cada paso es una remembranza de lo que de pequeña vi mil veces que hacía *Ita*, como siempre le dije cariñosamente a mi abuela. Cuando estaba lista y reposada la primera hallaca, servirla es realmente un suspenso; primero evaluarla, que estuviera bien amarrada, ¡bingo!, felicidades al amarrador, la forma y el color, ¡eureka! se veían preciosas; un tenedor para cada uno de los miembros del pelotón y el primer bocado del dirigente:

– La masa está bien de color, durita y bien de sal.
– ¡Aprobada! –Ya ella sabía que su guiso estaba perfecto y que el resultado final era el esperado; año tras año.

Hay que volver a contar, ahora restando, cuantas para cada casa de los que trabajaron, cuantas se comieron la primera servida, cuantas para la cena del 24 y el 31, entre operaciones matemáticas se toma un segundo aire para comenzar a hacer los bollitos, con todo lo que sobraba; un nuevo sofrito, a picar todas las aceitunas y las almendras, chirriquiticas, lo que quede del guiso y las pasitas, todo esto se vierte sobre la masa ya onotada y a amasar todo eso junto, con mucho, mucho caldo.

– Que queden buenos –dice alguno,
– El año pasado tenían muy buen tamaño –dice la otra,
– Vamos a ponerle un poquito de picante –comenta el que amasa.
– A las de mi casa no le pongan tantas pasitas.
– Bueno yo de todas maneras le quito las aceitunas.

Cada quien tratando de imponer su propia receta, no se respetaban las sugerencias, la receta se seguía al pie de la letra, es la única manera de invariablemente obtener el mismo resultado en ese primer mordisco que indica realmente que ya llegaron las Pascuas y es que la hallaca en un plato excepcional, no sólo por su sabor, sino por su valor, por ese poder que tiene de unir, por ese toque de celebración adelantada, por ese trabajo forzado que se realiza con gusto; animado con un licor, un ponche crema o una copa de vino a partir de las once para ir relajando cuerpo y exacerbando los ánimos, conduciendo sobre marcha de la producción, y amenizado por un fondo musical de un disco de aguinaldos o parrandas con un infaltable "faltan cinco para las doce".

Los ingredientes de la hallaca se integraban al mismo ritmo de las conversaciones de quienes la hacen, ese día no hay servicios, ni generaciones, ese día todo el que trabaja cuenta, se aprovecha para traer recuerdos de otros años a colación, para ponerse al día en lo que hacen los que viven lejos, para hacer los planes y preparativos para las incipientes fiestas navideñas y para comenzar a elaborar promesas a incumplir en el año por venir; a pesar del cansancio de dos días arduos de trabajo, el terminar embriagaba por si solo y muchas veces los tragos contribuían y terminábamos cuando recogíamos, con guerra de bolas de masas o caricias intencionales con las manos embadurnadas de masa a una víctima desprevenida. Probábamos la hallaca con ilusión, pero estábamos ya llenos, nos habíamos comido la mitad de las aceitunas, más de un tercio de las almendras, habíamos pellizcado el guiso (por supuesto a escondidas de la abuela) nos habíamos devorado cerros de pasitas y hasta masa cruda habíamos comido.

Mi abuela hizo hallacas prácticamente hasta el año antes de morir en 1993, yo, apremiada por la necesidad de hacer unas hallacas que no tuvieran cochino para que las comiera la familia de mi *Esposo* comencé a hacerlas en mi casa y me llevaba a Columba el día que iba a hacer el guiso para que ella lo preparara; así fuese en mi casa, no me dejaba tocar el guiso y solo pude hacerlo cuando ella ya no estuvo y en su nombre, además del caldero, la tradición y la contadera, año tras año con mi regimiento conformado, respeto cada una de sus normas y hago un primer brindis en su memoria. No uso cuchara de metal, no dejo que nadie revuelva y no duermo durante toda la noche velando el guiso, me encomiendo a su alma para que me guie y permita que un año más disfrutemos de su exquisita receta.

En mi familia actual, mi *Esposo* y mis hijos no comen cochino, menos mis suegros y mis cuñados, pero todos comen mis hallacas; son tan famosas como las hallacas de mi abuela y mis asistentas son de lujo. Mi amiga que –durante los siete años que duró la carrera de medicina que estudiábamos juntas– vio más de una vez toda la parafernalia de la preparación de las hallacas en la casa mi abuela y que luego, ya estando las dos casadas, se reúne conmigo todos los años para hacer sus propias hallacas respetando mi paranoia al revolver sola las dos palanganas de guiso, y suplicando que por favor le escriba bien la receta, a ver si un día ella también puede hacerlas sola, a pesar de que le insisto que solas perdería la gracia. Y lo más increíble, el trío se completa con una inglesa que aún no habla bien el español, se confunde con los artículos, pero ya es parte y arte de este país, de nuestras costumbres y de mi familia. La conocí recién casada en el Camarata y fue mi vecina por más de once años; ella también tuvo el honor de conocer a mi abuelita en sus últimos años, y verla religiosamente asistir a supervisar su receta del guiso en mi casa, un apartamento situado exactamente debajo del de ella, ella era la esposa del sibarita de nuestros años mozos, hoy mis compadres y en su casa las hallacas se convirtieron en el manjar más esperado de cada navidad.

Las tres desde hace ya más de quince años incluimos en nuestra agenda navideña los días de preparación de las hallacas, distribuimos equitativamente compras y gastos y distribuimos según las exigencias familiares el número de hallacas que a cada una toca; siempre yo necesito más por la limitación religiosa.

La gravedad de la situación del país se refleja dramáticamente en la preparación de este plato navideño, en los últimos años cada vez más difícil conseguir los ingredientes, los precios cada vez más altos y las cantidades cada vez más disimiles. Les cuento, la receta original era de cien hallacas, cuando mi abuela; nosotros que éramos tres, con tres familias que mataban por este plato y muchas fiestas y celebraciones en navidad, llegamos a hacer doscientas diez hallacas, setenta para cada familia.

Comenzaron a irse los hijos y a disminuir las fiestas y bajamos a ciento cincuenta, comenzamos a salir de Venezuela para acompañar a los hijos que no venían en diciembre y comencé a hacer hallacas en Miami con mi nuera y mis hijos. El año pasado cada una de las tres constantes cocineras por una veintena de años, hicimos las hallacas que pudimos, para comerlas en familia cuando se pudiera y la tradición de más de cincuenta años se rompió por vez primera.

Geografía y tradiciones que he recorrido en mi carrusel, montando en mis asientos afectos y satisfacciones, algunas me han acompañado por poco tiempo, otras siguen a mi lado. En mi mismo carrusel, se ha montado la hija de quien fuera el apoyo incondicional de mi Papá en la turbulenta etapa de soledad en Maracay; se ha montado mi compañera de trabajo por mil años, que desde tempranito me esperaba cada mañana en la clínica y con la fortaleza de sus acciones y lo ejemplarizante de sus emociones me ayuda a ver mejor el panorama, se ha montado mi familia, y mi familia de amigos, se han montado vecinos y padres e hijos de esos amigos, se han montado muchos colegas y cada uno me ha ayudado a su forma y de mil maneras, a ser mejor persona. Mil plazas tienen mi carrusel para mis afectos y eso cabe en mi maletica de vida.

Capítulo XII

Decía Edgar Alan Poe:
"Los que sueñan de día son conscientes de muchas cosas que escapan a los que sueñan solo de noche"

CERRANDO CICLOS

¿Cuándo cerraremos los ciclos?, cuando comprendamos que es la mejor manera de conquistar triunfos en el milagroso don de la vida ¿cuándo armaremos el rompecabezas?, al entender que es la voluntad la pieza fundamental y que solo al morir colocamos la última pieza, mientras, nosotros podemos avanzar o dar vueltas sobre el propio eje.

En el avión, de nuevo, con la maletica de 23 kilos de mascota, recuerdo la de mi *Papá* de cuadritos rojos muy particular, cuadrada y dura, ahora la mitad de las maletas son negras, livianas y con rueditas, recuerdo los baúles de los abuelos que luego mi generación uso de elemento decorativo, veo las de firma, distintivas y elegantes pero con los mismos riesgos en el área de equipaje, repaso en mi memoria los neceseres, sustituidos hoy por maleticas de mano y me encuentro en las cabinas bolsas de variados materiales para transportar lo que no nos cabe en la maleta principal. El espacio lo tenemos solo en el corazón.

Me entregaron mis antecedentes penales apostillados, puedo aportar ya todos los requisitos solicitados para la aceptación de mi nacionalidad española y me regalaron por el día de las madres un pasaje a Miami; mi *Hermano* me invitó a la graduación de mi sobrina y yo feliz de compartir con la familia, parecía que íbamos todos los de Venezuela, iba mi *Mamá* y mi *Hermanita* menor pero las cosas se torcieron de tal forma que mejor era no empeñarse y dejarlo fluir.

A los abuelos de Camila y Fortunato nos han debilitado demasiado los cambios, las discusiones, los miedos, las agresiones y las tristezas, han agotado la estabilidad de treinta y tres años de matrimonio. Para mí esposo la pérdida de su hermano menor adicional a la incomprensión del hecho lo remodeló en actitudes y tal como hizo su padre cuando perdió a los abuelos renunció a las palabras, convirtió su existencia en silencio, un silencio castigador principalmente evidente dentro de las paredes de lo que fue un extraordinario hogar, desmembrado por la situación económica y política de este país como los de casi todos los venezolanos. He ido aprendiendo a no mirar desde la nostalgia ni al que se va, ni al que cambia, he aprendido, no sin lágrimas, a agradecer tantas bendiciones y el prodigio de haber tenido tanta dicha, haber recibido tantos dones y haber compartido con seres tan maravillosos, hoy virutas y despojos imposibles de reconfigurar impulsan cambios no deseados, demasiadas vicisitudes personales, nacionales y legales, desapegos, culpas inmerecidas y conversaciones inconclusas dejan en el aire el futuro planificado. He decidido luchar por recuperar la estabilidad arrebatada, podría ser posible, no sé si hay tiempo.

Cuando despedimos a un ser querido a un exilio voluntario ellos van a iniciar sus vidas en la otra acera, se rompe un nexo cotidiano y cambian de forma los quereres, se dificulta la complicidad y lo que ayer era prioritario mañana será supletorio, se dificulta compartir vivencias. Siempre ha sido así antes mucho más difícil: una carta semanal, un encuentro anual, apareció el teléfono y la comunicación era diaria, luego vinieron los textos y los emoticones, conversaciones por face time y un sinfín de posibilidades que limita el tiempo y los cambios de intereses y prioridades, a veces en una semana solo tenemos una carita con un beso, se omite por no trasmitir angustias, se calla porque no se puede ayudar y se va aprendiendo a vivir sin lo que ayer fue indispensable, se llama ley de vida, que los venezolanos no habíamos aceptado como parte de nuestra cultura: el nido vacío, la morada sola, las puertas de las casas cerradas, el silencio en el hogar, la retirada antes del ocaso a un toque de queda autoimpuesto, es lo que nos tocó gracias a las joyas de los narcotraficantes que nos gobiernan, el bullicio de mi Caracas sucumbió ante el miedo y las partidas de tantos seres queridos…

Los abuelos tuvieron unas vidas que les permitió la contemplación de cada adelanto, nosotros quedamos envueltos en progreso sin tiempo de seguir el ritmo y en un minuto, un día cualquiera, todo cambio; les toca a ustedes cargar en la maleta maravillosos recuerdos y valores aprendidos. A un lado la autocompasión, no es buena consejera, disfruten la libertad como derecho y las tradiciones como deber.

Toda historia se repite, por más planes inventos o sueños, en un abrir y cerrar de ojos el destino los arruina: un mal gobierno, una catástrofe natural, un accidente, un revés legal o la muerte, en un segundo cambian las biografías y cada biografía sí que es única y original, la escribimos a mano cada día y de nosotros depende pasar las páginas y dejar escrito como queremos ser recordados.

Empaquetando círculos, armando un rompecabezas, llenando una maleta, cerrando ciclos y visualizando alternativas para completar cada día, cada año, cada vida.

Empaquetar círculos se refiere a armonizar en un plano círculos de diferentes tamaños para que den un sentido a la imagen final, matemática recreativa, formas simples en un contenedor particular, como el contenido de una maleta 23 Kg por viaje, o la figura del rompecabezas un inclusivo de piezas que debemos unir para dar sentido.

Así es la vida de todos, así fue la vida de nuestros antepasados, así será la vida de nuestros nietos, ciclos a cerrar para dar forma a cada existencia, a veces en compañía, a veces solo, a veces en positivo y muchas veces en adversidad.

En el caso particular de Camila y Fortunato: judíos, españoles y americanos deben entender de religiones, de fronteras y de arraigos ya que, en su familia, sus padres y sus abuelos somos orgullosos venezolanos, con diferentes credos y diferentes segundas nacionalidades que nos han permitido darles a ellos una visión más amplia de la importancia del hoy.

Cerrando el ciclo de la nacionalidad española: el 25 de mayo de 2018 firmé mi aceptación y juré fidelidad al Rey y obediencia a la constitución y a las leyes de España.

Uno de los descendientes Senior, el primo Morris, perteneciente a la decimonovena generación de Abraham Senior está trabajando en un libro que profundiza los orígenes de nuestra familia y para ello visitó Segovia como punto de partida, sobreviviendo hoy la casa de Abraham como Centro Didáctico de la Judería y el respeto por su persona y sus aportes en exposición permanente.

Abraham Senior residió los últimos años de su vida en la casa de Segovia, en la Judería Vieja, una vivienda de la categoría social que le correspondía. La casa era una de las más grandes del barrio y estaba situada en uno de los extremos, cercana a la Iglesia de Corpus Christi. Una casa grande de dos plantas, con la misma puerta por donde hoy se entra y lo más curioso tenía en su interior un recinto que se utilizaba como sinagoga hasta que lo obligaran a convertirse, igual hallazgo en la casa Senior en Coro Venezuela: un salón de oraciones, adicional a un Mikvé, son clara evidencia de la constancia en la fe que sobrevivió generaciones solapadamente.

El esgrafiado de las paredes del patio de la casa son las iniciales del rabí: A y S con el borde inferior definiendo un nueve y el aspecto de la filigrana de un cisne o un ave, el 9 en la numerología hebrea y en la cábala se relaciona con la estabilidad y conforma uno de las 10 esferas (sefirot) que en el árbol de la vida señalan y conducen junto a veintidós senderos a la comprensión de la creación del mundo y nos acercan a Dios.

En el interior del Centro Didáctico hay una parte dedicada a exponer una visión global e histórica de la cultura judía peninsular y una segunda sala que transporta al visitante a la cotidianidad de la judería en la época medieval.

Abraham Senior era de las figuras más importantes de la época, rabino mayor de Castilla, además de banquero y recaudador mayor del reino. Nació y vivió en Segovia. (1412-1493)

La vida de los judíos siempre se ha caracterizado por un sube y baja de situaciones alternando prosperidad y éxito con crueles masacres y persecuciones, España no fue la excepción, siendo desde el siglo XII hasta el edicto de la Alhambra cuando florece en Toledo el centro de la cultura judía y surgen estudiantes del Talmud, grandes médicos,

263

matemáticos, poetas y filósofos que fueron destacados en el Renacimiento; época de oro siempre a la sombra de las diferencias religiosas que sembraban la semilla de la desconfianza y la discriminación.

La Inquisición no perdonaba las diferencias religiosas y si bien en un principio y con la colaboración de rabí Abraham se logra recuperar los bastiones árabes en 1492 la ley proclamada exigía conversión o expulsión de todos los judíos de España.

Desde 1391 la agitación antisemita parte con crueldad inimaginada desde Sevilla y tarda en llegar a Segovia. La historia cuenta que antes del edicto más de 60.000 judíos habían sido sacrificados.

Abraham, cercano a los Reyes Católicos, fue el primero a quien obligaron a convertirse y tomar el apellido Coronel en un acto público. Fueron más los convertidos que los exilados por lo que entre familias pudientes y tradicionales de le España de hoy seguro hay un antepasado judío. Muchos de los conversos mantenían la ley talmúdica en el seno de sus hogares.

Don Isaac Abrabanel y nuestro Abraham Senior a pesar de la cercanía a los Reyes y el ilimitado aporte económico a una causa que los afectaría, intentan con la carta que anexo a continuación, detener el éxodo de más de 4.000.000 millones de judeoespañoles en la total ruina y el destino de los que vivirían en mentira a manos de la Inquisición, casi 115.000 mil almas.

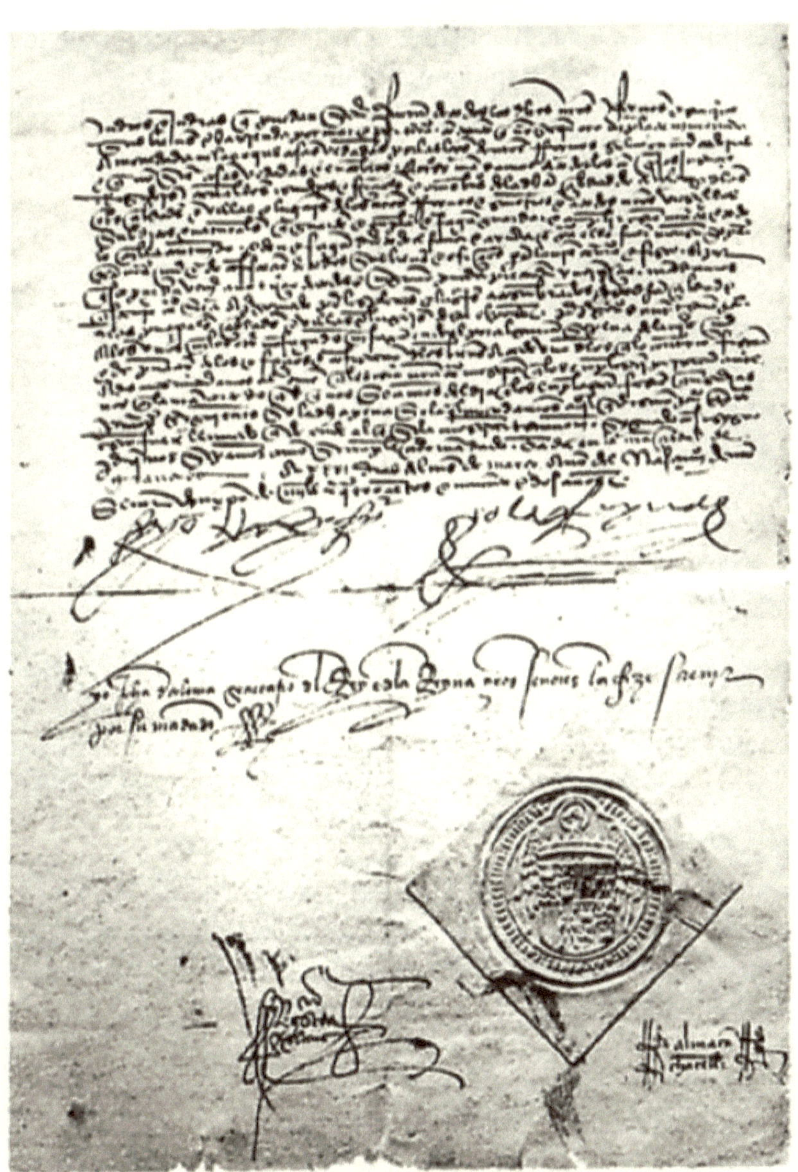

Respuesta de Isaac Abravanel al Edicto de Expulsión de los judíos de España del 31 de marzo de 1492

Sus Majestades:

Abraham Senior y yo agradecemos esta oportunidad para hacer nuestro último alegato escrito llevando la voz de las comunidades judías que nosotros representamos.

Condes, duques y marqueses de las Cortes, caballeros y damas: no es un gran honor cuando un judío es llamado a asistir por el bienestar y seguridad de su pueblo, pero es desgracia mayor que el Rey y la Reina de Castilla y Aragón y por supuesto de toda España tenga que buscar su gloria en gente inofensiva.

Encuentro muy difícil comprender como todo hombre judío, mujer y niño pueden ser una amenaza a la fe católica. Son cargos muy fuertes, demasiado fuertes. ¿Es que nosotros la destruimos?

Es todo lo opuesto. ¿No estáis obligando en este edicto a confinar a todos los judíos en lugares restringidos y a tantas limitaciones en nuestros privilegios legales y sociales, sin mencionar que nos forzáis a cambios humillantes? ¿No fue suficiente la imposición de la fuerza, no nos aterrorizó vuestra diabólica Inquisición? Déjeseme mostrar en toda su dureza esta materia a todos los presentes; no dejaré callar la voz de Israel en este día.

Escuchad ¡oh Cielos!, y sea permitido que se me escuche, Rey y Reina de España. Isaac Abravanel se dirige a vos; yo y mi familia somos descendientes directos del Rey David, verdadera sangre real; la misma del Mesías corre por mis venas. Es mi herencia, y yo lo proclamo en nombre del rey de Israel.

En nombre de mi pueblo, el pueblo de Israel, los escogidos por Dios, declaro que son inocentes y sin culpa de todos los crímenes declarados en este abominable edicto. El crimen y la transgresión es para vos; para nosotros es el soportar el decreto sin justicia que Vos habéis proclamado. El día de hoy será de derrota y este año, que se imagina como el año de la gran gloria, será el de la vergüenza más grande de España. Es reconocido que la palabra honor debe ser propia de buenas y nobles acciones; de la misma forma, un acto impropio haría sufrir la reputación de una persona. Y si reyes y reinas acometen hechos dudosos se hacen daño a ellos mismos; como bien se dice, cuanto más grande es la persona el error es mayor.

Si los errores son reconocidos a tiempo pueden ser corregidos y el ladrillo débil que soporta el edificio puede ser resituado en posición correcta. Asimismo, un edicto errado, si es cambiado a tiempo, puede ser corregido; pero objetivos religiosos han aventajado a la razón y malos consejos han precedido al justo razonamiento. El error de este edicto será irreversible, lo mismo que estas obligaciones que proclaman; mi rey y mi reina, escuchadme bien: error ha sido, un error profundo e inconcebible como España nunca haya visto hasta ahora. Vosotros sois los únicos responsables, como instrumentos del poder de una nación; si las artes y letras dan pautas a sensibilidades más refinadas, si vosotros habéis aplacado el orgullo del infiel musulmán pese a la fuerza de su ejército mostrando conocimiento del arte y de la guerra y respetando su conciencia ¿con qué derecho los inquisidores recorren los campos quemando libros por miles en piras públicas?

¿Con qué autoridad los miembros de la Iglesia desean ahora quemar la inmensa biblioteca arábiga de este gran palacio moro y destruir sus preciosos manuscritos? Porque es por autoridad vuestra, mi rey y mi reina. En lo más profundo de sus corazones Vuestras Mercedes han desconfiado del poder del conocimiento, y Vuestras Mercedes han respetado sólo el poder. Con nosotros los judíos es diferente. Nosotros los judíos admiramos y estimulamos el poder del conocimiento. En nuestros hogares y en nuestros lugares de rezo el aprendizaje es una meta practicada por toda la vida. El aprendizaje es una pasión nuestra que dura mientras existimos; es el corazón de nuestro ser; es la razón, según nuestras creencias, para la cual hemos sido creados. Nuestro amor a aprender pudo haber contrapesado su excesivo amor al poder. Nos pudimos haber beneficiado de la protección ofrecida por vuestras armas reales y vos os pudisteis haber beneficiado de los adelantos de nuestra comunidad y del intercambio de conocimientos, y digo que nos hubiésemos ayudado mutuamente.

Así como se nos ha mostrado nuestra debilidad, su nación sufrirá la fuerza de un desequilibrio al que Vuestras Mercedes han dado comienzo. Por centurias futuras, vuestros descendientes pagarán por los errores de ahora. Vuestras Mercedes verán que la nación se transformará en una nación de conquistadores que buscan oro y riquezas, viven por la espada y reinan con puño de acero; y al mismo tiempo os convertiréis en una nación de iletrados, vuestras instituciones de conocimiento, amedrentadas por el progreso herético de extrañas ideas de tierras distintas y otras gentes, no serán respetadas. En el curso del tiempo el nombre tan admirado de España se convertirá en un susurro ente las naciones. España, que siempre ha sido pobre e ignorante, España, la nación que mostró tanta promesa y que ha completado tan poco. Y entonces, algún día, España se preguntará a sí misma: ¿que ha sido de nosotros? ¿Por qué somos el hazmerreír entre las naciones? Y los españoles de esos días mirarán al pasado para ver por qué sucedió esto. Y aquellos que son honestos señalarán este día y esta época de la misma manera que cuando esta nación se inició. Y la causa de su decadencia no mostrará a nadie más que a sus reverenciados soberanos católicos, Fernando e Isabel, conquistadores de los moros, expulsores de los judíos, fundadores de la Inquisición y destructores de inquisitivas mentes de los españoles.

El edicto es testimonio de la debilidad cristiana. Esto ha demostrado que los judíos son capaces de ganarle a los siglos. Argumento viejo sobre estas dos creencias. Esto explica el por qué existen falsos cristianos: estos cristianos cuyas creencias han sido sacudidas por argumentos que el judío conoce mejor. Esto explica por qué la nación cristiana se perjudicará como dice que lo ha sido. Deseando silenciar la oposición judía, la mayoría cristiana ha decidido no seguir argumentando, eliminando la fuente del contraargumento. No se le dio oportunidad alguna al judío.

Esta es la última oportunidad para traer este tema a tierra española. En estos últimos momentos de libertad, otorgada por el Rey y la Reina, yo, como representante de la judería española, reposo en un punto la disputa teológica. Yo la dejaré con un mensaje de partida, a pesar de que a Vuestras Mercedes no os guste.

El mensaje es simple. El histórico pueblo de Israel, como se ha caracterizado por sus tradiciones, es el único que puede emitir juicio sobre Jesús y su demanda de ser el Mesías; y como Mesías, su destino fue el de salvar a Israel, de modo que debe venir de Israel a decidir cuándo debe salvarlo. Nuestra respuesta es la única respuesta que importa, o acaso Jesús fue un falso Mesías. Mientras el pueblo de Israel exista, mientras las gentes de Jesús continúen en rechazarlo, su religión no puede ser validada como verdadera. Vuestras Mercedes pueden convertir a todas las gentes, a todos los salvajes del mundo, pero mientras no conviertan al judío, Vuestras Mercedes no han probado nada, salvo que pueden persuadir a los que no están informados.

Lo dejamos con este confortante conocimiento. Porque Vuestras Mercedes pueden disponer de sus poderes, pero nosotros poseemos la verdad por lo alto. Vuestras Mercedes podrán desposeernos como individuos, pero no podrán desposeernos de nuestras almas sagradas y de la verdad histórica, que es el único testigo nuestro.

Escuchad, Rey y Reina de España, en este día Vuestras Mercedes han engrosado la lista de fabricantes de maldades contra los que quedan de la Casa de Israel; si Vuestras Mercedes se empeñan en destruirnos, todos han fracasado. Mas, sin embargo, nosotros prosperaremos en otras tierras lejanas. Y doquiera que vayamos, el Dios de Israel estará con nosotros, y a Vuestras Mercedes rey Fernando y reina Isabel, la mano de Dios los atrapará y castigará por la arrogancia de sus corazones.

Hágase a Vuestras Mercedes autores de esta iniquidad; a lo largo de generaciones por venir, será contado repetidamente cómo su fe no fue benevolente y cómo su visión se cegó. Pero, más que sus actos de odio y fanatismo, el coraje del pueblo de Israel será recordado por haberse enfrentado contra el poderoso Imperio Español y por habernos apegado a la herencia religiosa de nuestros padres, resistiendo a los argumentos inciertos.

Expúlsennos, arrójennos de esta tierra que hemos querido tanto como Vos, pero los recordaremos, Rey y Reina de España, como los que en nuestros santos libros buscaron nuestro daño. Nosotros los judíos, con nuestros hechos en las páginas de la historia y nuestros recuerdos de sufrimiento; e incurriréis en un daño mayor a vuestros nombres que el mal que nos habéis causado.

Nosotros los recordaremos, y a su vil edicto de expulsión, para siempre.

Quinientos veinte años después y luego de muchas discusiones la sociedad española bien representada dicta una medida de reconocimiento a los descendientes de los judíos expulsados en 1492, hayan o no mantenido la creencia judaica y Venezuela y los venezolanos buscamos por debajo de las piedras lo que nos permita materializar un plan B, unos fácilmente como nosotros, otros al borde de imposibles, tratando de encontrar un rastro de judaísmo en veinte generaciones de ancestros sefardíes y por que sendero entraron a Venezuela.

¿Socialismo o democracia? ¿España o Venezuela? ¿Permanencia o éxodo? ¿Judíos o católicos? ¿Volver a empezar? ¿Pasado o futuro? Todas son preguntas incontestables, individuales, circunstanciales…
Presente es la respuesta.

<u>1 de junio 2018; Caracas…</u>

Seguimos hablando de unas elecciones en Venezuela ilegitimas y la intervención descarada del gobierno cubano en la actuación de nuestros dirigentes; Estados Unidos instó a la OEA (Organización de estados americanos) a suspender a Venezuela por no cumplir los principios de la carta democrática y Nicaragua transita el camino de la rebelión que a los venezolanos no nos resultó ya que los ejércitos parecen no ser pueblo.

269

En España, ayer y sin elecciones tras un sencillo voto de censura contra el expresidente Mariano Rajoy, asume el cargo el socialista: Pedro Sánchez apoyado por los separatistas vascos y catalanes y aliado de los señores de Podemos, gérmenes del castro comunismo y camaradas del gobierno venezolano, muy amigos para mi gusto; qué necesidad tienen España y Colombia con el Sr Petro de candidato de tentar su estabilidad y progreso, pensando "No, a nosotros no nos va a pasar". Espero Petro pierda y el presidente Sánchez sea capaz de mantener la democracia y libertades con todos los bastiones conquistados, sumando y no restando los bienes particulares, lo importante es la igualdad de oportunidades y el respeto por los que piensan diferente. Con menos de veinticuatro horas del cambio de presidencia en España el mensaje fue claro: los demócratas españoles no respaldaran la narco-dictadura de Nicolás Maduro y apoyan al pueblo hermano de Venezuela.

La Venezuela del oro negro, la agricultura de productos estupendos: el mejor café, nuestro maravilloso cacao, el maíz más tierno y la caña de azúcar más dulce, ahora también en extinción por la infinidad de deudas adquiridas en los últimos años, posibilidades de embargo y mal manejo de sus operaciones por la industria estatal que desde que se nacionalizara el petróleo se encargara PDVSA, luego de que en 1994 fuera catalogada como la segunda petrolera más grande del mundo, en el 2004 según publicaciones financieras de ese año ocupara el segundo lugar de las empresas más importantes de América Latina y en el 2008 continuara como la quinta empresa más importante del globo terrestre, con las políticas de los actuales años y la fuga del capital humano y especializado la Venezuela petrolera también está sucumbiendo aceleradamente, más aun desde el inicio de la presidencia de Nicolás Maduro siendo catalogada en la revista Forbes por el economista y profesor Hanke en 2017 como una de las peores empresas petroleras del mundo. El economista concluyó: *"está claro que Pdvsa está en una espiral de muerte"*, y está claro que habiendo sido la principal fuente de ingresos de este país su muerte es también la de los venezolanos.

Las vastas extensiones de terreno de la Venezuela de antier, con escasos medios de comunicación y baja densidad territorial, eran techos de yacimientos subterráneos de la fuente de energía más importante de la actualidad, piso de muchas riquezas naturales y aprovechables; nuestros antepasados, algunos terratenientes y otros por negociantes llegaron a poseer grandes extensiones de terreno que se perdieron con el paso de los años y el retroceso al que nos conduce el gobierno actual; nuestra familia poseía en Zaraza y Anaco, estado Guárico y en Paraguaná y Coro, estado Falcón, incontables kilómetros de dominios que se utilizaban para pastar ganado en Guárico y criar chivos en Falcón, comprados por inversión, en desconocimiento de su verdadero potencial.

Diferentes trayectorias: el árido clima falconiano, no tenía mucho que ofrecer, a pesar del progreso de lugares vecinos, solo los vientos alisios soplan en la península de Paraguaná, remodelan las arenas movedizas de su desierto e inspiran a soñadores en molinos energéticos que a falta de petróleo transformen los fuertes vientos en energía no contaminante. Este gobierno hizo un intento pero ni paciencia tuvo para ayudar a la naturaleza, muy lento el proceso para el estoicismo de los que quieren dinero rápido, crecí con que ahora sí vendemos los terrenos de Paraguaná, pero nada ya a nadie le interesa el tanino de sus divi divi, ni las pieles de sus chivos que si atrajeron a los primeros Senior a creer en Venezuela y comercializar con las islas Holandesas y el viejo continente desde que en 1824 se desparramara la comunidad judía en Coro. Cuento en 2020 que acaba de salir a la luz pública que en Venezuela hay al menos dos carteles de droga y uno de ellos se denomina: Cartel de Paraguaná y en días de aislamiento y cierre de fronteras, con un istmo ya cubierto por la arena de los médanos, en la península, aterrizan aviones provenientes de Irán que no podemos saber que traen ni que llevan.

Una vez en democracia y cuando íbamos hacia adelante, partía un ferry regularmente a Aruba cargado de frutas y comestibles, de pasajeros a turismo externo y de vuelta arubeños que venían al país a hacerse atender por los mejores médicos y la más económica medicina del Caribe. Ahora no quieren a los venezolanos, ni en Aruba, ya se van a Colombia a hacer mercado o atienden su clientela americana. Lo bueno de la cercanía con las islas caribeñas de los terrenos de

Paraguaná es que podremos poner unos botecitos y transportar a los venezolanos a la libertad y a los que de allá vinimos por allá nos vamos, si la cosa se pone más fea, es el mismo cielo y costas diferentes de la misma ruta marítima.

No fue así en los terrenos de los llanos, primero permisos para explotación en la zona y luego para pasar cañerías y ductos por la misma, expropiaciones, abandono de tradiciones, migración a las capitales en busca de educación, mejor clima y olvido de una tierra tan valiosa para muchos. Desde que el 31 de julio de 1914 que reventara en el estado Zulia el primer pozo petrolero del país Zumaque I con concesionarios extranjeros los campesinos llaneros agarraron pala y picos y se fueron a trabajar con las compañías explotadoras que estaban claras del potencial del país y sus yacimientos. Zumaque no fue el primero, ya los indios y los españoles utilizaban lo que llamaban "mene" y emanaba de la tierra para hacer fuego, curar heridas y proteger armamentos y en los andes venezolanos un pozo del preciado crudo llamado Eureka debutara posterior a un temblor de tierra en 1875.

Idiosincrasia que cobijó a los venezolanos, muchos ricos, pero muchos más pobres trabajando en el valioso "mene"; pensamos y pasó que con la nacionalización petrolera bajo la presidencia de Carlos Andrés Pérez y la creación de PDVSA (petróleos de Venezuela, S.A) el petróleo sería nuestro y duraría para siempre.

También ahora 2020, el petróleo colapsó y la escasez de gasolina mantiene un mano a mano entre el gobierno y el coronavirus para sorprender como protagonistas del síncope y mortandad de los venezolanos.

La mentalidad del gobierno paternalista y socialista pudo con las nuevas generaciones ofreciéndoles para eso dos alternativas: dinero fácil y rápido, del lado de la verdad que al pueblo ellos ocultan, por comodidad y egoísmo o la resignación a involucionar a la vida de sus antepasados con la mínima integración al progreso y la globalización.

Educación y progreso sustituidos por analfabetismo y narcotráfico.

Cerrando ciclos, suertes distintas, pasiones similares, momentos históricos diferentes, han convertido el día de hoy a los médicos en héroes en Venezuela. Cuando escribí estas líneas no sabía la cantidad de poderes y la importancia de esta especialidad a nivel mundial. Los jóvenes que contra viento y marea priorizaron su vocación por encima de las restricciones que se presentaban en un país que formó a los más humanos y más completos médicos del mundo amparados por el juramento Hipocrático.

Revisando encontré que en Israel y en varias universidades del mundo éste se ha sustituido por el legado de quien fuera médico, rabino y teólogo judío, Maimónides, reconocido por muchos como la descripción ideal del profesional médico:

"Ahora me dispongo a cumplir la tarea de mi profesión. Asísteme, Todopoderoso, para que tenga éxito en esta gran empresa.

Que siempre me inspire el amor a la ciencia y a sus criaturas.

Que en mi afán no se mezcle la ansiedad de dinero y el anhelo de gloria o fama, pues estos son enemigos de la verdad y del amor al hombre, y me podrían también llevar a errar en mi tarea de hacer el bien a mis semejantes.

Conserva las fuerzas de mi cuerpo y de mi alma para que siempre y sin desmayo esté dispuesto a auxiliar y asistir al rico y al pobre, al bueno y al malo, al enemigo y al amigo. En el que sufre, hazme ver solamente al hombre.

Alumbra mi inteligencia para que perciba lo existente y palpe lo escondido e invisible.

Que yo no descienda y entienda mal lo visible y que tampoco me envanezca, porque entonces podría ver lo que en verdad no existe. Haz que mi espíritu esté siempre alerta, que junto a la cama del enfermo ninguna cosa extraña turbe mi atención, que nada me altere durante los trabajos silenciosos.

Tristemente en Venezuela difícil es lograr poder seguir los juramentos Hipocráticos ni de Maimónides, redactados con principios primordiales que nos introyectaron la necesidad de no hacer daño, y no hay manera con los recursos higiénicos de los que nos están despojando, destruida la salud pública, inalcanzable la privada, sin materiales, vacunas y medicamentos, más precarios por cada metro que se aleja de las pocas clínicas que se auto gestionan, cumplirlos; aun así sigue siendo la calidad humana del personal sanitario superior, mucho más eficaz que en las burocracias y enredos de los servicios de prestación de salubridad de otros países.

Esos juramentos son similares a los Diez Mandamientos o Tablas de la Ley, entregadas por Dios a Moisés, nada que objetar, nada que añadir y las violaciones a las mismas son solo individuales; sin embargo, en este país cada día es más difícil el apego y cumplimiento hasta de los mandamientos, porque algunas de las desobediencias son aplaudidas e inducidas por el gobierno y el hambre y la pobreza en el mundo justifican su incumplimiento en nombre del mismo Dios, como muchas guerras y situaciones también fuera de las fronteras.

Venimos al mundo a aprender a escribir un manuscrito, con tachones, notas al margen, borrones y errores ortográficos, con las cartas que nos tocaron, en el carrusel que nos asignaron, con muy pocos derechos a transportar equipaje en esas maletas de solo 23 kilogramos, haciendo imprescindible incorporar a nuestro ser la esencia, los recuerdos, los ejemplos, los valores, las tradiciones y las fuerzas para disfrutar del paseo, del camino, de las vistas y los colores del carrusel.

Hoy soy feliz escribiendo lo que quiero forme parte de la memoria de cada familia venezolana que se desintegró, de cada estirpe sefardí que se reencontró, de cada exilado que forma parte de una diáspora poco dispuesta a dejarse cambiar y muy ubicada en aportar a los propios y ajenos. Hoy soy feliz recordando cuando éramos muchos, evocando a los que tuvimos el privilegio de ver nacer, crecer y multiplicarse, rememorando a los pocos que han partido estallando en mil pedazos la ley de vida, esa que reza que la edad para morir es la ancianidad.

Hoy disfruto en Venezuela de la conservación de paisajes y monumentos de una España que en la conquista ideó a su imagen y semejanza los cascos centrales de cada estado de mi país, que tiene tantas bellezas naturales como la nación que les sembró credo, idioma y tradiciones; del clima, los colores azules de sus mares y verdes de sus montañas; de las conversaciones que se dan después de comparar los precios del mercado, agradeciendo un nuevo amanecer a sabiendas de las dificultades de cada noche previa; de cada llamada, cada noticia, cada foto y cada mensaje de los que no tengo tan cerca como quisiera y disfruto de responsabilizarme de mi misma sin rencores ni culpas, buscando paz interior.

Hoy he recorrido la península Sefarat de norte a sur y de este a oeste, he valorado sus paisajes y la receptividad de su población, he

275

comprendido el verdadero origen de una forma de vida y he entendido las vicisitudes que acompañan las creencias heredadas.

Hoy valoro la amistad como lo más precioso y testifico que si es posible con paciencia, amor y cariño enriquecerse de lo positivo y comprender lo negativo de los que se conectan a tu árbol de vida, sin mezquindades ni recelos.

Pienso celebrar mi cumpleaños si Dios lo permite, con mis amiguitas de Maracay y de la vida, con la edición de mi libro, con mi familia, con muchos colegas que son parte de un staff médico personal siempre presente y con Fortunato y Camila que me inspiraron al tenerlos lejos, a dejarles por escrito lo que quizás la vida no me permita explicar mejor…

Y aquí en este 2018 tan azaroso con una extensa familia y un sin número de venezolano-españoles identificados, quiero también homenajear a mi madre en sus ochenta años y a todas las mujeres cuyas vidas no fueron tan protagónicas en los tiempos que vivieron, pero sin duda al ser madres, antes que profesionales o emprendedoras, detrás de los telones dieron cátedra de lo que verdaderamente une: el ejemplo, la dedicación y la entrega a esos maravillosos hogares que estamos añorando cada día dentro y fuera de cada país. Refiriéndome a mi madre, ella si protagonizó en primera persona una extraordinaria historia en la cultura del país.

<u>25 de junio 2018; Caracas</u>

Hoy cumple un año de haber partido mi cuñado, un año de que esa velita para iluminar su subida al cielo la encendiéramos en el umbral de una ventana en Barcelona, España a sus pies; hoy fuimos al cementerio en Caracas a poner flores en la tumba de mi padre, de mi abuelita Senior y piedritas en las lápidas de mis suegros; el mismo cementerio, dos áreas distintas y extrañamente antes de irnos un musulmán con su vestimenta tradicional y su turbante preguntaba en el espacio destinado a los hebreos a donde se enterraban los musulmanes, no supimos que responder y no dejó de parecernos sospechoso, la inseguridad había llegado al cementerio, espero que el terrorismo ni sueñe con visitarlo.

En Colombia perdió Petro, el Rey de España instó al presidente Trump a presionar a la dictadura del país, una cárcel laxa para Mundarain, Puigdemont aún está preso en Berlín, incondicional apoyo de los separatistas a Pedro Sánchez, España pasa a los octavos de final con Argentina, Croacia, México, Francia y Rusia; comprados pasajes para la boda en Madrid en septiembre de uno de esos muchachos que conocemos desde antes de nacer; mi esposo y yo seguimos apostando por el país.

10 de julio 2018; en un avión...

En un avión de nuevo, el pasaporte venezolano está a punto de vencerse, y no hay pasaportes nuevos, están renovando con una calcomanía barata a precio de piedras preciosas y no tengo páginas disponibles para colocarla, el pasaporte de España está en proceso, ya recibida la partida de nacimiento literal espero por la entrega para ir a la boda en Madrid y llevar para esa fecha mis citas previas para DNI y la Seguridad Social.

Hoy es un día, 10 de julio, donde tradicionalmente he rezado mucho y han pasado muchas cosas, en años anteriores. Un día como hoy fallecía mi abuela paterna, un día como hoy fallecía mi amiga Gaby, un día como hoy rezaba porque dejara de sufrir mi suegra y así ocurrió la madrugada siguiente.

La vida es compleja y las experiencias son infinitas, en un parque ferial hay diferentes carruseles: tiovivos con caballitos que suben y bajan; norias verticales que compiten en altura y variedad en sus asientos; carruseles multicolores con altos y bajos ondulados, todos giran y giran, con un epicentro, en un mismo sitio y nos montamos y nos bajamos en el mismo lugar, en sus giros mil emociones, infinidad de sensaciones, sobresaltos, sorpresas e incluso tranquilidad y paz, cuando nos acostumbramos.

Hoy 10 de julio, los titulares informan que recrudece la violencia en Nicaragua, la hiperinflación en Venezuela alcanza cifra récord: 46.305% en un año. Croacia logra en penales derrotar a Rusia en el mundial de futbol y jugará la final.

Vuelo de Miami a Caracas, igual que las veces anteriores, el avión a reventar, las maletas llenas de medicamentos y comestibles, las historias de añoranza y los propósitos de volver: "apenas se salga de esto", hacen eco de punta a punta del avión. Las experiencias por las cada día mayores restricciones, nulidades de visas americanas y extradiciones llaman a reflexión.

En España Sánchez y Torra abren dialogo para restablecer las conversaciones suspendidas desde 2011 del Gobierno Central y el de la Generalitat; finalizó el rescate de doce niños tailandeses aislados por la inundación de unas cuevas, luego de nueve días iniciales sin luz, ni noticias y nueve días más que ha durado la misión de salvamento comandada por la participación de diecinueve buzos, uno de ellos falleció, se mantuvieron tranquilos y esperanzados por la disciplina, el apoyo, y las técnicas de meditación trasmitidas por su entrenador, refirieron ellos desde el recinto hospitalario a donde fueron referidos. Se hablaba de una venezolana como parte de los colaboradores que idearon unas burbujas en forma de camillas, flotantes para trasladar a los muchachos. Persisten protestas en Venezuela por falta de suministros básicos, principalmente en Maracaibo; es el cuarto día de los Sanfermines por Pamplona con solo seis contusionados.

En el avión un joven llora y grita con una voz poco infantil, su madre lo controla a las mil maravillas y lo distrae con un IPad y juegos de video, no se ve fácil la situación, los niños especiales requieren una atención exclusiva y un cariño extraordinario.

16 de julio 2018, Caracas…

Ayer finalizó el Mundial de Fútbol Rusia 2018, debemos esperar cuatro años y medio para el próximo mundial en Catar del 21 de noviembre al 18 de diciembre del 2022, estrategia que responde al clima de ese país árabe, ganó Francia, la final entre Croacia y Francia y la premiación, fueron un resumen ejemplarizante de las situaciones del planeta que habitamos.

Gana Francia y sus jugadores celebran sin signos de discriminación ni pedanterías, el país entero los apoya en la distancia y la Torre Eiffel se ilumina con la bandera tricolor y alterna con la bandera cuadriculada de Croacia.

Su presidente sin importar la lluvia ni la jerarquía celebra y felicita a cada uno de los integrantes de su equipo y del contrincante Croacia casi con la misma euforia, bajo un palo de agua torrencial al lado de la verdadera estrella de este Mundial, la presidenta de Croacia, esa mujer, se niveló a las circunstancias del equipo de su país y sin arrogancia y con transparencia, alegría contagiosa y una sencillez inaudita los aupó hasta el final y también sin distingos abrazos y besos a los dos equipos galardonados en la figura de sus jugadores, árbitros, directores y colaboradores.

El mundo entero pudo seguirla por las pantallas de sus televisores, su optimismo entro en circulación dentro de cada venezolano que pudo ver a jóvenes que crecieron en guerras y dictaduras sobresalir no sólo por su juego, sino por sus mil historias que trasmiten esperanzas, por su respeto a los principios religiosos, católicos, en este caso y por el

279

gentilicio representativo de los 4.000.000 millones de habitantes y cientos de diásporas dispersas por el mundo, una de ellas la de mis vecinos de la infancia en Caracas, mis compadres de hoy. Desde su casa seguimos el partido y no pudimos entristecernos de los resultados con tanto idealismo fraguado, inmediatamente para sentirse presente la hija mayor de la pareja, hoy casada y exiliada envió este texto que habla por sí solo, tiene solo 33 años …

"Mis abuelos llegaron a Venezuela en 1957. Mi Dido había estado preso 5 años por el régimen de Tito y mi Baka quería huir para saber lo que se sentía ser libre. Cuando escaparon, mi abuelo tenía 28 años y mi abuela apenas 21.

He de confesar que más allá del apellido "complicado" (como lo llamaban todas las maestras del colegio el primer día), yo no había logrado entender nunca el sufrimiento y resiliencia que yacía detrás de la historia de mis abuelos. Solo hasta hace algunos años que me tocó salir de Venezuela y presenciar el deterioro de mi propio país, lo comprendí.

Hoy trato de imaginarme qué cara habría puesto mi Dido, cómo habría sido su sonrisa, qué palabras hubiese dicho si hubiese sido testigo del momento en que unos jóvenes jugadores croatas, criados en tiempos de guerra, se convertían en subcampeones del mundo. Estoy segura de que se le habría hinchado el pecho de orgullo...

Hace ya más de 10 años, escribí su historia y la de otros croatas en Venezuela en una tesis que le dediqué a mi abuelo y a todos aquellos que luchan, lucharon y lucharán por su libertad. El triunfo de Croacia, un país en cuya tierra viven hoy 4 millones de personas, pero que cuenta con cerca de 2 millones más de ciudadanos en el mundo, bien podría inspirarnos a todos los venezolanos, dentro y fuera del país. Se trata de una historia que muestra que jamás hay que darse por vencidos y que la libertad es algo por lo que vale la pena luchar".

Katerina Hruscoveck.

En febrero 2018 me invitaron a una cata de ron, al evento lo nominaron con un juego de palabras, El CataR Rón. Fue parte de la tesis de grado de un sobrino que estudia comunicación social en la

Universidad Monte Ávila. El equipo de trabajo preparó el evento en una majestuosa y antigua casa colonial perteneciente a la Hacienda La Vega en el Paraíso, muy bien conservada por cierto; la invitación incluía una conferencia magistral dictada por la periodista venezolana, especializada en gastronomía, Rosanna Di Turi, la cata de rones a cargo del maestro ronero Néstor Ortega, con la degustación de varios licores a base de la bebida Nacional, pasapalos venezolanos como el tequeño y los tostones y música nativa interpretada meritoriamente por un grupo de jóvenes. Todos apostando a un futuro en el país y resaltando el sentido de pertenecía.

Me impresionaron dos cosas: primero, la desenvoltura de mi sobrino –creo que futuro narrador deportivo– y su parecido con su abuelo Lionel Van Grieken; el tío que prestaba su casa para todas mis celebraciones, acompañando a mi papá. Mi tío, ingeniero, en su momento trabajó en el Ministerio de Obras Públicas (MOP) y formó parte de la remodelación del Campo de Carabobo, Monumento Nacional edificado en el sitio donde se libró la batalla que diera el triunfo y libertad a Venezuela en 1821. Lo del parecido tal vez solo sea una casualidad, o una impresión que tuve en ese momento producto del discurso de apertura del evento que, al enaltecer los valores patrios, me devolvió a mi infancia.

La segunda, lo trasmitido por la periodista referente a las únicas tres denominaciones de origen que hay en Venezuela. La denominación de origen protege los derechos de los fabricantes regulando los estándares y normas de un producto, con atributos que son particulares e irrepetibles sin las condiciones que lo generan; en Venezuela hay muchos productos ligados al sitio de su fabricación que no han obtenido la DOC, como el chorizo carupanero o nuestro exquisito e inigualable dulce de leche coriano, pero solo tres productos tienen legalmente el respaldo a sus normas gracias a la constancia y perseverancia de sus productores y son: El Ron de Venezuela, el Cacao de Chuao y El Cocuy de Pecaya.

El Ron de Venezuela ha ganado importantísimos premios internacionales, siendo fabricado en un clima privilegiado tiene la característica y obligatoriedad de pasar dos años mínimos de añejamiento en barricas de roble blanco americanas –si esto no se hiciera sería aguardiente–. Ese añejamiento hace que la caña de azúcar que se usa para elaborar la bebida posea la cantidad ideal de sacarosa para elaborar la melaza que luego se convertirá en Ron con el color característico del ron venezolano. Nos comentó el maestro ronero que la principal ventaja que aportan las condiciones climáticas del país deriva del "impuesto a los ángeles" que se aporta con la elaboración del extracto y la evaporación de los alcoholes en su tiempo de maduración.

El Cacao de Chuao, que ha sido reconocido como tal desde hace más de un siglo, pero fue en el año 2000 que obtuvo legalmente su denominación de origen; desde un pequeño y antiguo pueblo del estado Aragua, con gran diversidad cultural, donde se trabaja y se cultiva para el mundo el mejor cacao venezolano, de inigualable aroma y exquisito sabor que le aporta un sello invalorable.

El Cocuy de Pecaya no tiene una historia tan bonita. De la planta del cocuy de una de las zonas más áridas de este país, Pecaya, estado Falcón, se consiguen tener hasta 56 grados alcohólicos, por lo que la destilación de esta bebida se conoce dentro y fuera de Venezuela. En sus inicios fue ilegal y ahora es imitada mezclándola, sin normas de producción y de manera clandestina, con otras plantas silvestres y gramoxone, haciendo que en la actualidad sea la bebida más barata en un país en el que hasta la cerveza se ha convertido en un lujo, relacionando estos derivados con aleatorios decesos producto de su ingesta.

Deberíamos tener denominación de origen para cada estilo de queso blanco que según su elaboración solo se encuentra fresco en la parte del país que se elabora: queso llanero, queso guayanés, queso de cabra coriana, queso zuliano, qué decir de la natilla también coriana y del suero de Barquisimeto, de los panes andinos y del amargo de Angostura que se obtiene de la mezcla de veinticinco productos botánicos (frutas, raíces, semillas y cortezas) que el Dr. Johann Sieger –un alemán casado con una dama de Angostura– patentó inicialmente para tratamiento de molestias intestinales y hoy, desde Trinidad y

Tobago, donde se estableció la destilería, se vende como una mezcla nacida en Venezuela que es usada en coctelería a nivel internacional.

Deberíamos trabajar por ampliar las denominaciones a los ajíes dulces y picantes, a los ahumados, al vino de mora y la papa del páramo, como mínimo.

Ya en España hay más de 250 marcas alimentarias con denominación de origen: jamón ibérico, turrón de Jijona, aceites de oliva (entre esos, *Baena*), vinagre de jerez, azafrán de la mancha, miel de granada, vinos de la Rioja, cavas del Penedés.

Recuerdo cuando mi *Hijo Menor*, recién graduado de bachiller, me pidió que le pagara un curso para hacer cerveza artesanal, que se dictaría en un edificio en la urbanización Manzanares. Asistió dos días y ahí se despertó un entusiasmo inhabitual por aprender, conocer, crear y mercadear este producto; paralelo a su carrera universitaria leía y solicitaba mil libros sobre el tema, se inscribió con su amigo y socio en un curso más avanzado en Chicago y cocinó diferentes recetas hasta encontrar el punto con la cerveza "Verónica" de *Coronarias*, que ganó en Chile el segundo lugar de un concurso internacional de cervezas artesanales —*Coronarias* por el nombre de la casa donde instalaron en un anexo su primera cocina, perteneciente por supuesto a un cardiólogo—.

Coronarias no podía registrarse en Estados Unidos, al migrar a *Tripping Animals Brewery* lo hacen por la imposibilidad de crecer en Venezuela; buscando en muchas partes del mundo y de muy diversas maneras, trataron de combinar lúpulos aromáticos y cebadas naturales hasta que se hizo imposible para grandes cantidades. Hasta el agua está ahora limitada. Aun así, *Cerveza Coronaria* sigue desde Caracas marcando pauta a pequeña escala en el mercado nacional y se trabaja para expandir la receta desde Miami a Norteamérica y luego a España.

Hoy los veo trabajando en la cervecería y no puedo evitar evocar mis inicios y la instalación de la unidad de imágenes en la Guaira; las limitantes económicas, las diferencias entre los socios, la persecución de metas, las presiones de los permisos y la adrenalina liberada por cada objetivo consolidado igual acá que allá, disfrutando el recorrido por lo incierto de lo que queda por recorrer.

Ahí va mi *Hermano* con *HES* expandiendo sus victorias en hotelería, gastronomía, vinería y deportes, con el respaldo de socios que arriesgaron por su oferta cuando se esbozaba inalcanzable y con fieles colaboradores corriendo tras sus apuestas. Mi *Hermano* me ha enseñado mucho, no solo hay que tener suerte, hay que estudiar, trabajar duro cada día, arriesgar con prudencia y soñar hasta lo imposible. Tiene la facultad de incluir y mantener las necesidades de muchos como responsabilidades propias; les cuento de sus detalles, sin cuestionar a mi esposo, pero en mis aniversarios de casada él ha tenido más particularidades conmigo, que mi querido marido, segura, segura estoy de que no quiere que me divorcie. Una vez en una posada en un hueco del estado Carabobo nos recibieron los anfitriones bajo un torrencial aguacero y en ese fin de mundo había un champagne helado esperándonos, él lo había coordinado.

Decía la Madre Teresa De Calcuta:

"Detrás de cada línea de llegada, hay una de partida. Detrás de cada logro, hay otro desafío. Mientras estés viva, siéntete viva. Si extrañas lo que hacías, vuelve a hacerlo. No vivas de fotos amarillas…
Sigue, aunque todos esperen que abandones. No dejes que se oxide el hierro que hay en ti. Haz que, en vez de lástima, te tengan respeto.
Cuando por los años no puedas correr, trota. Cuando no puedas trotar, camina.
Cuando no puedas caminar, usa el bastón. Pero nunca te detengas"

A los que nos toca recomenzar, bajémonos por minutos de nuestro carrusel y desde abajo, pero desde adentro, establezcamos e identifiquemos qué se puede y qué se quiere y lo que se decida a enfrentarlo sin quejarnos, con resignación y con la mejor de las actitudes.

Lo más duro como país y como seres humanos que nos ha ocurrido al perder el rumbo preestablecido, conocido y estable, es que dejamos de conocernos incluso a nosotros mismos, en la búsqueda del sobrevivir salimos en condiciones ilegales a otros países que no están dispuestos a hacer cambios por las malas decisiones políticas que nos curtieron, estamos exportando lo peor y lo mejor y no es justo que por culpa de los trasgresores, condenen a los inocentes.

Se fueron los responsables de esta podredumbre a invertir dólares por el mundo y atraer conciencias y amistades con dinero que no les pertenece, y son indiferentes a la miseria de los que no pueden ni comer. Se fueron los que les parece que hay que salvarse y aprovechar oportunidades encubriendo y ocultando el origen de las mismas con empresas fantasmas y mil comisiones a intermediarios que algún día van a hablar porque se venden al mejor postor. Se fueron los que lavan dinero y los que tuvieron puestos gerenciales en esta administración corrupta, o sus familiares. Y se van los clánicos del narcotráfico que cuentan con control suficiente para entender que ya adentro de ese cosmos la ley es todo o nada y nada, es morir. Se fueron también muchos analfabetos jóvenes que crecieron en este régimen sin oportunidades y no son ejemplares de los que podamos enorgullecernos.

Pero se han ido también los mejores profesionales de esta Venezuela, los mejores artistas, los mejores profesores, las mejores familias, los mejores amigos, los que tuvieron que irse por lo difícil que es en este país vivir desamparados de libertades y derechos. Y los que nos quedamos, nos negamos a clasificar a ningún señalado sin conocer sus circunstancias, ni envolver en el lodo o generalizar por ser hijos o padres o hermanos de un infractor.

Las decisiones son individuales, íntimas y en solitario. A las mega catástrofes solo sobrevive el que le toca…. Y en el ínterin seamos lo más felices que podamos, pero completamente convencidos de las maravillosas herramientas y experiencias que desde los ancestros tratamos de trasmitir a los descendientes.

<u>DECÁLOGO PARA SOBREVIVIR ….</u>
<u>(incluso al Covid)</u>

285

1) *Al que le toca ni que se quite y al que no le toca ni que se ponga… Todo depende del carrusel que nos tocó…el DESTINO es individual, no colectivo.*

2) *Los DESAPEGOS comandan las acciones. Duele soltar a quien ya nos soltó, por exilio, muerte o circunstancia, pero más duele aferrarse a lo que fue, para seguir a lo que será…*

3) *La SOLIDARIDAD debe ser la norma para con los que están fuera de su hogar y los refugiados, con los que no naveguen en nuestro mismo barco, con los que no les tocó nuestra misma suerte…*

4) *NADIE ES INDISPENSABLE Después del primer desengaño, la verdad se convierte en duda y las disculpas llegan tan tarde que no encuentran recepción; es por eso que, en tiempos de aislamiento, deben cultivarse los afectos presentes y distantes, la vida se retoma y el carrusel vuelve a funcionar contigo o sin ti.*

5) *La vida ha pasado programada, cumplimos con todos los compromisos que nos fueron requeridos, tanta incoherencia) … PARAR y analizar lo que puede ser SOSTENIBLE con este futuro incierto de nueva normalidad. Reinventarse es la verdadera OPORTUNIDAD*

6) *La maletica de 23 Kg es más que suficiente, créanme, no sigan cargando encargos ni encomiendas, no se aferren al pasado, viajen livianitos al futuro. Si las cosas pasan debemos pasar con ellas, desde que nacemos sabemos que lo único seguro es la muerte, y a ese destino se llega sin maleta. Seamos AÚSTEROS, HUMILDES y HUMANOS.*

7) *Las telecomunicaciones avanzaron, la globalización nos envolvió, no me gusta esta nueva perspectiva de tener una pantalla de por medio, para trabajar, amar o disfrutar, menos para compartir duelo, llantos y miedo. Pero sé consiente, no juzgues, no critiques, no te quejes, no condenes y convierte cualquier oportunidad en una herramienta para trasmitir presencia, construir proyectos y recordar vivencias, hasta que podamos reencontrarnos*

8) *La SALUD es el verdadero lujo de la vida, es la riqueza real, cuídate y protégela, la Fe la verdadera compañía; la vulnerabilidad la verdadera amenaza; la actitud, la magia de la diferencia; confiar en Dios, la única ESPERANZA*

9) *Nuestro HOGAR nos da seguridad, nos ratifica pertenencia, nos devuelve las cosas conocidas ¡No es el lugar equivocado es el lugar correcto evaluado de manera equivocada! Es el país que llevamos dentro, es el refugio que tenemos en nuestras mentes*

10) *RESPETO sincero, al pensar de otros, al actuar de otros, no se pregona el respeto individual, las diferencias nos enriquecen y el respeto por ellas, nos UNE.*

Tengo que despedirme amigos, tengo que cerrar el ciclo. Aprendí muchísimo en este periodo que inició en los carnavales del año 2017 cuando abría el carrusel de la vida, y concluye, igual de impredecible, hoy once de agosto del 2018. Dieciocho meses con más cambios que los ocurridos en cincuenta y ocho años de vida corriente y maravillosa; arcoíris de situaciones dolorosas en el mismo cielo lleno de blancas y algodonadas nubes de sueños realizados, metas logradas y tiempos de alegría. ¡ESO CREÍA YO!

Como comenté, leí y releí lo antes escrito, investigué y conversé con infinidad de afectos que me trasmitieron la misma incertidumbre en este turbulento país; supe de vidas conmovedoras e irrepetibles formando parte de un glorioso pasado familiar, recorrí años de historias y memorias de la mano de sus protagonistas, y les dejo el recuerdo de inmortales experiencias, hoy, que Venezuela está en todas partes y las esperanzas de los venezolanos persisten a pesar de las circunstancias.

Mientras tanto, nos toca seguir avanzando al ritmo que se nos marque, entendiendo que así debamos irnos del país, momentánea o definitivamente a mejorar nuestra calidad de vida, debemos al mismo tiempo apoyar a quienes aquí se quedan resistiendo, luchando contra un presente abrumador que no ha sido sino consecuencia de un pasado que para Venezuela se ha convertido en exceso de equipaje, cargado de errores e injusticias, y que tal vez nos ha conducido a esta tragedia que como país hoy vivimos. Un pasado que debemos atesorar y del que debemos aprender, pero del que quizás también debamos deslastrarnos.

Nos ha faltado a lo mejor engranar nuestro carrusel individual con el de quienes nos rodean para construir un tiovivo gigante con una dirección constante para Venezuela, que nos conduzca al progreso, o mejor, al crecimiento, donde las posibilidades se multipliquen y las experiencias pasadas sean el hilo conductor a la innovación y la producción; por ello debemos aprovechar las experiencias y los conocimientos que están adquiriendo los millones de venezolanos que están afuera, aprendiendo nuevas normas de convivencia en países avanzados donde se respetan las leyes, donde existe ciudadanía y

287

respeto a las normas; que están redescubriendo el concepto de moral y luces que dejamos olvidado.

Toda esa Venezuela, la que queda adentro y la que se abre paso más allá de sus fronteras, se tiene que juntar en un gran carrusel interminable en el que saquemos provecho a las dificultades de hoy como grandes ventajas para el futuro. Liberémonos del eje en el que nos mantienen estancados, cambiemos la dirección y construyamos un nuevo mecanismo para llevar a Venezuela a un destino diferente.

<u>11 de agosto 2018; Caracas</u>

Había pasado toda la semana con mucha imprecisión, se ha hecho parte de mi vida, la imprecisión, tenía un matrimonio en la ciudad de Valencia y mi tío Miguel, el último sobreviviente del trío de compadres parranderos de mi padre, se encontraba debatiéndose entre la vida y la muerte. En los últimos diez días mi pobre tío había padecido las mil y una complicaciones que con la edad terminan siendo irresolubles. A los 89 años, con el antecedente de una amputación de miembro y una caída que aplastó tres de sus cuerpos vertebrales, vivía, resignada y alegremente "er tío Miguel" limitado a movilizarse con una silla de ruedas y la ayuda de sus hijos. Hace una semana jugandito, jugandito, las ruedas de la silla no pararon a tiempo y se despeño por unas escaleras, pensamos en la familia que iba a ser imposible la persistencia, pero no, aun debió aguantar dos operaciones: fractura de muñeca y una herida horrorosa en la pierna no amputada, un accidente cerebro vascular que le quitó el habla y paralizó la mitad derecha de su cuerpo, un embolismo pulmonar que restringió aún más su mermada capacidad respiratoria y una agonía titubeante; amaneciendo un día contento y hambriento y al otro somnoliento y asfixiado, con la virtud de tolerar sus dolencias sin convertirse en una molestia.

Llegó el día de la boda en el interior del país, había reparado los frenos y revisado los cauchos, hacía mucho tiempo que no realizábamos viajes largos en carro, preparé mi maleta ya que mi tío amaneció en su día estable, mi principal empeño de asistir a esa boda era llevar un álbum para los novios y para que firmaran los invitados, que yo había elaborado y era mi regalo; llevaba también una veintena de las cervezas artesanales de la compañía de mi *hijo Menor (Coronarias)*, que iban a ser parte del obsequio y por añadidura, iba a dormir en la casa de mi ahijada mayor que ese día graduaba a su hija más pequeña de odontólogo. La novia, hija de mi amiga del vecindario en Maracay, organizó, con sumo cuidado y cubriendo todos los detalles, una boda civil con su novio inglés, precipitadamente, para poder estar juntos, siendo casi imposible legalizar en Inglaterra esta unión.

Salimos de la casa, diez de la mañana, dos horas de carretera, recorriendo un camino conocido y mil veces recorrido con el rastro de la revolución en cada kilómetro: un ferrocarril que quedó solo en rieles, fabricas cerradas, ausencia de mantenimiento en el verde e imperturbable paisaje natural, pavimento cuarteado, parque automotor antiguo y destartalado, limitación de unidades de trasporte público, ausencia de luces en los túneles e inmensas colas para poner gasolina en la única bomba que tenía en el área este producto. Llegamos a Valencia, donde una vez viví de chiquita y donde vivió mi Hijo recién casado con la idea de construir una posada Western en el área donde pudiera practicarse este tipo de deporte y ofrecer una cancha techada de team penny, entre otras actividades ecuestres, caballerizas y hasta escuelas equinas; totalmente abandonado el terreno y el proyecto, fue de los primeros en irse, cuando el país comenzó a arder le impidió la experiencia de intentarlo.

Llegamos a la boda, bella la decoración, cuidados los pormenores, preciosa, de rojo intenso, la protagonista. Queridos sus padres y su nuevo esposo, dos de la tarde, un simulacro de la boda ya realizada en el registro civil, un brindis y un estupendo video de mensajes para los novios de todos los ausentes, casi más que los presentes, identificados en la situación cada invitado, desde la Patagonia hasta el lago Michigan, desde Inglaterra hasta Panamá, de Colombia, Australia y media España; reconocida en nuestros corazones la realidad y adicionalmente sabiendo que también los novios partirían, lejos de la casa que papá y mamá construyeron para llenar algún día de nietos y muchos días de fiesta.

Tres de la tarde, comimos, compartimos con amigos, especialmente con mi ahijada y su esposo, sobre tantos cambios; él medico igual que nosotros, subsistiendo con la problemática de salud mucho más intensa que la que padecemos en la capital. Sus hijos del mundo ecuestre igual que el nuestro, alguna vez tuvieron dos caballos en el propio patio de su casa, ahora ni caballos ni hijos cerca, me dicen que la crisis comenzó con falta de pasto para los animales; los amigos casi todos rondando la tercera edad, escasos jóvenes contemporáneos a la pareja.

Cuatro de la tarde, *er tío Miguel* empeora, despedida y vuelta atrás, antes del anochecer, por los peligros en la carretera, por la inseguridad.

Seis y quince de la mañana y mi tío descansó en paz, debe subir a los cielos a reencontrarse con su esposa y sus compadres y muchos amigos de su generación, dejó un recuerdo imperecedero en toda la familia y adicionalmente fue en vida lo que más me recordaba a mi *Papá* no por su parecido físico, sino vital; compartieron muchos años de fiestas y bendiciones, compartieron casa y cenicero de cigarros (grandes latas de galletas saltinas), convivieron en Maracay, ambos se alegraban con poco y se nutrían de afectos. El más afectado, incluso más que hijos y nietos que entendían que "el mejor padre del mundo" no podía estar más, definitivamente es su hermano, su tutor, su padre; con solo cinco años más que "er tío", desde que tenía muy pocos años lo mantuvo bajo su tutela y cuidado, lo guio, lo aconsejó y lo amó sin límites.

Y otra vez la evidencia chocando de frente con lo que queda de nosotros: ausentes, mensajes de Whatsapp, notas de voz, llamadas telefónicas, concientizaciones de lo que fue y de cómo pasa el tiempo sin darnos cuenta de que la memoria va seleccionando vivencias que cada vez menos refrescamos.

<u>12 de agosto 2018; Caracas</u>

Nos levantamos tempranito para asistir al entierro del tío, las cosas cambiaron hasta para los difuntos, con suerte solo tuvo una espera de veinticuatro horas, en las casi únicas capillas velatorias, medianamente seguras, dentro del cementerio del Este, las ceremonias han cambiado tanto y las limitantes del país han incluido este sitial: se han robado lápidas de fallecidos, la grama está convertida en monte en las parcelas escondiendo las inscripciones en lo que ayer era un camposanto respetable, se fueron los jardineros y entraron los ladrones, cambiaron contratos de mantenimiento por medidas de seguridad, funcionando capillas y camposanto en horarios restringidos, se acabaron las velas y los candelabros y se acabó hasta el agua y el café que antes se contrataba para brindar a familiares y allegados en los velorios, parece que los mismos trabajadores se paraban a consumir el obsequio sin conocer ni a muertos ni a dolientes.

Gran sorpresa entrando al sitio; coincido con un grupo médico bastante conocido de mis inicios como facultativa, que estaba en la capilla anexa despidiendo a un colega, brutalmente asesinado, en su casa, aparentemente para robarlo, un colega que había apostado por no realizar aventuras fuera del país y fantaseaba con un fin mediato a un cambio de política para seguir en su casa, su trabajo y su nación. El tercer velorio colindante, una mujer, aparentemente sola de espíritu y pobre de esperanzas, que envió a su único hijo a tierras distantes y sin pensarlo se tomó un frasco de pastillas que acabó con su infelicidad. ¡Así mismo!!, las historias, los sucesos y las situaciones no dejan de asombrarnos.

Ya en casa de nuevo, temprano y cansada en la soledad de mi hogar, con el silencio de compañero, me siento a revisar mi anecdotario, mis notas y mis fotografías; reviso mis mensajes y encuentro emotivas despedidas al querido tío, alarmantes descripciones del asesinato del doctor, bonitas fotografías del evento de la *Turula* y de mi amada progenie almorzando juntos en Miami, fotos del matrimonio del viernes, recordatorios de la boda que tendremos en Madrid el próximo mes, del reencuentro con mis compañeras del colegio, y una solicitud de apostillamiento de documentos, más, para el colegio de médicos de Tarragona en el correo. Sensibleros mensajes de esperanza, política y religión y en el mismo grupo de chat, fórmulas mágicas y predicciones dudosas del futuro inminente.

22 de agosto 2018; Caracas

291

Acaba de temblar en Venezuela, otra sacudida más a una nación que no tiene fuerzas para reaccionar; el pasado viernes 18, el presidente, en una alocución al país en cadena nacional fanfarroneo verdades a medias, casi imposibles de consolidarse, que precipitan la destrucción económica de lo que queda de mi amada patria: devaluación a bolívares soberanos atados a una moneda virtual llamada Petro, aumento de la gasolina anclado a un descuento con un llamado "carnet de la patria", que también limita el cobro de pensiones y la adquisición de alimentos a los que piensan diferente y supuesto incremento del sueldo básico, muy justo por cierto, pero no acompañado de regulación de precios, supervisión de cambios e imposibilidad de la pequeña, mediana y gran industria de implantarlos. Como entenderán las personas optaron por no movilizarse, igual no hay medios de trasporte ni de comunicación hasta digerir lo que es real cuando se publique en gaceta oficial. Por cierto, son tan paradójicas las cosas acá, que, a pesar de la magnitud del temblor, la profundidad de su localización aumentó el radio de acción, pero amortiguó el estremecimiento y no hubo victimas que lamentar. Si hay muchos daños consecuencia de la crecida del río Orinoco que suman a este terremoto económico y político.

Prefiero mirar mis propias fotografías, del pasado y de los antepasados: Sigismundo, Bambarito, Columba, Mamama, Fortunato y Camila (los abuelos); del futuro en los retratos de Camila y Fortunato (nietos) y sus mil y un contextos; fotos de los paisajes de mi país de nacimiento (Venezuela) y mi país de rescate y sobrevivencia (España), uno en dictadura y el otro en libertad; fotos de mi familia hebrea y mi familia católica, indistintas ya; fotos de mi linaje celebrando pasiones por el deporte ecuestre o por la actividad taurina; de la perseverancia y logros de proyectos excepcionales y meritorios; de mis afectos escalando montañas y conquistando cumbres; de los encuentros de amigos con cualquier excusa y en cualquier lugar; de carruseles, norias y tiovivos que se exponen, algunas icónicas y otras sencillas, por el mundo entero; y de la fachada de los carruseles personales, escondiendo el engranaje interno, con sus fallas y sus limitantes, para seguir girando y girando hasta que nos toque detenernos y partir sin retorno al reencuentro de lo que fue.

Capítulo XIII

Decía Federico García Lorca:

"Las cosas que se van, no vuelven nunca; todo el mundo lo sabe, y entre el claro
gentío de los vientos, es inútil quejarse"

No puedo creer al releer cuantas verdades comentadas, sentidas, comprendidas, profundas y comprobadas, encierran estas memorias, por lo que en respuesta a la invitación de la editorial española que en su día (hace dos años y medio) me entregara el impreso de mi libro, herencia que apuraba por escribir debido a lo rápido que estaba girando mi mundo, a mis descendientes; hoy incrédula ante el panorama mundial, me animé a despersonalizar mi historia y universalizar el contexto para: migrantes, españoles, venezolanos, jóvenes y ancianos.. ya que todos tuvimos que parar y dejar que la historia se escribiera sin poder intervenir, solo aceptando el carrusel que nos tocó. QUÉDATE EN CASA…

15 de septiembre 2018; Madrid

Que maravilla de fiesta la boda de los hijos de mis amigos de la infancia. Fernando y Lorena luego de haber convivido en Madrid por varios años, habían conseguido sus papeles oficiales y documentos de identificación, uno de ellos era parte de la comunidad española y por

293

derecho ambos obtenían su legalidad y podían trabajar. Montaron una tintorería y mantuvieron sus funciones previas, uno como ingeniero y ella trabajando para una ONG. Se comprometieron a firmar los papeles de matrimonio, a la orilla del Delta del Ebro, en Cataluña, dándome la sorpresa de pasar por Sitges a hacernos participes de tan pretendida noticia; ellos eran, los que estando de visita en mi apartamento, habían ido a pasar el día en Barcelona cuando ocurrió el atentado de las Ramblas. No los dejaron llegar, no les tocaba, les tocaba organizar la celebración de su boda, en las afueras de Madrid.

En la población de Oropesa, en un castillo de ensueños, al atardecer, se montó una inolvidable gala. En una casa colonial de mágicos encantos, rodeada de jardines exuberantes, con una vista que permitía disfrutar del sol poniente por la tarde noche y de la pureza de un cielo estrellado hasta el amanecer; conjugados el estilo español con el modo venezolano, damas con floreadas faldas y coloridos vestidos resaltaban el verdor de los jardines y caballeros ataviados con sus mejores galas enmarcaron y dieron vida al paisaje natural seleccionado. Ahí, al aire libre, con invitados del otro lado del océano, bajo una pérgola blanca y con un cortejo de encantadoras niñas, se dieron originalmente el SI, acepto; votos matrimoniales puros, claros, sinceros, totalmente naturales y sentidos por sus protagonista; decir lo que sigue en una boda de venezolanos es redundar: comida, música y bebida hasta el amanecer o hasta que el cuerpo aguante, había demasiado por celebrar en poco tiempo, había mucho que recapitular en cada conversación, había mucho que perpetuar en cada futuro.

Las niñitas del colegio la Consolación de Maracay, fuimos hasta ese distante paraje a reencontrarnos y de ahí, vuelta a Madrid a retirar las cajas con mis libros, reenviar a Venezuela unas, otras a Miami y cargar por tierra hasta Barcelona España, mi valorado cometido, para que esperara en cuatro maletas, dos de nosotros y dos de los Azmouz por la entrega personal en el nuevo continente a la vuelta de un crucero, parte del programa de fiestas patronales elaborado.

Con nuestra pareja de amigos, pasamos tres días por Sitges, vendiéndoles nosotros los privilegios de esa zona costera del mediterráneo y dejándolos tan enamorados de la ciudad como nosotros, habíamos quedado en su momento.

En un barco de la naviera MSC bordeamos 3 de los países más monumentales de Europa partiendo de la ciudad Condal, con la primera parada en el puerto de Marsella, una ensenada añoranza de pescadores y unas vistas desde sus costas envidiadas por artistas; de paso por la costa Italiana, con guías turísticos conocedores del país de sus ancestros, dispuestos a llevarnos al corazón de las tradiciones y a rincones no tan turísticos como encantadores, pasamos por Génova, Nápoles, Sicilia y Cerdeña, dejando como constancia un posado de fotografías inolvidable.

Barcelona familiar, entrega de algunos volúmenes de mi libro y a Miami, se acercaba mi cumpleaños y la próxima parada, eran solo mujeres en Orlando, las niñitas del colegio.

Llegamos a un resort en Disney, a pesar de tener 4 ambientes y dos baños, no medimos las diferencias costumbristas que la edad había sobreañadido a las chicas de Maracay, variadas: diferencia de horarios (madrugadoras, trasnochadoras), sofisticados detalles alimentarios (vegetarianas, alérgicas, post bariátricas), patologías de base (intolerancia a la leche, estreñimiento, incontinencia, hipertensión, etc.) y lo más grave, estilos de sueño (con luz, sin luz, con ruido, sin ruido, con almohadas, roncando e insomnes), una experiencia única que nos permitió permanecer cinco días, cada una con sus mañas sin arrepentimientos de la tentativa; lo difícil fue la idealizada visita al parque temático de Disney, escogimos asistir a Animal Kindong, pensando en que habría menos gente, no solo por el tema, y podríamos disfrutar de Pandora y sus na`vi, falso, es imposible!. Si bien la quimérica luna está tan bien reproducida que te sientes dentro de la película, el clima nos limitó el disfrute: no paró de llover ni un minuto, una lloviznita pendeja, de las que empapa, que para y vuelve y que nos obligaba a buscar los refugios más originales en las tres horas de cola para una de las atracciones nuevas de Avatar, cuando por fin entramos ya éramos transparentes en nuestros sentires y a pesar de la fascinación del sitio, los chorros de aire frío, los movimientos vertiginosos, y lo corto del espectáculo después de ese colon, nos dejó averiadas y moribundas, adicional a la arrechera de ver la frustración cuando te echan, literalmente, a enfrentarte con un natural aguacero a la salida del mismo. Salimos con la idea clara de que lo de estas SeXsentonas eran las conversas, un vinito, muchas fotos y descanso, escapamos por la derecha y reconocimos que eso no era para nosotros, pero tampoco era para niños, ni para ancianos, ni para los que con limitaciones van a ese ficticio y discurrido mundo. Ver tantas sillas de rueda emparamadas, con hándicap y mayores cubiertos de las maneras más originales y los impermeables más disímiles; ver a padres corriendo con uno o varios niños, de poca o mucha edad, en coches o cargados, generalmente llorosos, agotados o dormidos; con infinidad de bolsos y bolsas, compras, termos y peluches, nos puso a coincidir en que ese mundo se había convertido en una estafa, ya que se rebosaba la capacidad, no solo por las colas, sino por lo limitado de las áreas cubiertas donde guarnecerse de los cambios climáticos.

8 de octubre; Miami

Cumpleaños feliz, corearon mis nietos, mis amigos, mi familia, en la cervecería de mi hijo, a puntico de inauguración, en Miami, dando yo recuerditos de salida: mi libro, con la dedicatoria personal correspondiente, embriagada de júbilo, agradecida de mi ventura.

31 de diciembre 2018; Caracas

Un resumen de como se percibía a Venezuela para finales del año lo muestra magistralmente, bajo el título "2019: año de perro y colmillo" del narrador, columnista y ensayista venezolano, Ibsen Martínez en su impreso en el diario El País de España:

Para Venezuela el año que termina ha añadido tamaño y peso a los horrores que acompañan su ya irreversible disolución como Estado de derecho y como nación. El infierno se ha entronizado en el país.

Las cifras de criminalidad hablan de una catástrofe humanitaria imposible de imaginar pocos lustros atrás. 20.000 homicidios sin esclarecer – 20.000 asesinatos impunes– , tan solo durante 2018.

Una hiperinflación tan irrestañable y duradera como nunca antes se había registrado en los anales que mundialmente llevan estas cuentas. La desnutrición y la escasez de medicamentos, el colapso del sistema público de salud, la ineptitud, incuria y corrupción de una mafia narcomilitar usurpadora del poder político, dedicada tan solo al saqueo de toda la riqueza nacional, pública y privada, todo ello concurre cada día que pasa en la muerte de miles de venezolanos.

Un concienzudo trabajo realizado por competentísimos expertos y hecho público, en fecha reciente, por la prestigiosa Brookings Institution, calcula en ocho millones los emigrantes venezolanos en el futuro cercano. Un inminente 25% del total de 31 millones.

En medio del desconsuelo y la desesperanza generales, surgen acontecimientos que acaso infundan ánimo a muchos de mis compatriotas pero que, ¡Dios me perdone!, en mí solo remueven incredulidad y conmiseración.

Entre esos acontecimientos que menciono está la fomulación de cuidadosos planes de reconstrucción nacional "para el día siguiente" de una taumatúrgica evaporación instantánea de la tiranía de Maduro, lograda por líderes opositores que aún no están a la vista.

Estas propuestas de reconstrucción nacional, formuladas por gente que admiro y de cuya probidad no tengo duda, lucen en verdad muy persuasivas pues sus proyecciones se basan en premisas macroeconómicas en absoluto descabelladas.

Como sus promotores son gente sensata, scholars de alta competencia, pero en modo alguno adivinos ni mucho menos factores de la política contingente, prudentemente no ofrecen calendario ni hoja de ruta política para lograr el fin de la bárbara cleptocracia que nos desangra. Se limitan a formular, previsivamente, lo que habría que hacer cuando Maduro ya no esté allí cada mañana.

Saber que hay gente que sabría qué hacer "al día siguiente" es cosa buena, pero solo pensar en ello remite a la formidable tarea que una oposición política, extenuada y ayuna de ideas tiene pendiente, si es que, en verdad, quiere acercarnos a ese por ahora mitológico " día siguiente".

El hecho capital de los últimos tiempos venezolanos ha sido el éxodo de millones. De su próspera clase media profesional, tanto como de los desdentados por la vida. La profunda disparidad de esos dos exilios — que, en realidad, se desglosan en muchísimos tipos de exilios — es trágica y se manifiesta cruelmente al contrastar eso que los sabihondos llaman "sus representaciones".

Por un lado, la otrora pujante y nutrida clase media, huérfana de expresión política, ha abandonado casi por completo el país y, fatalmente, aun mal de su grado, se cosmopolitiza. Sus vástagos hace tiempo que se aclimatan e integran, también inevitablemente, a otras realidades.

Parte de este exilio "cuelga" en las redes sociales spots publicitarios venezolanos de los años 80, discursos de Renny Ottolina (célebre presentador de TV, fallecido en 1978), mensajes navideños de la expropiada Radio Caracas TV, como ritual exvoto de sus convicciones y valores. Su invencible nostalgia recuerda a las mesas de dominó del exilio cubano, en la plaza Martí de la Pequeña Habana, en Miami. Con el mismo signo de irreversibilidad.

Los otros, las huestes de menesterosos, los zambos y mulatos, los "pata-en-el-suelo" de todos nuestros siglos, sin escolaridad ni calificación laboral alguna, solo entrenados en la mendicidad por veinte años de socialismo del siglo XXI, cruzan Suramérica de norte a sur con lastimeros escapularios de cartón solicitando limosna. Pocos entre ellos piensan en el retorno a Venezuela.

Nicolás Maduro, por su parte, tiene un ejército desalmado y asesino, una petrolera estatal que rematar, oro y minería que enajenar a surafricanos y turcos, tiene a los rusos — ¡oh sí, los tiene y muy a su lado!—, tiene sus viejos perros de presa y una leal oposición de fundamentalistas del voto.

Tendrá su constitución a la cubana, también, y una larga vida más allá del 10 de enero. ¡Feliz año nuevo!

<u>**23 de enero 2019; Caracas**</u>

Parece que este si va a ser el año para salir de la narcodictadura en Venezuela, se respira esperanza y comenzando el año, el 23 de enero, conmemorando el aniversario de la salida de Marcos Pérez Jiménez, nuestro anterior dictador, en una zona de Caracas que permite concentraciones a la oposición venezolana, el presidente de la Asamblea Nacional, Juan Guaidó presionado y en respuesta a los deseos de miles de seguidores exclama: *"Hoy 23 de enero, en mi condición de presidente de la Asamblea Nacional, invocando los artículos 333 y 350 de la Constitución, ante Dios todopoderoso y Venezuela, **juro asumir las competencias del Ejecutivo nacional** como presidente encargado; lograr el cese de la usurpación, un Gobierno de transición y tener elecciones libres"*. Los aplausos y vítores no se hicieron esperar, ondeaba por los aires la bandera tricolor, se respiraban bienaventuranzas…

<u>30 de abril 2019; Caracas</u>

Amanecemos con la noticia de la liberación del preso político, Leopoldo López, en el área militar de la Carlota, apareció en las televisoras y redes con el presidente encargado Juan Guaidó y anuncian el cese de la usurpación del dictador; no ocurrió, ni ese día, ni en todo el 2019. Leopoldo se refugió en la embajada de España en Venezuela, su esposa y sus hijos están en España. Agradezco a ellos y a muchos otros jóvenes (exilados, presos y aún luchando) su entrega por devolvernos la democracia y el país.

<u>Mayo 2019; " No hay quinto malo"…</u>

Cuando tuve en mi mano el físico de mi segunda novela: "El carrusel que nos tocó", un compendio de coincidencias, circunstancias y situaciones que me parecían especiales, ejemplo ser español y sefardí, certificaba que ningún momento histórico, ni ninguna vida es inédita y la manera de escribir en versión original lleva más de un ingrediente para que se convierta en LEGADO.

"La vida te pondrá obstáculos y tu pondrás los limites: al desconsuelo, a los miedos, al dolor por las perdidas, a los avatares diarios, a la suerte del carrusel que te tocó y de ti depende, solo de ti, seguir girando y saber ser feliz con las herramientas con las que cuentas".

Hace un año reedité mi versión de vida, por quinta vez y de la nada surgió un nuevo reto que más que una satisfacción personal y un emprendimiento esquematizado, era la oportunidad de articular situaciones, circunstancias y personas en un solo lugar con un solo objetivo, cada uno con sus versiones y contextos, pero atendiendo una sola dirección: Doctor Julio Cesar Otaola Pavan, ejemplar galeno de más de 90 años, director y presidente de una prestigiosa Institución Clínica.

Para él escribí:

Consultorio # 1.

En un país que languidece
Por la migración forzada, la devaluación continua
Y el miedo a un futuro incierto

Un ejemplo que enaltece con sus años
Retoma su legado con fe ciega
Para dictar pauta y dar guía
A lo que un día fuera y ha de volver.

En el consultorio # 1 pacientemente espera...
Por los frutos de semillas sembradas
Antes de la tormenta...

Un cuadro del icónico puente sobre el Lago
Un retrato de la promoción de médicos con José Gregorio y su padre
Un escritorio de madera noble, con desgastes de tiempo, y secretos escondidos
Una computadora que almacena en su memoria
la capacidad de adaptación de quien la usa,
son jirones del consultorio #1
cuyo morador solo aspira volver a ser parte y no referencia
contar lo aprendido en su larga experiencia

honrar a los ausentes que, con él, crearon…
y beneficiar a los hoy presentes
con la propuesta de ser artesanos de una misma historia
que poquito a poquito reescribe el registro de su corazón.

Ser cuota de su legado e instrumento de su visión me ha enseñado mucho.

La vida te pone a prueba cada día, con cada situación, incluso con cada emoción y de las pruebas más duras, la paciencia, para esperar el momento adecuado, para reconocer la oportunidad, para poner limite a los obstáculos y para confiar.

Eso les pedí a todos los médicos y personal de clínica, cuando empezó esta última historia y hoy no me queda más que agradecer y volver a pedir que sigan apoyando este proyecto, reestructuraciones y cambios que solo se consolidará si todos vamos en la misma dirección y no nos decepcionamos con los contratiempos, ¡siempre van a estar! Continuaba la esperanza…

Diciembre 2019; Madrid

Una parte importante de la familia, descendientes Senior, españoles por derecho se han instalado en España, un logro para una diáspora que reclama un territorio del que una vez salieron sus antepasados, sin embargo, se presentía una desconfianza con el nuevo gobierno que incluía a los socialistas e izquierdistas de nexos documentados con el gobierno del difunto Chávez. Felipe VI llamó en su discurso de fin de año a confiar en España "en tiempos que no son fáciles" y al igual que la expectativa de un cambio de aires que en Venezuela no se produjo, se vislumbraba una certidumbre de que en España, al menos los migrantes, debían temer al gobierno que los dirigía. En letras pequeñas cerró el 2019 anunciando un virus por allá lejos, Wuhan…

Pero tranquilos, eso no nos llega a nosotros….

2020; Ha parado el carrusel...

Vamos por abril y hemos vivido……otro siglo.

En Venezuela: *El cartel de "se busca", el más impactante de la DEA [agencia antidrogas de Estados Unidos] en los últimos tiempos, se ha dibujado poco a poco durante 20 años de investigaciones hasta que al final se ha hecho público hoy. En él se pone precio a la cabeza de Nicolás Maduro, 15 millones de dólares por la información que conduzca a su detención acusado de "convertir a Venezuela en un narcoestado que auspicia el terrorismo, uniéndose a las FARC [antigua guerrilla colombiana] para exportar toneladas de cocaína a EEUU".*

Narcoterrorismo, corrupción y lavado de dinero en los que el "presidente pueblo" habría participado junto a 13 jerarcas del chavismo, también acusados por el Departamento de Justicia de EEUU. Todos ellos formarían parte, según los mismos cargos criminales presentados ayer, del cártel de los Soles, un grupo mafioso conformado por generales revolucionarios que se dedican al tráfico de drogas y que habría extendido sus redes en el interior del gobierno revolucionario. Incluso Naciones Unidas, en un informe de febrero, confirmó su existencia.

10 de marzo 2020… Día del médico en Venezuela

Se oía, claro que se oía, el coronavirus, el coronavirus: por China, en Lombardía, por Milán, suspendidos carnavales de Venecia, fútbol a puerta cerradas; un caso, mil casos, millares de caso. Contagio directo, viene por avión, no saludes, no te acerques: ¡!Quédate en casa!! No te muevas, no respires, ponte un tapabocas, ¡!lávate las manos!!

En Venezuela esta fecha rememora el nacimiento del Dr. José María Vargas. Médico y cirujano fundador de la Sociedad Médica de Caracas, que se destacó en sus tiempos por su preparación, dedicación y aplicación de técnicas novedosas de medicina en el país, y el día fue aprobado por la Asamblea Extraordinaria de la Federación Médica Venezolana, el 10 de marzo de 1955.

Médicos ejemplares, incontables, pero solo uno, se encuentra en la antesala de la santificación, predecesor de la heroicidad de arriesgar su vida por salvar a los demás y denunciar en dictadura, que no es solo la Gripe española la que diezma, en 1918, a los venezolanos sino el estado de pobreza absoluta y miseria que se vive en el país.

Refieren cuando lo cuentan: *"Se prohibió cualquier visita a los hospitales y sólo los parientes más inmediatos podían acompañar los entierros. Se agotan los ataúdes; los fallecidos del hospital Vargas son enterrados sin urnas en fosas comunes en un terreno habilitado para tal fin en las inmediaciones del cementerio de Caracas; se le conoce desde entonces como el sector de "La Peste".*

El domingo previo al día del médico, se celebraba a nivel mundial el día de la mujer (8 de marzo) y contra todos los criterios salieron a la calle manifestaciones dominantemente femeninas con diferentes propósitos y pareciera que se hubieran potenciado los presagios, solo cuatro días después declarada cuarentena en Venezuela y España.

Día uno: compras nerviosas, aglomeraciones y asambleas, desconcierto, incertidumbre. No entendíamos, hasta el día anterior estábamos recibiendo condecoraciones y homenajes por el día del medico y ahora, otra vez, a reclusión, con la sorpresita adicional de que en el país no había gasolina.

Etimológicamente, cuarentena y cuaresma son términos que provienen de la misma idea: cuarenta días distintos del resto.

La Pascua cristiana y la Pascua judía tienen su origen en un mismo momento. Hay una coincidencia: ambas se fijan por la luna llena de esta época. Israel y el Vaticano conmemoran por las redes.

Cuando yo era pequeña, un juego tradicional muy sencillo, al aire libre y muy divertido se llamaba la "Ere paralizada", si alguien te tocaba, debías quedar inmóvil, también jugábamos: "El que caiga más bonito" y saltabas y debías quedar en la posición que cayeras. Así empezó esta cuarentena, ¿donde nos agarró?, ¿cómo nos sorprendió? ¿Cuándo concientizamos que era verdad?

Termino estas memorias reflexionando, entendiendo, responsabilizándome e intentando responder porque ninguna predicción, ninguna coincidencia, ninguna fórmula, ni ninguna experiencia específica es reproducible, sino tomamos conciencia individual y aceptamos, el día a día, en el Carrusel que nos tocó.

Me pregunto, por ejemplo:

¿Los miles de miles de plan B de migrantes de Venezuela han sido más sostenibles en el tiempo, que los millones de planes A que se resignaron a vivir en este narcogobierno?, ¿ambos planes: A Y B, ¿fueron concertados y planificados o se instalaron por azar? ¿quedamos paralizados con un entorno confortable? ¿solos? ¿bien o mal acompañados? ¿confiamos en el gobierno que tenemos? ¿estamos correctamente informados de lo que ocurre en nuestro entorno? ¿El país donde estamos detenidos cuenta con políticas adecuadas de salud? ¿Tienes la oportunidad de tomar sol al menos 10 minutos al día? ¿La economía mundial superará esta pandemia? ¿Y la individual? ¿Es lo mismo ser héroes en dictadura que en democracia? ¿qué edad tienes? ¿has disfrutado del camino? ¿Has aprendido en tu existencia? Y ahora ¿qué esperas para mañana, si sobrevives? Lo digo porque existen muchas causas para morir y no solo el coronavirus, porque no es solo la salud corporal sino mental. ¡!Cuídate y escoge resucitar!!!

¿Quien fue? ¿Quien es culpable? Ya no importa, ya es pasado
Un pasado que, en cada desencuentro, nos hizo mas extraños, mas ajenos
A pesar de la historia bien escrita, el futuro soñado ha colapsado
¡¡¡No medimos nunca la posibilidad que un día terminara!!!

Los susurros acabaron con las voces
Al mundo un gran silencio lo envolvió
Ignorados llantos y desvelos
¡Lo que debía pasar, pasó!

Quien no sabe hoy lo que siente
Y no sabe el porque de sus andanzas
Será igual para mañana y para siempre.
Solo queda no guardar rencor por tanta saña
Recomponerse en esta soledad infinita

Alguna vez pudo pararse
Ya es muy tarde...
ya duelen los incoherentes

y los absurdos son más que evidentes.

Hoy debía ser y no fue
¡¡Ya han sido demasiadas veces que no es!!

Perdón, paz, tiempo y olvido
Para enmendar y sanar
lo que una vez fuimos
Fe, esperanza y oración.
Por un futuro de reconstrucción
Individual, sin fronteras, ¡Universal!

Álbum de fotos

VENEZUELA

Agradecimientos:

Esta historia comencé a escribirla cuando las incidencias gravísimas de un país secuestrado, derivaron en una cascada de consecuencias para sus moradores y nos llevaron a mi esposo y a mi, a una experiencia totalmente diferente a lo que nuestra realidad previa nos había presentado y en ese aislamiento involuntario y exploratorio, surgieron mil hipótesis de cambio, que al comparar con cualquier compatriota, eran increíblemente coincidentes; fui así tejiendo mis recuerdos con vivencias y compartiendo y nutriéndome de muchas personas que tenía cerca, que nos tendieron la mano en momentos de verdadero pánico y día a día desde un balcón o al lado de la ventanilla de un avión fui escribiendo; oía, veía y engrané mi carrusel.

Se publicó la primera edición en el año 2018, coincidiendo con mi sesenta cumpleaños y hoy, a menos de dos años, me sorprendo de que nada de lo experimentado por los venezolanos nos ha permitido descansar de improvisaciones para sortear los sucesos y desgracias de lo que es el día a día en mi país.

Me sorprendo que no hay donde esconderse para no sufrir y agradezco a Dios Padre por la oportunidad de seguir con vida, aceptando, aprovechando y creciendo en el carrusel que nos tocó.
Mi agradecimiento a la Dra. Blanca De Lima, sus escritos, su trabajo, sus consejos, su forma impecable de presentar la historia, con especial conocimiento de la comunidad judía de Coro.

A mis tías Luisa y Mercedes quienes un día se presentaron en mi casa con un documento apostillado correspondiente a la celebración por el rito judío de nuestros antepasados y quienes con sus relatos y las fotografías que habían almacenado, me ayudaron a entender la evolución familiar y religiosa desde nuestro último ancestro judío; viéndolas a ellas, sentimos en primera persona los valores trasmitidos por esta consanguinidad.

En la familia de mi esposo, a mi prima Sonia, en Barcelona, España, quien junto a la tía Esther se dieron a la tarea de reconstruir el pretérito desde Marruecos de la familia Chocrón.

En memoria, a mi tío Luis Enrique por aportar color y cuentos a esta estirpe familiar manteniendo a muchos identificados en el mismo clan, por oírme, por quererme, por regalar mil veces el mismo libro, por celebrar un millón de veces la misma historia, por tu ejemplo.

Mi papá debe estar feliz desde el cielo viendo este logro, el fue quien primero me enseñó la importancia de la familia. ¡Mi amado y eternamente recordado Padre!

Bienvenidos los textos enviados a los cielos por quienes en tierra sobreviven partidas adelantadas: Mi sobrino Saúl y mi amada Teresita.

En el Capítulo Moral Luces tomé un texto publicado por mi primo Jesús María Casal quien al igual que su padre han sido defensores y luchadores por el país, con gran apego a la constitución y allí mismo el testimonio de Luis Trincado, editor de mi primer libro y consejero del segundo, con la visión personal de un venezolano por adopción que no perdió sus raíces españolas, ni el testimonial del éxodo inverso y ahora lucha, más que muchos, por que le devuelvan a la Venezuela que lo cobijó, mano a mano con su esposa y bien inculcado a su hija: Araní, que adicional a ser mi correctora es una guerrera en primera fila por el rescate de los derechos de los ciudadanos en el país.

A todos los que se han cansado de oírme contar y de contarme, en este año y por este libro, de primero Paco (Francisco Javier Antelo) que en la recta final impidió la impresión sin su consejo y asesoría y adicionalmente realizó la contraportada inmejorablemente ilustrativa del contenido.

311

A cada aporte con una coma, un acento o una aclaratoria. A cada protagonista de las páginas de mi carrusel. Para la revisión de esta segunda edición conté personal e intensivamente, con mis primas: Mercedes Carolina y Teresa.

A las imágenes de la Turula, la voz de mi hermana Marianella, aplicables a las mil situaciones del día a día del país y agradeciendo en las mil formas de invocaciones de la Virgen.

Al Doctor Ildemaro Torres de quien utilicé para mi prólogo las palabras que sobre mi persona expuso en el bautismo de mi primer libro: Detrás de la Fachada. Nuestra coincidente relación con él y su esposa ha sido una gran bendición.

Al Doctor Rafael Muci Mendoza a quien no solo agradezco escribiera y homenajeara a quien fuera un ejemplo de profesionalismo, docencia y saberes, mi abuelo Rafael Hernández Rodríguez; el Doctor Muci adicionalmente me permitió publicar la carta de denuncia que resume la involución en el ámbito medico venezolano, de su autoría.

Termino con palabras del Doctor Ildemaro: *No sorprende la vinculación estrecha que se constata entre la medicina y el arte. Son numerosos los médicos que en distintas épocas y en diversos lugares del planeta, han sumado a sus servicios como profesionales de la medicina, el renombre conquistado en el cultivo de alguna otra rama de las artes, las letras o las ciencias.* Bambarito, Doctor Muci, Doctor Pulido, Doctor Ildemaro y humildemente mi persona.

Créditos fotos.

Pág 40 y 41 Caricatura de Turula; Caricatura publicada en el Nacional firmada por EDO; año 2017

Pág. 93 Reproducción de fotos de artículo publicado en el Blog Venezuela y su historia, disponibles en el museo Alberto Henríquez de Coro de los daños sufridos por la casa de los judíos de Coro.

Pág. 95 Fotografía del Mikvé publicado por varios medios como hallazgo arqueológico.

Pág. 96 - 105 Reproducción de documento de Nacimiento y matrimonio de nuestros antepasados judíos familiares, hasta mi matrimonio. Fotografías de Sigismundo y Eugenia proceden del libro Curiana, de Rafael Sánchez, Edición INCUDEF, Coro, 1999 La foto del anuncio de "El Ideal" procede de: Periódico El Águila. Coro, 10-09-1904. La foto "Aviso Importante" procede de: Periódico Médanos y Leyendas. Coro, 3-04-1922. La foto de la fachada de la casa de comercio de Sigismundo Senior, teniendo el crédito de su recopilación Blanca De Lima, 2008- 2009.

Pág. 124 portada del libro escrito por el Dr Muci Mendoza sobre Bambarito

Pág. 130-131 Fotos de los cuadros dedicados y en posesión de mi mamá, firmados por su papá Rafael Hernández Rodríguez.

Pág. 265 Documento y Carta de respuesta al edicto español, expuestos en Segovia en la casa de Abrahán Senior, barrio de la Judería

Pág. 296 Columna del diario el País, España escrita por el venezolano Ibsen Martínez referente a la situación política de Venezuela

ÍNDICE